BusinessVillage

Dr. Jens-Uwe Meyer

Digitale Disruption

Die nächste Stufe der Innovation

BusinessVillage

Dr. Jens-Uwe Meyer
Digitale Disruption
Die nächste Stufe der Innovation
2. Auflage 2017
© BusinessVillage GmbH, Göttingen

Bestellnummern
ISBN 978-3-86980-345-6 (Druckausgabe)
ISBN 978-3-86980-346-3 (E-Book, PDF)

Direktbezug unter www.businessvillage.de/bl/1001

Bezugs- und Verlagsanschrift
BusinessVillage GmbH
Reinhäuser Landstraße 22
37083 Göttingen
Telefon: +49 (0)5 51 20 99–1 00
Fax: +49 (0)5 51 20 99–1 05
E-Mail: info@businessvillage.de
Web: www.businessvillage.de

Layout und Satz
Sabine Kempke

Coverabbildung
broken glass: www.istockphoto.de © Ivan Bliznetsov
Dr. Jens-Uwe Meyer. © Andreas Koslowski.

Abbildungen im Innenteil
Grafiken: Stefan Kilz

Bildnachweise und sonstige Illustrationen siehe Seite 283 f.

Druck und Bindung
General Nyomda Kft., Generaldruckerei Szeged

Copyrightvermerk
Das Werk einschließlich aller seiner Teile ist urheberrechtlich geschützt. Jede Verwertung außerhalb der engen Grenzen des Urheberrechtsgesetzes ist ohne Zustimmung des Verlages unzulässig und strafbar.
Das gilt insbesondere für Vervielfältigung, Übersetzung, Mikroverfilmung und die Einspeicherung und Verarbeitung in elektronischen Systemen.
Alle in diesem Buch enthaltenen Angaben, Ergebnisse usw. wurden von dem Autor nach bestem Wissen erstellt. Sie erfolgen ohne jegliche Verpflichtung oder Garantie des Verlages. Er übernimmt deshalb keinerlei Verantwortung und Haftung für etwa vorhandene Unrichtigkeiten.
Die Wiedergabe von Gebrauchsnamen, Handelsnamen, Warenbezeichnungen usw. in diesem Werk berechtigt auch ohne besondere Kennzeichnung nicht zu der Annahme, dass solche Namen im Sinne der Warenzeichen- und Markenschutz-Gesetzgebung als frei zu betrachten wären und daher von jedermann benutzt werden dürfen.

Inhalt

7 **Achtung! Da kommt etwas auf Sie zu!**

21 **1. Die sieben Prinzipien digitaler Disruptoren**

26 Prinzip 1: Kein Auto. Kein Haus. Kein Boot. – Nutzen statt kaufen

34 Prinzip 2: Das macht dann die Gemeinschaft … – Crowdification

42 Prinzip 3: Zielgruppe eins

49 Prinzip 4: Glaskugel 3.0

57 Prinzip 5: Kompetenzstandardisierung

66 Prinzip 6: Zentralisierung der Kundenschnittstelle

74 Prinzip 7: Radikale Effizienzsteigerung

84 Das Prinzip über allem: Digital Lifestyle

91 **2. Wie digitale Disruption Branchen verändern wird**

96 Schade. Wir können nicht klagen. Die Digitalisierung der Rechtsberatung

102 »Papa, was ist eine Bankfiliale?«

113 Kann ein Computer Häuser bauen?

118 Wenn Berater durch Algorithmen ersetzt werden

125 Die Zukunft des stationären Handels

132 Vertrauen Sie Dr. App

140 Essen aus dem 3-D-Drucker

145 Ist Ihre Zahnbürste etwa nicht online?

153 Kann man Gurken digitalisieren?

158 Wenn nachts der Roboter die Post ausliefert

164 Was genau ist eigentlich Fernsehen? Und wer schaut das?

173 Wie wir morgen von A nach B kommen

182 Telekommunikation: Treiber oder Verlierer der digitalen Disruption?

190 »Hallo, ich bin Oscar.«
Digitale Disruption in der Versicherungsbranche

199 3. Die Umsetzung digitaler Disruption

201 Warum Konzerne beim Gründerpitch durchfallen
207 Drei Aussagen, die Sie mit Vorsicht genießen sollten
213 Die Entwicklung der digitalen Innovationsfähigkeit
222 Entwickeln Sie schizophrene Strategien!
226 Willst du Pirat sein? Das Wertesystem digitaler Disruptoren
228 Kann man digitale Disruption verwalten?
– Strukturen und Prozesse
232 Führungskräfte müssen stören!
Wie Sie Mitarbeiter zu digitalen Innovationen führen
237 Klauen Sie, aber richtig!
240 Sitzt vor Ihnen der nächste Mark Zuckerberg?
Wie Sie erfolgreiche digitale Innovationsteams zusammenstellen
243 Nehmen Sie Innovatoren das Geld weg! Ressourcen richtig einsetzen
246 Willkommen auf dem Innovationsfriedhof! – Lernen Sie zu scheitern!
247 Alles bunt und lustig? Klischee und Wahrheit
250 Reset! Denktechnik für die digitale Disruption
257 Fazit: Digitale Disruption ist machbar

261 4. Ausblick: Die digitale Disruption der Gesellschaft

262 Die internationale Konkurrenz wird schneller,
besser und innovativer
266 Schule muss neue Kompetenzen vermitteln!
269 Die Digitalisierung als Job-Killer?

279 **Anhang**
280 Der Autor
281 Literaturquellen
283 Bildnachweise

Achtung! Da kommt etwas auf Sie zu!

Die Wirtschaft erfindet sich gerade neu

Das Thema Digitalisierung hat die Vorstandsetagen deutscher Unternehmen und Konzerne erfasst. Kaum ein Branchenkongress, kaum eine Topmanagementtagung, auf der nicht die Chancen und Gefahren diskutiert werden. Bankvorstände tauschen sich darüber aus, wie sie ihre Kunden künftig online besser beraten können. Die Gesundheitsbranche überlegt, wie Daten auf Fitnessarmbändern vom Arzt genutzt werden können. Und Produkte aus unserem Alltag – wie beispielsweise Zahnbürsten – gehen wie selbstverständlich online.

Die Revolution trägt unscheinbare Namen. Es sind kryptische Abkürzungen wie 5G, NoSQL und IPv6 oder Fantasiebegriffe wie Cloud und Big Data. Das mobile High-Speed-Datennetz, das Internet der Dinge und die Möglichkeit, Daten in einer bislang nicht zu bewältigenden Größenordnung zu analysieren, sind die Grundlage für eine neue Art digitaler Geschäftsmodelle. Zusammengenommen werden diese Technologien das Internet, die Wirtschaft und letztlich unser Leben in den nächsten Jahren neu definieren. Es ist so, als wären das Auto, die Eisenbahn und das Flugzeug zur gleichen Zeit erfunden worden und innerhalb weniger Jahre zum Massenprodukt geworden. Jede Technologie für sich ist bereits disruptiv, zusammen verändern sie Wirtschaft und Gesellschaft von Grund auf.

Doch wie radikal? Die Antwort gibt dieses Buch: In einem Ausmaß, das Sie sich heute noch nicht einmal im Entferntesten vorstellen können. »Die digitale Disruption könnte innerhalb der nächsten zehn bis fünfzehn Jahre 40 Prozent aller Arbeitsplätze automatisieren«, warnt die Produktivitätskommission der australischen Regierung im Juni 2016. Der Digitalverband bitkom spricht von

»grundlegenden Veränderungen der Marktbedingungen«. Und das Hamburger Weltwirtschaftsinstitut HWWI schreibt in seiner Studie *Digitalökonomie Strategie 2030*: »Ein Risiko der technologischen Arbeitslosigkeit im Zuge von Industrie 4.0 ist nicht von der Hand zu weisen.«

Von der digitalen Disruption ist jede Berufsgruppe betroffen:
- Anwälte aufgepasst! Einen Teil Ihres Know-hows wird jetzt gerade digitalisiert.
- Ärzte aufgepasst! Die Untersuchungen per Smartphone ist heute schon Realität.
- Banker aufgepasst! Supermarktkassen ersetzen Bankfilialen.

»Mich betrifft das nicht, unsere Branche ist anders.«

Denken Sie das? Lesen Sie das Kapitel *Wie digitale Disruption Branchen verändern wird* (ab Seite 91). Die Veränderung betrifft Sie persönlich.

Digitale Disruption – Was ist das eigentlich?

Sie nehmen Ihr Smartphone in die Hand, legen Ihre Fingerkuppe zwei bis fünf Minuten auf die Kameralinse. Anschließend verrät Ihnen Ihr Smartphone, wie Ihr aktueller Gesundheitszustand in den Bereichen Herz, Kreislauf und psychisches Wohlbefinden ist. Möglicherweise denken Sie jetzt: »Das ist bestimmt so eine neue Idee aus dem Silicon Valley.« Weit gefehlt: Die Kameralinse des Smartphones als Diagnoseinstrument für die Gesundheit ist weder Science-Fiction noch eine Idee aus dem Silicon Valley. Die Firma, die diese App anbietet, heißt Preventicus und sitzt in Jena.

Preventicus

Was tut das Unternehmen?

Sie platzieren die Kameralinse Ihres Smartphones auf der Fingerkuppe. Über zwei bis fünf Minuten wird Ihre Pulskurve aufgezeichnet. Aus Form und Variabilität der Pulskurve ermitteln Algorithmen fundierte Einschätzungen der Gesundheit in den Bereichen Herz, Kreislauf sowie psychisches Wohlbefinden. Ein Gesundheitsportal unterstützt Nutzer dabei, gesund zu bleiben.

Was macht das Unternehmen disruptiv?

Der Trend hat bereits vor Jahren eingesetzt: Der Arzt – früher die unbestrittene Autorität im Gesundheitswesen – erhält Konkurrenz: Durch den Patienten, der Diagnosen kritisch hinterfragt. Unternehmen wie Preventicus bringen diesen Trend auf eine neue Stufe: Künftig verfügt der Arzt zwar über das Fachwissen, doch der Patient über die besseren Daten.

Branche
GESUNDHEIT

Disruptionsprofil
EFFIZIENZSTEIGERUNG ★★☆☆☆
VERÄNDERUNG DER MARKTLOGIK ★★★★☆
SCHAFFUNG NEUER MÄRKTE ★★★★★

Disruptionsprinzipien
GLASKUGEL 3.0
KOMPETENZSTANDARDISIERUNG
ZIELGRUPPE EINS

Das Verfahren beruht auf mehr als fünfzig klinischen Studien, im Beirat des Unternehmens sitzen Kardiologen fünf verschiedener Kliniken. Preventicus strebt eine Revolution des betrieblichen Gesundheitsmanagements an. Auf Basis der Algorithmen und einer jahrzehntelangen Forschung ermittelt das Unternehmen die persönliche Herzfitness von Mitarbeitern. Daraus lassen sich individuelle Gesundheitsmaßnahmen ableiten. Im Preventicus

Onlineportal können Nutzer ihren persönlichen Vitalzustand ständig überwachen und sehen, welche Erfolge Präventionsmaßnahmen bringen.

Stellen Sie sich vor, Sie lassen Ihr Handy nicht mehr bei einem klassischen Versicherer absichern, sondern Sie vernetzen sich mit Ihren Bekannten in kleinen Gruppen und springen bei Bagatellschäden füreinander ein. Dieses Modell bietet Friendsurance an, eine sogenannte Peer-to-Peer-Versicherung. Dieses Konzept ist kein Luftschloss. Das Unternehmen, das 2010 gegründet wurde, hat mittlerweile eine sechsstellige Kundenzahl und ein Team von achtzig Mitarbeitern. Im März 2016 erhielt das Unternehmen seine bis dahin höchste Investition: Der asiatische Multimilliardär Li Ka-Shing, laut Forbes Magazine der derzeit reichste Mann Asiens, investiert 15,3 Millionen US-Dollar in das Unternehmen.

Stellen Sie sich einen Landwirt vor, der nicht mehr auf dem Traktor sitzt, sondern die neuesten Daten über Bodenqualität und zu erwartende Ernteerträge am Computer auswertet. Der GPS-gesteuerte Traktor fährt autonom über die Felder, während die Hofdrohne Livedaten sendet. Auf dem Spargelfeld des Nachbarn spüren intelligente, mit Bodenradar ausgestattete Maschinen Spargelköpfe auf, die dann von einem Roboter geerntet werden. Auch das ist bereits Realität. Wieder einmal nicht im Silicon Valley, sondern in Sachsen-Anhalt.

Die drei Beispiele haben eines gemeinsam: Es sind digitale Disruptionen. Sie bedienen sich dreier unterschiedlicher Mechanismen: Während Preventicus die fachliche Kompetenz eines Mediziners digitalisiert, setzt Friendsurance auf das Prinzip Crowdification.

Der Bauernhof 4.0 ist ein Beispiel für radikale datengetriebene Effizienzsteigerung. Digitale Innovationen wie diese stellen bestehende Branchen auf den Kopf. Wo das Smartphone den Gesundheitszustand analysiert, wird dem Arzt ein Teil seines bisherigen Tätigkeitsfelds genommen. Wenn sich Menschen über eine Plattform gegenseitig versichern, ist dies der alte Gedanke eines Versicherungsvereins auf Gegenseitigkeit – nur größtenteils ohne Versicherung. Und wenn selbstfahrende Landmaschinen, Drohnen und Spargelerntemaschinen mit Bodenradar die Arbeit von Landarbeitern übernehmen, hat dies nicht nur wirtschaftliche, sondern auch gesellschaftliche Auswirkungen. In ganzen Landstrichen wird menschliche Arbeit unbedeutender, der Trend zu wachsenden Metropolen und dünner besiedelten Landstrichen wird sich weiter fortsetzen.

Digitale Transformation ist nicht weit genug gedacht

Ich diskutiere fast täglich mit Unternehmern, Vorständen und Top-Managern die Auswirkungen solcher digitalen Technologien. 90 Prozent erkennen nicht, dass ihre Geschäftsmodelle unmittelbar bedroht sind. Warum? Sie interpretieren die Auswirkungen disruptiver Technologien anders.

- Man kann mit der Diagnosetechnologie von Preventicus die Arbeit des Arztes unterstützen oder Teile seines bisherigen Geschäftsmodells zerstören.
- Ein Versicherer kann das Peer-to-Peer-Prinzip nutzen, um ein neues Produkt auf den Markt zu bringen. Die gleiche Technologie kann aber auch genutzt werden, um das grundsätzliche Geschäftsmodell eines Versicherers anzugreifen.

- Selbstfahrende Traktoren und Drohnen können dem Inhaber eines Familienbauernhofs die Arbeit erleichtern oder ihn durch industrielle landwirtschaftliche Großfabriken ersetzen, die voll automatisiert sind.

Diese drei Beispiele sollen den Denkunterschied aufzeigen, um den es in diesem Buch geht. Wenn in der Öffentlichkeit heute von »digitaler Transformation« gesprochen wird, klingt dies wie ein langsamer, steuerbarer Prozess. Es klingt, als könnten sich Unternehmer, Vorstände und Geschäftsführer zurücklehnen, in Ruhe Arbeitskreise bilden und langsam, aber sicher das bestehende Geschäft in eine neue Zeit transformieren.

Standpunkt »Wir dürfen die digitale Veränderung nicht einfach nur als technologischen Fortschritt verstehen. Sondern wir reden hier über eine radikale Veränderung von Wirtschaft und Gesellschaft. Das stellt uns vor neue Herausforderungen, die wir noch gar nicht richtig verstehen. Schnelligkeit wird zum entscheidenden Wettbewerbsvorteil in der digitalen Ökonomie.« [Henning Vöpel, Direktor des Hamburgischen Weltwirtschaftsinstituts (HWWI)]

Während der Arbeitskreis das erste Mal tagt, seine Präsentationen vorbereitet und weitere Analysen in Auftrag gibt, wird bei potenziellen Angreifern programmiert, ausprobiert und umgesetzt. Während der Arbeitskreis auf die Vorstellung der Konzepte im nächsten Vorstandsmeeting wartet, bereiten aggressive technologiegetriebene Mitbewerber einen Frontalangriff auf das traditionelle Geschäftsmodell vor.

Für die meisten Unternehmen bedeutet Digitalisierung die Fortsetzung der bisherigen Geschäftsmodelle im Internet. Doch das genügt nicht. Die Digitalisierung wird Unternehmen und Märkte nicht nur verändern, sondern von Grund auf neu definieren. Wir erleben es täglich in unserem eigenen Umfeld:

- Während Taxizentralen an Apps arbeiteten, mit denen Kunden ein Taxi online bestellen können, arbeitet mytaxi daran, das klassische Geschäftsmodell der Taxizentralen anzugreifen und zu zerstören.
- Airbnb hat nicht nur vor, die digitale Version einer Mitwohnzentrale auf den Markt zu bringen, sondern den traditionellen Markt von Übernachtungen komplett zu verändern.

Ähnlich wird es mit technologischen Trends wie 3-D-Druck und künstlicher Intelligenz geschehen.

Unternehmen, die über digitale Transformation sprechen, werden darüber nachdenken, wie sie Teile ihrer traditionellen Produktion durch 3-D-Drucker effizienter gestalten können. Disruptiv denkende Unternehmen werden alles daran setzen, Produktion neu zu erfinden: Sie werden Produzenten, ohne eine einzige Fabrik zu besitzen.

In der digitalen Transformation werden Systeme der künstlichen Intelligenz Versicherungssachbearbeiter dabei unterstützen, Betrugsfälle gezielter zu erkennen als bisher. Disruptive Unternehmen werden daran arbeiten, den kompletten Prozess der Sachbearbeitung zu automatisieren und den Versicherungssachbearbeiter zu ersetzen.

Aus heutiger Sicht schwer vorstellbar. So schwer vorstellbar, wie es für Zeitungsmacher vor fünfzehn Jahren war, dass jemand ohne Zeitung auskommt und trotzdem informiert ist. So schwer vorstellbar, wie es für den früheren Microsoft-Chef Steve Ballmer vor zehn Jahren war, dass jemand ein Handy ohne Tastatur kauft. Und so schwer vorstellbar, wie es für gestandene Bankmanager vor fünf Jahren war, dass Kunden über Facebook mit ihnen Kontakt aufnehmen möchten.

In Zeiten der digitalen Disruption müssen Sie lernen, wie Ihr aggressivster Mitbewerber zu denken. Sie müssen bereit sein, digitale Innovationen zu entwickeln – auch wenn diese Ihr aktuelles Geschäftsmodell kannibalisieren. Wenn Sie es nicht tun, wird es jemand anders für Sie übernehmen.

Digitalisierung aus Sicht von Marktrevolutionären denken

In meinem Buch *Radikale Innovation* habe ich vor fünf Jahren die Mechanismen aufgezeigt, die zum Umbruch ganzer Branchen führen. Ich habe Unternehmen beschrieben, die mit ihren innovativen Ideen nicht nur das Bestehende verbessern, sondern grundlegend erneuern wollen. Ich habe Denkansätze vorgestellt, die es ermöglichen, radikale Innovationen zu entwickeln und damit zum Marktrevolutionär zu werden. Dieser radikale Umbruch findet heute vor allem im Bereich digitaler Technologien statt. Mit diesem Buch möchte ich Ihnen das disruptive Potenzial aufzeigen, das in neuen Technologien steckt. Ich werde Ihnen Szenarien vorstellen, wie sich Ihre Branche, Ihr Unternehmen oder Ihr Arbeitsplatz mit hoher Wahrscheinlichkeit in den nächsten zehn Jahren verändern wird.

Das Wichtigste aber ist: Ich möchte, dass Sie disruptives Denken verstehen und anwenden können. Dieses Buch soll Sie für die Veränderungen sensibilisieren, aber Ihnen keine Angst machen. Ja, in den kommenden Jahren werden Tätigkeiten digitalisiert werden, die heute noch ein Mensch erledigt. Berufsbilder wie der Filialmitarbeiter einer Bank, der Spediteur oder der Entwickler für Kosmetikprodukte werden sich in den nächsten Jahren radikal verändern. Anwälte und Berater werden einen Teil ihrer Kompetenz an Algorithmen abgeben. Doch all das wird nicht von heute auf morgen geschehen.

Standpunkt

»Die Digitalisierung hat gerade erst begonnen. Sie verändert mit zunehmender Geschwindigkeit das Kundenverhalten, die Kundenerwartungen und somit ganze Märkte. Neue Wettbewerber – ob Start-ups oder etablierte Unternehmen – wildern in fremden Gefilden. Einstige Branchengrenzen verschwimmen. Ehemals hohe Markteintrittsbarrieren wie beispielsweise IT-Kapazitäten existieren de facto nicht mehr. Für die Unternehmen bedeutet dies: 1. das eigene Geschäftsmodell aus der Kundenperspektive kritisch zu hinterfragen, gegebenenfalls anzupassen beziehungsweise zu erweitern, 2. konsequent Rationalisierungspotenziale durch den Einsatz neuer Technologien zur Stärkung des Kerngeschäfts zu heben und 3. mit beidem heute anzufangen.« [Daniel Thomas, Vorstand HUK Coburg]

Disruption klopft nicht bei Ihnen an die Tür und sagt: »Guten Morgen, hier ist die Digitalisierung. Hiermit werden Sie ersetzt.« Es ist ein langsamer Prozess, der wahrscheinlich viel länger dauern wird, als es die meisten Beratungsunternehmen prognostizieren. Als ich Anfang des Jahrtausends Chefredakteur und Programmdirektor beim Radio war, war Radio schon fast totgesagt. Ebenso die Zeitung. »Das Internet tötet den Journalismus«, hieß es damals. Das traf nur eingeschränkt zu: Die Sender von damals senden noch heute, die Zeitungen erscheinen – mit wenigen Ausnahmen – noch immer.

Dass digitale Disruption fast unbemerkt passiert, ist Chance und Gefahr zugleich. Die Chance: Sie und Ihr Unternehmen können zum Teil der digitalen Disruption werden. Sie haben Zeit, Ihre Geschäftsmodelle und -angebote an die Herausforderungen der Zukunft anzupassen und sie wirklich digital zu denken. Allerdings steckt darin auch eine Gefahr: Wir sind Schmerzvermeider und handeln in der Regel dort, wo es wehtut. Digitale Disruption tut aber nicht weh – zumindest nicht kurzfristig. Und genau deshalb fällt Veränderung so schwer. Unternehmen – vom Mitarbeiter bis zum Topmanager – halten am Bestehenden fest, obwohl sich die Welt um sie herum jeden Tag verändert.

Bitte schauen Sie nicht nur ins Silicon Valley!

Es ist modern, ins Silicon Valley zu schauen und darüber zu reden, wie Google und Co. die Welt verändern. Doch das ist der falsche Ansatz. So wie das Kaninchen vor der Schlange gut daran täte, den Fluchtreflex zu nutzen und sich eine Nische zu suchen, in der es schlangenfrei überleben kann, so tun Sie gut daran, nicht in die digitale Schockstarre zu verfallen. Digitale Disruption findet statt – mit Ihnen oder ohne Sie. Doch es ist kein vorherbestimmter Pfad. Die digitale Gesellschaft verändert sich täglich: Jeden Tag entstehen neue Anwendungen, werden getestet, in den Markt eingeführt und schon nach wenigen Tagen weiterentwickelt. Die Zeiten, in denen Produkte auf den Markt gebracht und dreißig Jahre lang in der gleichen Fabrik mit leichten Neuerungen produziert wurden, sind vorbei.

Dieses Buch besteht zu 50 Prozent aus Erfahrungen, die ich jeden Tag in meiner Arbeit und im Austausch mit dem Topmanagement von führenden Unternehmen mache. Es sind Unternehmen aus Bereichen wie Telekommunikation, Banken, Versicherungen und Medien, aber auch aus traditionellen Branchen wie der Baubranche, der Landwirtschaft oder der Energieversorgung. Ich selbst bin jeden Tag aufs Neue erstaunt, wie sich bereits heute traditionelle Branchen verändern. Was hat ein Ziegelstein mit der Digitalisierung zu tun? In diesem Buch werden Sie es erfahren. Weiß ein Algorithmus wirklich, was ich nachher tun werde? Und wird die

Standpunkt

»Für traditionelle Firmen wird digitale Disruption ohne Transformation nicht nachhaltig sein. Ja, Sie müssen radikal mit den Regeln Ihrer Branche brechen, schnell sein, Neues wagen – aber parallel dazu müssen Sie auch die Fundamente Ihres Unternehmens für die Digitalisierung fit machen. Das wiederum ist ein Change-Prozess, der Mut, Zeit, langen Atem und akribische Planung und Kontrolle braucht. Kurz: Die Digitalisierung fordert von traditionellen Firmen eine hybride Strategie, die Kombination scheinbar gegensätzlicher Tugenden: von kalifornischem Start-up und deutschem Ingenieurs-Geist.« [Heiko Meyer, Vorsitzender der Geschäftsführung Hewlett Packard Enterprise Deutschland]

Bankfiliale vor meiner Haustür geschlossen werden? Auch das werden Sie erfahren. Die anderen 50 Prozent beruhen auf den Erkenntnissen meiner wissenschaftlichen Forschung: 2015 habe ich meine Doktorarbeit über die Innovationsfähigkeit von Unternehmen veröffentlicht – eine Auswertung von dreihundert wissenschaftlichen Studien zum Thema. Meine Thesen, wie sich Unternehmen in Zukunft verändern müssen, beruhen auf fundierter Empirie. Ich werde Ihnen die Ansätze des disruptiven Denkens vermitteln und Ihnen Denktechniken an die Hand geben, mit denen Sie Ihre Branche, Ihr Unternehmen oder Ihren Arbeitsplatz neu entwickeln können. Mein Ziel ist es, dass Sie nach dem Lesen sagen werden: »Ärmel hochkrempeln. Ich möchte die digitale Zukunft mitgestalten!«

Digitale Disruption ist ein Thema, das sich in Internet-Geschwindigkeit weiterentwickelt. Neueste Trends und Gedanken von mir dazu finden Sie regelmäßig in meiner Kolumne »Meinungsmacher« beim *manager magazin*, außerdem auf der Webseite zum Buch. Sie können mir auf LinkedIn folgen oder werden Sie Mitglied in der XING-Gruppe »Digitale Disruption«.

Die Webseite *www.digitale-disruption.de* und die XING-Gruppe bieten zudem die Möglichkeit, die ein Buch nicht bietet: Austausch. Niemand kann heute mit hundertprozentiger Sicherheit vorhersagen, welche Unternehmensstrategien in den kommenden Jahren die richtigen oder falschen sein werden. Es bedarf eines ständigen Diskurses und einer Diskussion darüber, in welche Richtung sich die Wirtschaft entwickelt.

Die sieben Prinzipien digitaler Disruptoren

1

Die Denk- und Handlungsweisen digitaler Disruptoren folgen häufig den gleichen Prinzipien. Es sind Muster, die sich über Branchen hinweg immer wieder finden. Entwicklungen, die in Branche A eingetreten sind, wiederholen sich mit einer zeitlichen Verzögerung in Branche B. Sie werden die Prinzipien, die hinter disruptiven digitalen Geschäftsmodellen stehen, in diesem Kapitel kennenlernen.

Die Kenntnis der Muster ermöglicht es Ihnen, Entwicklungen in Ihrer Branche vorherzusagen. Mehr noch: Sie können eigene, vollkommen neue Denkansätze entwickeln. Nutzen Sie die Prinzipien der Disruption wie eine Art Blaupause. Nehmen Sie sie als Grundlage für Ihre Strategieentwicklung oder um zu verstehen, welche Mechanismen aktuell in Ihrer Branche wirken.

In meiner Biografie auf Seite 280 können Sie lesen, dass ich ausgebildeter Kriminalkommissar bin. Als Kriminalist können Sie gar nicht anders, als in Form von Mustern zu denken. Genau das habe ich in den vergangenen Jahren getan. Ich habe mir Hunderte digitaler Geschäftsmodelle angesehen, sie gemeinsam mit Workshopteilnehmern und Studenten analysiert und mich gefragt: Was ist der Kern des Unternehmens? Welches Muster lässt sich identifizieren? Die sieben Prinzipien, auf die ich dabei gestoßen bin, sind die wesentlichen Treiber der digitalen Disruption. Prinzipien der digitalen Transformation habe ich bewusst aus dieser Aufzählung herausgelassen. Wenn ein Kundenberater über Skype statt über Telefon kommuniziert, hat sich zwar das Medium verändert, aber nicht das Prinzip, nach dem der Berater arbeitet.

Die sieben Prinzipien, die ich in diesem Kapitel beschreibe, sind die, die Märkte und Geschäftsmodelle nachhaltig verändern.

Prinzip 1: Kein Auto. Kein Haus. Kein Boot. – Nutzen statt kaufen

Digitale Disruptoren haben oft kein eigenes Produkt. Sie stellen keine Autos her und bauen keine Häuser. Doch was verkaufen sie dann? Nutzen. Das erste Prinzip beschreibt, wie Sie durch die Digitalisierung beispielsweise ein Kraftwerk betreiben können, ohne eines zu besitzen.

Prinzip 2: Das macht dann die Gemeinschaft ... – Crowdification

Wikipedia statt Brockhaus. So lässt es sich auf den Punkt bringen. Ein Geschäftsmodell, das in analogen Zeiten durch klare Strukturen Bestand hatte, wird plötzlich durch das scheinbar chaotische Prinzip der Crowd angegriffen. Irgendwo findet sich jetzt jemand, der etwas leistet oder tut.

Prinzip 3: Zielgruppe eins

Um 20 Uhr geht der Fernseher an. Dann kommt die Tagesschau. Deutschland erfährt, was heute wichtig war. Das ist Vergangenheit. Massenmedien, Massendienstleistungen und Massenprodukte werden mehr und mehr durch disruptive Angebote ersetzt, die nur eine Zielgruppe kennen: Mich. Beziehungsweise Sie.

Prinzip 4: Glaskugel 3.0

Ich weiß, was du morgen tun wirst. Der Markt für datengestützte Vorhersagen ist gerade dabei, zum Massenmarkt zu werden. Wer weiß, was ein Kunde morgen tun oder wie er sich entscheiden wird, kann das eigene Angebot früher platzieren als andere. Was klingt wie Science-Fiction, ist längst Realität.

Prinzip 5: Kompetenzstandardisierung
Anwälte, Ärzte, Berater, Lokführer, Sachbearbeiter, Steuerberater ... Diese Liste ließe sich unendlich fortsetzen. Überall dort, wo sich Wissen standardisieren lässt, wird es in den kommenden Jahren standardisiert werden. Digitale Disruption trifft Berufsbilder, die heute (scheinbar) nicht ersetzbar sind.

Prinzip 6: Zentralisierung der Kundenschnittstelle
Im Kern besteht jedes Unternehmen aus zwei Teilen: Ein Teil verkauft, der andere führt aus. Dieses Prinzip setzt darauf, den ersten Teil zu besetzen. Wer den Kunden hat, hat das Geld. Wer das Geld hat, bestimmt. Der Kampf um die Kundenschnittstelle ist ein Kampf um Marktmacht.

Prinzip 7: Radikale Effizienzsteigerung
Sie haben das Schlagwort Industrie 4.0 bestimmt schon einmal gehört. Es ist ein irreführender Begriff. Er suggeriert, dass es um eine Entwicklung innerhalb von Fabriken geht. In Wahrheit geht es um viel mehr. Dieses Prinzip beschreibt, was passiert, wenn Einkauf, Verkauf, Produktion und Logistik miteinander vernetzt werden.

Über allen Prinzipien steht ein weiteres, eine Art Meta-Prinzip, das überall hineinspielt: Digital Lifestyle. Auch dieses Prinzip werden Sie in diesem Kapitel kennenlernen.

Die sieben Prinzipien digitaler Disruptoren

7 RADIKALE EFFIZIENZSTEIGERUNG

1 KEIN AUTO. KEIN HAUS. KEIN BOOT. – NUTZEN STATT KAUFEN

6 ZENTRALISIERUNG DER KUNDENSCHNITTSTELLE

2 DAS MACHT DANN DIE GEMEINSCHAFT ... – CROWDIFICATION

GLOBALES PRINZIP
DIGITAL LIFESTYLE

5 KOMPETENZSTANDARDISIERUNG

3 ZIELGRUPPE EINS

4 GLASKUGEL 3.0

Prinzip 1: Kein Auto. Kein Haus. Kein Boot. – Nutzen statt kaufen

Mein Auto. Mein Haus. Mein Boot. Das waren die Neunziger. Und heute? Kein Auto. Kein Haus. Kein Boot. Mehr noch: Kein Fahrrad. Keine Waschmaschine. Kein Büro. Aber trotzdem alles immer verfügbar. Fahren, wann man will. Wohnen und arbeiten, wie man will. Und das Ganze mit sauberer Wäsche. Für alles gibt es eine App. Das Prinzip »Nutzen statt kaufen« bedient ein Kundenbedürfnis, das sich seit Jahren in Studien abzeichnet: Besitz wird zunehmend als Last empfunden. Warum ein eigenes Auto besitzen, wenn an der nächsten Ecke eines steht?

Nextbike

Was tut das Unternehmen?

Über die Nextbike-App können Nutzer schnell und einfach Fahrräder an verschiedenen Standorten in einer Stadt anmieten. 2004 gegründet, ist das Unternehmen heute weltweit tätig: In achtzehn Ländern auf vier Kontinenten. Das Unternehmen hat nicht nur die Infrastruktur entwickelt, sondern baut die Fahrräder selbst: In einer eigenen Produktionshalle am Standort Leipzig.

Was macht das Unternehmen disruptiv?

Disruptoren greifen traditionelle Unternehmen an oder sie schaffen einen Markt, den es zuvor nicht gab. Für Letzteres steht Nextbike. Bei Unternehmensgründung 2004 gab es weder Smartphones noch Apps.

Branche

MOBILITÄT

Disruptionsprofil

★★☆☆☆
EFFIZIENZSTEIGERUNG

★★☆☆☆
VERÄNDERUNG DER MARKTLOGIK

★★★★★
SCHAFFUNG NEUER MÄRKTE

Disruptionsprinzip

NUTZEN STATT KAUFEN

Entsprechend verzeichnet der deutsche Carsharing-Markt Anfang 2016 1,26 Millionen Nutzer – ein Zuwachs von mehr als 20 Prozent gegenüber dem Vorjahr. Das Leipziger Unternehmen Nextbike hat Mitte 2016 30.000 Fahrräder im Einsatz – in hundert Städten weltweit.

Die BSH Hausgeräte GmbH (ehemals Bosch Siemens Hausgeräte) gründet WeWash – und vermittelt freie Waschmaschinen in den Kellern von Mehrfamilienhäusern.

In der Studie *buy or rent* der Universität Saarland heißt es: »Gemeinschaftliche Nutzungsformen und temporäre Nutzung sind keinesfalls völlig neu: Wohngemeinschaften, Skiverleih, Bibliotheken, Waschsalons und Mehrwegflaschen – alle beruhen auf der Idee, Ressourcen gemeinsam und temporär begrenzt zu nutzen. Allerdings resultieren aus der Digitalisierung beziehungsweise Virtualisierung neue Möglichkeiten, derartige Konzepte umzusetzen.«

Standpunkt

»Es wird immer Freaks geben, die Dübel riechen möchten und durch den Baumarkt gehen, aber die Mehrheit der nächsten Generationen wird erwarten, dass es jemanden gibt, der die Dinge für sie erledigt. Viele junge Menschen lernen gar nicht mehr, handwerkliche Aufgaben selbst zu erfüllen.« [Hartmut Jenner, Vorsitzender der Geschäftsführung der Kärcher-Gruppe]

Warum ein Röntgengerät kaufen, wenn man eines buchen kann?

Das Prinzip »Nutzen statt kaufen« erobert nach und nach unterschiedliche Branchen. Cohealo aus Boston erlaubt es Ärzten und Kliniken, ungenutzte medizinische Geräte per App zu buchen und zu nutzen. Ein sinnvoller Ansatz, wenn man die Alternative bedenkt: Bei Dr. Müller steht das neue Röntgengerät einen halben Tag lang ungenutzt herum. Dr. Schmidt zwei Straßen weiter hat in ein nagelneues EKG der Spitzenklasse investiert – auch dieses Gerät ist nur halb ausgelastet. Anstatt seine Patienten einfach bei Dr. Müller zwei Straßen weiter untersuchen zu lassen, schickt Dr. Schmidt seine Patienten zu einer Röntgenpraxis am anderen Ende der Stadt, wo diese um einen Termin betteln müssen. Und Dr. Müller? Er nutzt weiterhin sein uraltes Basis-EKG – ein neues kann er sich nicht leisten. Theoretisch könnten Dr. Müller und Dr. Schmidt eine Art virtuelle Gemeinschaftspraxis bilden, indem sie ihre Geräte miteinander vernetzen. In Zukunft werden sie dies auch tun. Wie kommen ihre Geräte ans Netz? Hier entwickelt die Firma Dräger AirConnect: Medizinische Geräte werden kabellos miteinander vernetzt, die Informationen zusammengeführt.

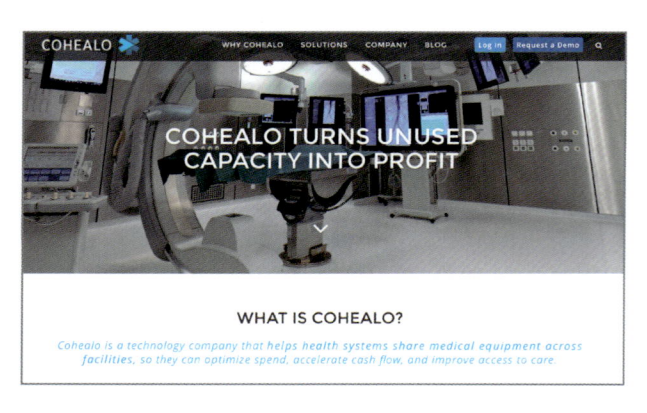

Im kleineren Stil gibt es diese Entwicklung bereits im deutschsprachigen Raum. Die Theralog-Zentren in Orten wie Heidelberg, Rosenheim, Mühldorf und Schwerin geben selbstständigen Ärzten und Therapeuten die Möglichkeit, eine gemeinsame Infrastruktur zu nutzen und Apparate zu teilen.

Wer einen Arbeitsplatz mit neuen Kollegen sucht, findet bei coworking.de einen Schreibtisch. Nicht nur in Städten wie Berlin oder Köln, sondern auch in Kassel, Remscheid oder Jena. Klickrent.de vermittelt Baumaschinen und Zubehör, storeme.at hat sich auf die Vermittlung freier Lagerflächen spezialisiert, ampido.de bringt Parkplatzsuchende und private Parkplatzbesitzer zusammen. Alle diese Unternehmen folgen dem gleichen Prinzip. Sie ermöglichen es dem Kunden, Ressourcen temporär zu nutzen. Alle Geschäftsmodelle gab es bereits vor der Digitalisierung: Büros und Baumaschinen konnten gleichermaßen ge- und vermietet werden wie Parkplätze oder Lagerflächen. Unternehmen, die aus dem Prinzip »Nutzen statt kaufen« ein Geschäftsmodell entwickeln, tun im Kern zwei Dinge: Sie können freie Kapazitäten und Wünsche effizienter zusammenbringen und sie können andere Nutzungsszenarien anbieten.

Standpunkt

»Wir stehen am Anfang dieser Entwicklung. Es gibt zwar viele Menschen, die mit dem Begriff Sharing Economy etwas anfangen können, es gibt auch viele Menschen, die eine grundsätzliche Bereitschaft haben, zu teilen. Aber zum Beispiel im Vergleich zu den USA sind wir, sowohl was Mobilität oder auch was das Hotelgewerbe angeht, noch längst nicht da, wo die USA sind.«
[Klaus Müller, Vorstand Verbraucherzentrale Bundesverband]

So sieht sie aus, die Welt der »Nur Nutzer«: Mit dem Auto vom Carsharing die übers Wochenende ausgeliehene Werkbank zu einer fremden Lagerhalle bringen – geparkt wird auf dem Parkplatz des Anwalts gegenüber, der ihn ab Freitag 17:00 Uhr nicht mehr braucht. Alles genutzt, nichts besessen.

Die Sharing Economy frisst bereits ihre Pioniere

»Du hast etwas im Keller, was andere brauchen oder suchst etwas, was andere haben könnten?« So wirbt leihdirwas.de. Ein Erste-Hilfe-Set für 3 Euro am Tag, ein Fachbuch für 1 Euro im Monat, ein schwarzes Abendkleid ab 4,50 Euro pro Tag. »Es ist einfach, kostenlos und macht jede Menge Spaß.« Wer im Juni 2016 auf die Webseite des Unternehmens geht, erfährt, dass Leihen und Verleihen nicht immer Spaß machen: »Leihdirwas geht offline.« Der Friedhof der gescheiterten Start-ups hat Zuwachs bekommen:

- Kleidung teilen bei fashionlend.de? Vorbei. Die Betreiber haben nicht einmal die Domain behalten. Wie sieht es beim Mitbewerber commonvintage.com aus? Auf der Titelseite ist der letzte Beitrag achtzehn Monate alt.
- Medien teilen bei hitflip.de? Auch hier hat es sich ausgetauscht: »Connection failed«

Die Ursache? In der Studie *Zukunftstrends Share Economy* des Meinungsforschungs- und Beratungsinstituts YouGov heißt es: »Obwohl 74 Prozent der Deutschen schon von Sharing-Portalen im Internet gehört haben, steuert momentan nur jeder Zwanzigste Sharing-Portale im Internet an.« Gebrauchtes zu leihen und zu verleihen ist offenbar mit mehr Zweifeln behaftet als zunächst gedacht. Alles nur ein Flop? Die Sharing Economy – aufgeblasen von Unternehmensberatern und PR-Agenten? Die Antwort ist viel banaler: Sharing ist in vielen Bereichen schon lange kein Trend mehr. Sondern Big Business.

»Nutzen statt kaufen« ist längst Big Business!

Die Pionierzeiten sind vorbei. Tom Slee schreibt in seinem Buch *Deins ist meins – Die unbequemen Wahrheiten der Sharing Economy*: »Was als Aufruf zu Gemeinschaftlichkeit begonnen hatte [...], ist zum Spielplatz von Milliardären, der Wall Street und Wagniskapitalgebern geworden.« Fashionlend.de oder hitflip.de sind nicht die Opfer eines überbewerteten Trends geworden, sondern mussten den gleichen Mechanismen weichen, die einst den Krämerladen verschwinden ließen: Die Großen übernehmen.

Längst drängen große Internetkonzerne auf den Markt. Expedia übernimmt für umgerechnet 3,4 Milliarden Euro den Ferienwohnungsvermittler Homeaway (*Fewo-direkt.de*). Und auch Booking.com bietet Mitte 2016 schon mehr als 400.000 Wohnungen für Reisende an. Goldman Sachs schätzt, dass der weltweite Zimmervermittlungsmarkt bis 2025 auf 285 Milliarden US-Dollar ansteigt. Airbnb hat alleine in Berlin nach eigenen Angaben im Jahr 2015 mehr als 2,5 Millionen Übernachtungen vermittelt. Die deutsche Hauptstadt hat reagiert und droht Besitzern von Wohnungen, die ohne behördliche Genehmigungen vermieten, Bußgelder von bis zu 100.000 Euro an. *Der Spiegel* kommentiert im April 2016: »Die Schlacht um Europa ist in vollem Gange.« Das dahinterstehende disruptive Prinzip hat gerade erst begonnen.

Standpunkt »Deutschland hat die erste Halbzeit der Digitalisierung verschlafen. Im Verbraucherbereich haben die US-Internetfirmen Europa den Rang abgelaufen, aber bei der Digitalisierung der Wirtschaft sieht das anders aus. Deutschlands digitale Chance ist der Umbruch der traditionell starken Industrien.« [Reinhard Clemens, Deutsche Telekom AG]

Woran Automobilhersteller arbeiten

Ortstermin in München bei Audi. Sie haben richtig gelesen: nicht Ingolstadt, sondern München. Der Automobilhersteller hat hier ein Denklabor für neue Konzepte eingerichtet. Als ich mit den Verantwortlichen spreche, stellen sie stolz ihre neuesten Konzepte vor: In Stockholm wird das Konzept Audi unite getestet: Zwei oder mehr Parteien teilen sich ein Fahrzeug. Über die beigefügte App wird die Nutzung geplant und abgerechnet. Besitzen light: Warum einen ganzen Audi kaufen? Ein bisschen Audi tut es auch.

Dass Audi für seine Business Innovation GmbH den Standort München gewählt hat, ist kein Zufall. Es ist der Ort, an dem einer der schärfsten Konkurrenten im Wettbewerb um die Kunden von morgen sitzt: BMW. Das Carsharing-Konzept DriveNow hat Anfang 2016 mehr als 600.000 Mitglieder in neun Städten. Die durchschnittliche Zielgruppe ist 32 Jahre alt, BMW-Käufer sind im Durchschnitt 50.

Das Fraunhofer-Institut ISI erforscht Sharing-Konzepte für die Industrie. Titel der Studie: »Potenziale eines Wandels zu einer Industrial Collaborative Economy – Grundzüge einer kollaborativen Wirtschaftsform in der Industrie (WICE)«. Im Fokus stehen Pooling- und Betreiberkonzepte für Produktionsanlagen: Neue, internetbasierte Plattformen, auf denen Betriebe ihre Maschinen oder Werkzeuge anbieten – oder sogar komplette Produktionsanlagen. Selbst an Lösungen wie mobilen Vor-Ort-Produktionsanlagen wird geforscht. Wo steht gerade die nächste Anlage zur Produktion von Limonade? Die App findet die Lösung.

Audi Business Innovation

Branche

MOBILITÄT

Disruptionsprofil

★☆☆☆☆ EFFIZIENZSTEIGERUNG

★★★★★ VERÄNDERUNG DER MARKTLOGIK

★★★☆☆ SCHAFFUNG NEUER MÄRKTE

Disruptionsprinzip

NUTZEN STATT KAUFEN

Was tut das Unternehmen?

Audi Business Innovation entwickelt Mobilitätskonzepte rund um die Produkte des Ingolstädter Autoherstellers. Beispiele: Audi unite (mehrere Besitzer teilen sich über eine App ein Auto), share fleet (Mitarbeiter buchen Autos aus dem Unternehmensfuhrpark über eine App) oder Audi select (Nutzer können mehrere Autos nutzen).

Was macht das Unternehmen disruptiv?

Gerade junge Kunden kaufen (speziell in Deutschland) immer weniger Neuwagen. Und sie ziehen zunehmend in Metropolen, wo ein eigenes Auto weniger nützlich ist als auf dem Land. Mit Angeboten wie Audi unite schafft es das Unternehmen, ein physisches Produkt mit der Logik digitaler Disruptoren zu verknüpfen.

Prinzip 2: Das macht dann die Gemeinschaft... – Crowdification

Am Anfang war Wikipedia. Von der Gründung eines frei und kostenlos zugänglichen Internetlexikons im Januar 2001 bis zur Einstellung des Vertriebs der Brockhaus-Enzyklopädie am 01. Februar 2014 vergingen dreizehn Jahre. Es war der spektakulärste Sieg der Crowd über ein traditionelles Geschäftsmodell. Wenn Sie googeln, werden Sie zwar feststellen, dass es Brockhaus heute wieder gibt. Aber ganz anders als zuvor: als digitaler Service-Anbieter für relevantes, überprüftes Wissen. Brockhaus wird niemals mehr das sein, was es einmal war.

Seit dem legendären Duell Wikipedia gegen Brockhaus zieht sich das Prinzip Crowdification quer durch alle Branchen. Nicht mehr ein einziger Anbieter ist die Quelle einer Dienstleistung – die digitale Vernetzung macht jeden zum Nutzer und Anbieter von Dienstleistungen. Es gibt Überschneidungen zum Prinzip »Nutzen statt kaufen«, doch vor allem drei wesentliche Unterschiede:

- Crowdification geht über die Nutzung materieller Ressourcen hinaus. Es geht nicht nur darum, Autos oder Wohnungen zu teilen, sondern Wissen, kreative Leistungen und Arbeitskraft.
- Hinter Crowdification steckt nicht zwingend ein kommerzielles Geschäftsmodell. Wikipedia ist bis heute kein Konzern.
- Crowdification kennt keine klassischen Organisationsformen. Jeder kann zum Anbieter von Leistungen werden. Statt Hierarchien und Dienstanweisungen entscheidet jeder autonom, was wann zur Verfügung gestellt wird.

Crowdification bedeutet, das Wissen, die Kreativität oder das Eigentum anderer zu nutzen und kostenlos oder gegen Gebühr zur Verfügung zu stellen.

Während Anbieter im Carsharing in einen eigenen Fuhrpark investieren, vermitteln Drivy.de oder Tamyca.de die Fahrzeuge privater Besitzer. Durch das Crowdification-Prinzip können Sie heute ein Kraftwerk betreiben, ohne eines zu besitzen. Alles, was Sie benötigen, ist eine Software, die die überschüssige Energie aus Solaranlagen bündelt und als eigenes Angebot vermarktet. Ihre Software registriert, welche Solaranlage auf welchem Hausdach aktuell welche Leistung erbringt, errechnet daraus eine Gesamtstrommenge und rechnet die Einspeisung ins Netz ab. Hendrik Sämisch und Jochen Schwill haben genau das getan und das Unternehmen Next Kraftwerke gegründet.

Next Kraftwerke ist nicht alleine. Unternehmen wie energy & meteo systems und Konzerne wie Vattenfall sind mittlerweile in dieses Geschäft eingestiegen.

Das Crowdification-Prinzip könnte irgendwann Geschäftsmodelle wie das klassische Carsharing bedrohen, weshalb BMW im März 2016 offen und laut darüber nachdenkt, Uber Konkurrenz zu machen. In der schnelllebigen Internetwelt kann das bei Erscheinen dieses Buches entweder bereits in der Umsetzung oder aber Geschichte sein. Doch es zeigt, wie ernst große Konzerne dieses Prinzip nehmen.

Next Kraftwerke

Was tut das Unternehmen?

Next Kraftwerke vernetzt knapp 3.000 Biogas-, Solar-, Wind- und Wasserkraftanlagen (Stand: Sommer 2016). Das Unternehmen bündelt die produzierte Energie und vermarktet sie an der Leipziger Strombörse. 118 Mitarbeiter an acht Standorten erwirtschafteten 2014 einen Umsatz von 184 Millionen Euro.

Was macht das Unternehmen disruptiv?

Next Kraftwerke betreibt keine Kraftwerke. Die Kernkompetenzen des Unternehmens sind die Vernetzung von Kleinproduzenten und die Vermarktung der erzeugten Energie. Während klassische Energieversorger (RWE, Vattenfall et cetera) über berechenbare Absatzmärkte verfügen, sucht Next Kraftwerke ständig nach neuen Abnehmern. Algorithmen berechnen, wie Energieproduktion und -abnahme optimal zusammenkommen.

Branche

ENERGIE

Disruptionsprofil

EFFIZIENZSTEIGERUNG ★☆☆☆☆

VERÄNDERUNG DER MARKTLOGIK ★★★★★

SCHAFFUNG NEUER MÄRKTE ★★★☆☆

Disruptionsprinzip

CROWDIFICATION

Crowdification lässt sich auf praktisch jede Branche übertragen

Wer ein Foto für Illustrationen sucht, kann sich darauf verlassen, dass irgendjemand bereits ein passendes Foto gemacht hat und anbietet: entweder bei kommerziellen Anbietern wie Fotolia.de oder bei der kostenlosen Konkurrenz Pixabay. Dass Programmierer heute wie selbstverständlich mit Open Source Software entwickeln, ist beinahe Standard. Der File-Hosting-Dienst Github gehört zu den beliebtesten Austauschbörsen der internationalen Developer Community.

Crowdification hat mittlerweile auch in Bereichen Einzug gehalten, in denen es eher ungewöhnlich anmutet. Gemeinsam mit der ISPO, der internationalen Leitmesse für Sport, betreibt mein Unternehmen, die Innolytics GmbH, seit Anfang September 2016 eine Open-Innovation-Plattform. Der Gedanke: Die Ideen und Vorstellungen der Sport-Community über die von uns entwickelte Crowdsourcing-Plattform zusammenzubringen.

ISPO

Branche

MESSE

Disruptionsprofil

★★☆☆☆ EFFIZIENZSTEIGERUNG

★★★☆☆ VERÄNDERUNG DER MARKTLOGIK

★★★★☆ SCHAFFUNG NEUER MÄRKTE

Disruptionsprinzip

CROWDIFICATION

Was tut das Unternehmen?

Gemeinsam mit der Innolytics GmbH betreibt die internationale Leitmesse für Sport seit September 2016 eine Open-Innovation-Plattform. Hersteller von Sportprodukten und Anbieter von Sportdienstleistungen können ihre Angebote gemeinsam mit Kunden entwickeln.

Was macht das Unternehmen disruptiv?

Die ISPO Open-Innovation-Plattform ist Messe konsequent neu gedacht. Besucher und Aussteller sind rund um die Uhr miteinander vernetzt – nicht mehr wie früher nur für wenige Tage. Zudem erschließt die ISPO mit der Plattform ein vollkommen neues Geschäftsfeld für traditionelle Messeveranstalter.

Wenn Sie eine akademische Arbeit schreiben wollten, mussten Sie früher wissenschaftliche Artikel über teure Fachzeitschriften kaufen oder das Abonnement einer Universität nutzen. Im Social Science Research Network SSRN laden Wissenschaftler ihre Artikel kostenlos hoch, andere können sie herunterladen und nutzen: Ein direkter Angriff der Crowd auf das Geschäftsmodell klassischer wissenschaftlicher Journale. Wollen Sie es ausprobieren? Gehen Sie auf ssrn.com und geben Sie in das Suchfenster rechts oben die Nummer 2506307 ein. Im Bruchteil einer Sekunde können Sie das wissenschaftliche Fundament für Kapitel 4 dieses Buchs herunterladen. SSRN ist ein Beispiel für disruptive Veränderungen im Bildungswesen.

Standpunkt »Die Betriebswirtschaftslehre ist weltweit in einem grundlegenden Wandel. Es sind wieder einmal die amerikanischen Kollegen, die die Debatte anführen. Nicht, indem sie laut beklagen, was sie über lange Zeit selbst falsch gemacht haben, sondern indem sie die Chancen des Neuen schnell erkennen und zugleich zur Korrektur von Fehlentwicklungen nutzen. Dies sollte von der deutschen Betriebswirtschaftslehre selbstbewusst aufgegriffen werden.« [Dr. Andreas Pinkwart, Rektor HHL Leipzig Graduate School of Management]

Porsche – weiterentwickelt von der Crowd

Sie fahren einen Porsche 911 und Ihre Sonnenblenden-Halterung ist defekt? Früher gingen Sie zum Porsche-Händler Ihres Vertrauens oder suchten das Teil bei eBay. Heute finden Sie das Ersatzteil auf Plattformen wie Thingiverse.com oder shapeways.com als Druckvorlage für den 3-D-Printer. Bei Shapeways toben sich kreative Digitalbastler regelrecht aus. Die Sonnenblenden-Halterung wird mit Halterung für eine Gopro Actioncam angeboten – ein Teil, das es so niemals gab. Ein Konstrukteur aus den Niederlanden bietet ein Gehäuse an, mit dem ein einfacher PC-Lüfter zur Kühlung des Temperatursensors verwendet werden kann.

Thingiverse

Branche

E-COMMERCE

Disruptionsprofil

★☆☆☆☆ EFFIZIENZSTEIGERUNG

★★★★★ VERÄNDERUNG DER MARKTLOGIK

★★★★★ SCHAFFUNG NEUER MÄRKTE

Disruptionsprinzip

CROWDIFICATION

Was tut das Unternehmen?

Thingiverse ist die größte Datenbank für 3-D-Druckvorlagen im Internet. 3-D-Modelle können von Produzenten hochgeladen und angeboten werden. Kunden können die Modelle kaufen, herunterladen, verändern und ausdrucken. Im Sommer 2016 hat die Community mehr als 570.000 3-D-Modelle entwickelt und hochgeladen.

Was macht das Unternehmen disruptiv?

Thingiverse verändert die Logik, nach der Kunden und Produkte zusammenkommen. Bislang verkaufte der Hersteller ein Produkt, das er entwickelte, produzierte und vermarktete. Jetzt wird das Produkt entwickelt und vermarktet – der Ort der physischen Produktion ist davon unabhängig. Das Produkt kann von einem 3-D-Drucker in Kalifornien, Detmold oder Shanghai hergestellt werden.

Das Crowdification-Prinzip greift die Geschäftsmodelle von Unternehmen an, die bislang ihr Geschäft entweder als Vermittler (beispielsweise eine Fotoagentur) oder als Zentralisierer (beispielsweise eine Autovermietung) verdient haben. Der Wettbewerbsvorteil dieser Unternehmen lag in der Informationshoheit und in den Preisvorteilen, die sie über die Zentralisierung gewinnen konnten. Fotoagenturen wussten exklusiv, wer welche Fotos macht und hatten einen exklusiven Zugang zu potenziellen Kunden. Autovermietungen rechneten sich, weil sie dank ihrer Größe und ihrer zentralisierten Auftragsverarbeitung günstige Preise anbieten und dabei noch Gewinne erzielen konnten.

Für einen lokalen Autovermieter, der zehn Autos hatte, rechnete sich das Geschäft deutlich weniger als für ein Unternehmen, das 10.000 Autos hat. Die Zentralisierung aller ablaufenden Prozesse war ein entscheidender Wettbewerbsvorteil. Durch Crowdification gehen die Wettbewerbsvorteile dieser beiden Unternehmenstypen verloren. Wo vorher Informationen in der Hand des Vermittlers waren, sind sie nun offen. Weder besteht ein exklusiver Kontakt zum Anbieter noch zum Verkäufer. Und weil sie keinen eigenen Besitz haben, können Unternehmen mit dem Prinzip Crowdification die Preise zentralisierter Unternehmen deutlich unterbieten.

Die Auswirkungen von Crowdification

Unternehmen, deren Geschäftsmodelle durch Crowdification angegriffen werden, werden über kurz oder lang Marktanteile verlieren. Airbnb ist nicht der Tod der Hotelbranche, sondern wird der Branche Marktanteile in einer zumeist jungen, entdeckungsorientierten Zielgruppe wegnehmen. Solange Märkte wachsen, ist das für traditionelle Unternehmen kein Problem. Steigen die Übernachtungszahlen in einer Stadt wie Berlin jährlich um 20 Prozent, wobei 50 Prozent des Wachstums auf private Appartements entfallen, wächst auch die traditionelle Branche. Doch dort wo Stagnation ist, laufen traditionelle Geschäftsmodelle Gefahr, in der jetzigen Form nicht mehr tragfähig zu sein. Zumal dann, wenn es Unternehmen wie Airbnb gelingt, nicht nur junge, entdeckungsfreudige Touristen für sich zu gewinnen, sondern auch lukrative Zielgruppen wie Geschäftsreisende, die länger an einem Ort bleiben. Mietete ein Unternehmen bislang zehn Zimmer in einem Hotel für vier Wochen an, wird es dies möglicherweise künftig über eine Crowd-Buchungsplattform tun.

Standpunkt

»Viele Arbeitsplätze sind durch die Entwicklung bedroht. Es bedarf erheblicher Anstrengungen, die Beschäftigungsbilanz des Wandels positiv zu gestalten. Dafür müssen Produktivitätsfortschritte, die über die Digitalisierung erschlossen werden können, zumindest in Teilen umverteilt werden. Sie sollten genutzt werden für soziale und beschäftigungswirksame Innovationen, für Investitionen in gesellschaftlich notwendige Dienstleistungen, zum Beispiel in der Pflege und für die Kinderbetreuung.«
[Lothar Schröder, Verdi-Vorstand]

In den nächsten Jahren werden Crowdification-Geschäftsmodelle vor allem in drei Bereichen entstehen und weiterentwickelt:

1. In Bereichen, die durch neue Technologien (zum Beispiel 3-D-Druck) getrieben sind.
2. In Nischen, die für klassische »Think Big«-Investoren zu klein sind oder zu uninteressant erscheinen.
3. Durch Unternehmen, die vorhandene Ansätze weiter professionalisieren und verschiedene Dienste zusammenführen.

Noch ist der Crowdification-Markt stark segmentiert. Noch gibt es das Amazon der Crowdification nicht. Aber das kann sich schnell ändern.

Prinzip 3: Zielgruppe eins

Ich war lange Zeit Programmverantwortlicher und Programmdirektor im Hörfunk. Zunächst beim öffentlich-rechtlichen Rundfunk, später beim privaten Radio. Radio ist ein klassisches Kompromissprodukt. Programmverantwortliche entscheiden auf Basis der Marktforschung darüber, welche Musik ausgewählt wird, welche Moderatoren auf Sendung gehen und wie Themen gewichtet werden. Die tägliche Programmplanung ist der Minimalkompromiss zwischen den Inhalten, die bei einem 27-jährigen Friseur und einer 48-jährigen Verwaltungsangestellten gleichermaßen auf Akzeptanz stoßen. Ich habe die Mechanismen 2007 in meinem Buch *Radio-Strategie* beschrieben. Dieser Logik folgen im Kern alle Radio- und Fernsehprogramme sowie klassische Zeitungen und Zeitschriften.

In der analogen Welt sind praktisch alle Produkte und Dienstleistungen Kompromisse. Falls Sie nicht gerade den Maßschneider Ihrer Wahl mit der Anfertigung Ihrer Hemden beziehungsweise Blusen beauftragen, kaufen Sie ein Kleidungsstück, das allen Menschen mit Ihrer Größe irgendwie passt. Es ist immer ein bisschen zu weit an der einen und ein bisschen zu eng an der anderen Stelle, aber der Kompromiss ist gut genug. Wenn Sie ein Medikament einnehmen, wirkt es so, wie es bei einer bestimmten Gruppe von Menschen gewirkt hat – ob das Medikament wirklich genau zu Ihnen, Ihrer Krankheit und Ihrem Körper passt, ist nicht genau definierbar. Und wenn Sie das erste Mal in ein neues Auto einsteigen, bedienen Sie es so, wie die Entwickler der Meinung waren, dass Sie es bedienen sollten. Nicht so wie Sie es gewohnt sind. Sie passen sich dem Produkt an, nicht umgekehrt.

Im analogen Zeitalter erforderte Individualisierung entweder eine Manufaktur, die Einzelstücke oder Kleinserien herstellt, oder speziell geschulte Berater, die ihre Dienstleistungen direkt auf die Bedürfnisse einzelner Kunden zuschnitten. Beides war in der Vergangenheit teuer. Der Sultan von Brunei konnte sich seinen golden verzierten Rolls-Royce leisten, für Normalverdiener war die Individualisierung auf das beschränkt, was der VW-Golf-Konfigurator zuließ. Playboy-Chef Hugh Hefner konnte sich auf seinen legendären Partys einen persönlichen DJ leisten, normal Feiernden blieben in der Zeit vor Spotify das Radio und der MP3-Player. Ein Staatsoberhaupt ließ sich seine persönlichen Presse-Clippings von einem eigenen Pressesprecher täglich zusammenstellen, normale Medienkonsumenten lasen das gleiche wie alle anderen. Als US-Präsident kümmert sich eine Spezialeinheit ausgesuchter Sicherheitsexperten persönlich um die Sicherheit – bevor er in ein fremdes Land reist, wird die CIA aktiv und liefert ihren Spezialisten alle notwendigen Informationen, um die Reise optimal vorzubereiten. Falls Sie beruflich gerade nicht US-Präsident sind, bleiben Ihnen in der Regel die Reisewarnungen von Behörden oder eine Google-Suche zur Einschätzung der örtlichen Sicherheitslage. Dank Digitalisierung können Sie sich jetzt ein bisschen fühlen wie der US-Präsident.

Travelbasys

Was tut das Unternehmen?

Travelbasys aus Mülheim an der Ruhr hat iTESA entwickelt – Intelligent Traveller Early Situation Awareness. Die Software analysiert Agentur- und Pressemeldungen sowie Daten aus Quellen wie Twitter oder Instagram. Durch semantische Analysen werden Hinweise auf Reiserisiken (Unruhen, Naturkatastrophen et cetera) herausgefiltert. Diese werden mit den Reiseplänen von Reisenden abgeglichen, die dann personalisierte Warnungen erhalten.

Was macht das Unternehmen disruptiv?

Die Fähigkeit, eine Fülle von Daten in Echtzeit auszuwerten, zu aggregieren und so zusammenzustellen, dass sie mit individuellen Reiseplänen korrespondieren, ist ein Musterbeispiel für die Umsetzung innovativer Angebote nach dem Prinzip Zielgruppe eins. Mit personalisierten Reisewarnungen schafft das Unternehmen einen neuen Markt.

Branche

SICHERHEIT   REISE/TOURISMUS

Disruptionsprofil

★☆☆☆☆
EFFIZIENZSTEIGERUNG

★☆☆☆☆
VERÄNDERUNG DER MARKTLOGIK

★★★★★
SCHAFFUNG NEUER MÄRKTE

Disruptionsprinzip

ZIELGRUPPE EINS

Zielgruppe eins: Keine Kompromisse!

Die Digitalisierung beendet das Denken in Kompromissen. Produkte und Angebote sind voll und ganz auf die Bedürfnisse jedes Einzelnen zugeschnitten – auf den Sultan von Brunei genauso wie auf seine Hausmeister. Wenn Sie Abonnent von Spotify oder Amazon Prime sind, ist das für Sie kein Neuland. Wenn Sie Mitglied in einem sozialen Netzwerk sind, erhalten Sie regelmäßig Kontaktvorschläge über Menschen, die Sie möglicherweise kennen können. Und als Besitzer eines Smartphones (wovon ich jetzt einfach mal ausgehe) wissen Sie: Kein Smartphone gleicht dem anderen. Das Prinzip Zielgruppe eins bedeutet: Produkte und Dienstleistungen so zu entwickeln, dass sie sich individuell auf eine einzelne Person einstellen und für diese in einer bestimmten Lebenssituation die größtmögliche Relevanz besitzen. Beispiele dieses Prinzips kennen Sie seit Jahren: Navigationssysteme berechnen eine Route individuell – Sie erfahren nicht, wie andere diesen Weg möglicherweise fahren würden, sondern Sie erhalten individuelle Vorschläge, bei denen aktuelle Staus und Baustellen mit einberechnet werden. Wenn Sie Google Maps am Mittag in einer Stadt öffnen und auf »Restaurants/Bars in meiner Umgebung« drücken, erhalten Sie Vorschläge für Restaurants mit Mittagessen. Aus dem Kontext der Benutzung schließt das System, dass Sie vermutlich Hunger haben.

Stellen Sie sich vor, Sie sind Lkw-Fahrer auf dem Weg in den Hamburger Hafen. Bislang wurden Sie über das Radio (Kompromissprodukt) über die aktuelle Verkehrssituation informiert: An welchem Hafenterminal staut es sich gerade? Welche Route ist die schnellste? Welche Parkplätze sind frei? Das Problem des Radios: Weil es ein Kompromissprodukt ist, würde es diese Informationen nur im Ausnahmefall senden – was interessiert den Büroangestellten in Hamburg Langenhorn, ob es sich im Hafen gerade staut? Die Hamburg Port Authority hat sich zum Ziel gesetzt, den Andrang von täglich über 140.000 Lkw-Fahrten im Hafen zu entzerren. Ein Teil des Projekts smartPORT logistics: individualisierte Verkehrsinformationen.

Hamburg Port Authority

Was tut das Unternehmen?

Schon bei der Anfahrt in Richtung Hafen liefert das smartPORT logistics System Lkw-Fahrern Informationen über Verkehrsblockaden und freien Parkraum. Fahrer erhalten nur die Informationen, die für sie gerade relevant sind. Die Hamburg Port Authority setzt auf sogenanntes Geofencing: Fährt ein Lkw-Fahrer in ein zuvor definierbares Gebiet, werden Informationen ausgelöst – das System trennt wichtige von irrelevanten Daten.

Was macht das Unternehmen disruptiv?

Der Hafen nimmt ungefähr ein Zehntel des Stadtgebiets ein. 8.000 Lkw sind auf dieser engen Fläche ständig unterwegs, zudem ist der Hafen der größte Eisenbahnhub Europas. Die Herausforderung: Den anwachsenden Güterverkehr durch intelligente Vernetzung zu optimieren. smartPORT logistics führt riesige Mengen an Verkehrs- und Transportdaten zusammen – ein Prototyp für die vernetzte Stadt von morgen.

Branche

LOGISTIK

Disruptionsprofil

★★★★☆
EFFIZIENZSTEIGERUNG

★☆☆☆☆
VERÄNDERUNG DER MARKTLOGIK

★★☆☆☆
SCHAFFUNG NEUER MÄRKTE

Disruptionsprinzipien

RADIKALE EFFIZIENZSTEIGERUNG

GLASKUGEL 3.0

ZIELGRUPPE EINS

Die Herausforderungen

Bei der Umsetzung des Prinzips Zielgruppe eins gilt es, drei Herausforderungen zu bewältigen:

- Die Komplexität menschlichen Verhaltens in Formeln abbilden sowie diese filter- und abrufbar machen. Die Codierung selbst ist später vergleichsweise einfach – die deutlich größere Herausforderung besteht darin, Kategoriensysteme für die Codierung zu entwickeln.
- Produkte und Dienstleistungen so zu gestalten, dass ihre Teilkomponenten und Merkmale codiert und abrufbar werden. Ein Produkt besteht in der Regel aus einer Vielzahl von Einzelkomponenten (Wirkstoffe in der Kosmetik, Zusatzservices bei einer Versicherung, zielgruppengerechter Produktnutzen et cetera), diese gilt es, einzeln konfigurierbar zu machen.
- Ein Matching zwischen den Profilen von Nutzern und den Teilkomponenten von Produkten und Angeboten herstellen. Welcher Wirkstoff ist für meine Hautprobleme wirklich der beste? Welche Versicherungsleistung passt am besten zu mir? Welcher Nutzen bringt mir am meisten?

Die Herstellung eines solchen Matchings ist eine der Kernfunktionalitäten der von uns entwickelten Software. Zum einen, um Zielgruppen innerhalb unserer Community-Software gezielt anzusprechen – zum anderen, um das Matching von Kunden und Angeboten (»Welches Produkt passt zu welchem Kunden?«) zu automatisieren.

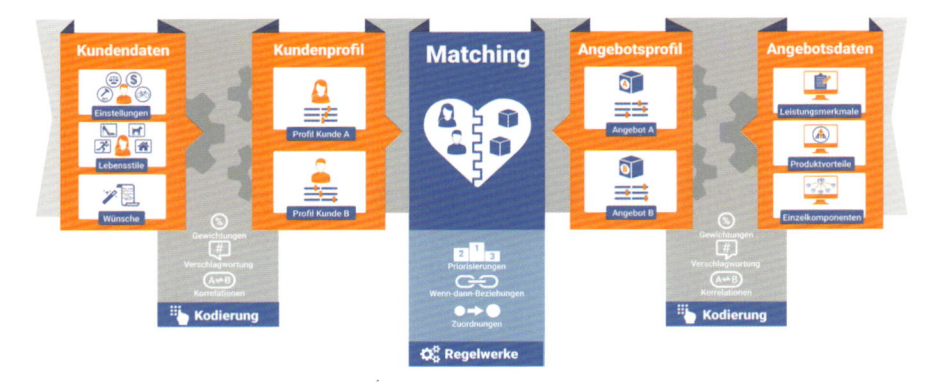

Der Kern bei der Entwicklung von Geschäftsmodellen, die dem Prinzip der Zielgruppe eins folgen, ist die Definition der Codierungsverfahren als Grundlage von Profilen sowie die Entwicklung der Regelwerke für das Matching. Hier werden in den kommenden Jahren neue Jobprofile entstehen: Regelwerk-Designer – Menschen, die in der Lage sind, komplexe zwischenmenschliche Handlungs- und Entscheidungsmechanismen in Algorithmen abzubilden.

Um einem häufigen Missverständnis vorzubeugen: Regelwerk-Designer sind keine Mathematiker, die niemand versteht. Es müssen auch nicht zwangsläufig Programmierer sein – eine unserer Innovationen ist ein Regelwerk-Konfigurator, der die Entwicklung ohne jegliche Programmierkenntnisse möglich macht. Es sind hochkreative Menschen, deren Begabung im Entwickeln von Profilen und Mustern liegt.

Prinzip 4: Glaskugel 3.0

»Schauen Sie mir tief in die Augen. Sie arbeiten viel.« Der Kunde der Wahrsagerin nickt. »Sie sind beruflich viel unterwegs.« Das Auge des Kunden zuckt kurz. »Und Ihre Frau ist darüber nicht immer glücklich«. Für einen kurzen Moment gehen die Mundwinkel des Kunden nach unten und er fragt: »Woher wissen Sie das?« Was für den Kunden wie Magie aussieht, ist im Kern ganz einfach. Die Wahrsagerin achtet auf die gleichen Signale wie ein Kriminalist. Bei welchen Aussagen kommen bestätigende Signale? Welche spontanen – bewusst nicht steuerbaren – Signale lassen sich beim Gegenüber erkennen? Jedes Mal, wenn die Wahrsagerin ein solches Signal wahrnimmt, vertieft sie die Befragung. Und jedes Mal verrät der Kunde mehr über sich. Am Ende ist er überrascht, weil die Wahrsagerin ihm unverblümt ins Gesicht sagt: »Sie sind heute hier, weil Sie wissen möchten, ob Ihre Ehe noch zu retten ist.«

Das Prinzip Glaskugel 3.0 baut direkt auf dem Prinzip Zielgruppe eins auf. Es geht allerdings noch einen Schritt weiter. Es geht nicht nur darum, Ihnen eine personalisierte Dienstleistung beziehungsweise ein personalisiertes Produkt anzubieten, sondern vorherzusagen, was Sie als Nächstes tun werden. Glaskugel 3.0 ist einer der wichtigsten Bausteine des Internetgiganten Amazon. Die Plattform ist mit unzähligen Algorithmen hinterlegt, die alle nur ein Ziel verfolgen: Einem Kunden ein bestimmtes Angebot genau zu dem Zeitpunkt zu machen, an dem er oder sie mit hoher Wahrscheinlichkeit bereit ist, auf dieses Angebot einzugehen. Algorithmen errechnen, zu welchem Zeitpunkt Kunden bereit sind, für das gleiche Produkt mehr oder weniger auszugeben. Ein

Staubsauger von Black+Decker kostet mal knapp 145 Dollar und mal 79 Dollar – je nachdem, wann Sie kaufen. Auf der Webseite camelcamelcamel.com können Sie nachsehen, welches Produkt wann zu welchem Preis angeboten wurde.

Kaufen Sie mehrfach das gleiche Produkt, bietet Amazon Ihnen automatisch ein sogenanntes Spar-Abo an. Der Artikel kann im Abonnement erworben werden: Sie könne sich alle ein oder zwei Monate eine größere Einheit beziehungsweise mehrere Packungen zusenden lassen. Durch die Auswertung des Kaufverhaltens versucht der Algorithmus genau den Zeitpunkt zu treffen, an dem ein Kunde für ein solches Angebot offen ist.

Zukünftiges Verhalten und zukünftige Ereignisse besser und exakter vorherzusagen gehört zu den wichtigsten Prinzipien der digitalen Disruption. Wer weiß, was ein Kunde morgen tun wird und morgen denkt, kann heute bereits daran arbeiten, die richtigen Angebote zur richtigen Zeit zu unterbreiten. Wer weiß, dass eine Maschine morgen mit hoher Wahrscheinlichkeit defekt sein wird, kann heute bereits seine Servicedienstleistung anbieten. Und wer weiß, welchen Risiken ein Kunde morgen mit hoher Wahrscheinlichkeit ausgesetzt sein wird, kann heute eine Versicherung anbieten – oder aber sie ablehnen.

Standpunkt »Spannend wird Data Analytics dann, wenn ich die Algorithmen für ganz spezifische Anwendungsfälle nutze. Wenn Ihnen der Wetterbericht sagt: In München gibt es Schneegriesel, dann werden Sie sagen, schön, aber das sehe ich, wenn ich aus dem Fenster schau. Sagt der Wetterbericht: Bis morgen früh wird es weiter Schneegriesel geben, ist das schon besser – Predictive Analytics. Die Königsdisziplin ist aber, diese Vorhersage mit einer konkreten, verbindlichen Empfehlung zu verbinden, etwa: Morgen früh wird es weiter Schneegriesel geben, deshalb ist auf den Straßen mit Behinderungen zu rechnen – öffentlicher Nahverkehr wird empfohlen.«
[Siegfried Russwurm, Chief Technology Officer Siemens]

Predictive Analytics einfach erklärt

Nehmen wir an, Sie haben ein Zugticket von Frankfurt nach München gekauft. Gegen 12:00 Uhr kommen Sie an. Um 13:30 Uhr haben Sie Ihren ersten Geschäftstermin. Was werden Sie mit hoher Wahrscheinlichkeit tun? Schnell etwas essen. Wenn Sie am Sonnabendmorgen zum Einkaufen fahren und eines Ihrer Kinder am nächsten Tag Geburtstag hat, ist die Wahrscheinlichkeit hoch, dass Sie noch schnell etwas für die Kinderparty kaufen wollen. Wenn ein Geschäftstermin länger als erwartet gedauert hat, das letzte Flugzeug nach Hause weg ist und Sie noch kein Hotel reserviert haben, was sind wohl Ihre nächsten Schritte?

Szenarien wie diese sind relativ einfach zu beantworten. Vorausgesetzt, Sie verfügen über die notwendigen Schlüsseldaten, um diese zu interpretieren. Diese finden sich momentan in unterschiedlichen Systemen: dem Buchungssystem der Bahn, der Standortanzeige Ihres Mobiltelefons und in Ihrer elektronischen Kalender-App. Ihr Kopf funktioniert dabei als Datenaggregator. Es ist eine der faszinierendsten Fähigkeiten des menschlichen Gehirns, Daten interpretieren, verknüpfen und daraus neue Schlüsse ziehen zu können. Nehmen wir an, Sie wüssten nur drei Schlüsseldaten über einen Geschäftspartner: Ankunft 12:00 Uhr in München, nächster Termin 13:30 Uhr, isst mittags gerne noch schnell etwas. Ihr Gehirn verarbeitet diese Daten blitzschnell und Sie schreiben eine Nachricht: »Wollen wir uns am Münchener Hauptbahnhof nicht zum Essen verabreden?« Genau diese Logik macht sich KreditTech, ein Technologieunternehmen aus der Finanzbranche, zunutze.

Die Suche nach dem Unbekannten

Stellen Sie sich vor: Sie sind Sachbearbeiter einer Bank. Bei der Vorbereitung eines Beratungsgesprächs fällt Ihnen auf, dass Ihr altbekannter Kunde Herr Schmidt an jedem Monatsende weniger auf dem Konto hat. Sie fragen ihn: »Herr Schmidt, was ist bei

KrediTech

Branche

FINANZEN

Disruptionsprofil

★★★☆☆
EFFIZIENZSTEIGERUNG

★★☆☆☆
VERÄNDERUNG DER MARKTLOGIK

★★★★★
SCHAFFUNG NEUER MÄRKTE

Disruptionsprinzip

GLASKUGEL 3.0

Was tut das Unternehmen?

Das Hamburger Unternehmen wertet geografische Daten und das Verhalten eines Menschen, Webnutzungs- und Gerätedaten sowie finanzielle und öffentlich verfügbare Informationen aus. Mithilfe von 15.000 Datenpunkten und selbstlernenden Algorithmen erstellt KrediTech innerhalb von durchschnittlich 35 Sekunden Prognosen darüber, ob ein Kunde seine Schulden begleichen wird.

Was macht das Unternehmen disruptiv?

KrediTech hat einen neuen Markt geschaffen: Kreditscores für Kunden, deren Daten nicht von Kreditbüros erfasst werden. Dies sind rund 73 Prozent aller Menschen weltweit. Ein Markt, der von traditionellen Kreditanbietern und Anbietern von Kreditscores bislang schlicht vernachlässigt beziehungsweise vergessen wurde.

Ihnen passiert?« Gemeinsam gehen Sie die Kontoauszüge durch. Sie stellen fest, dass Herr Schmidt trotz Rente immer noch genauso viel ausgibt wie früher. Irgendwann sagt Ihnen Herr Schmidt: »Vielleicht müsste ich mich einmal nach einer günstigeren Wohnung umsehen ...«

Nach dem Gespräch fällt Ihnen ein, dass Sie fünf weitere Kunden haben, die vor Kurzem in Rente gegangen sind. Sie werfen einen Blick auf deren Konten und stellen fest, dass bei zwei von ihnen das Gleiche passiert ist wie bei Herrn Schmidt. Sie haben ein Muster entdeckt, das vorher noch nicht da war. Diese Art von Zufallsentdeckungen können Algorithmen besser als Menschen. Genau darauf sind neue Generationen von Datenbanken spezialisiert.

Mit der Suche nach unbekannten Mustern beschäftigt sich auch eine Ausgründung der Deutschen Telekom. Das Unternehmen nutzt die technologische Kernkompetenz der Telekom, unterschiedliche Daten aus Smartphones zu verarbeiten.

Motionlogic

Was tut das Unternehmen?

Motionlogic, eine Ausgründung der Deutschen Telekom, zeichnet Bewegungsströme von Kunden innerhalb von Geschäften (anonymisiert und nur nach Zustimmung) auf und wertet sie aus. Die Technologie dahinter ist das WLAN-System des Smartphones: Durchschnittlich alle fünfzehn bis zwanzig Sekunden suchen Smartphones nach vorhandenen WIFIs in der Umgebung. Diese Anfragen werden von Messgeräten aufgezeichnet.

Was macht das Unternehmen disruptiv?

Durch Indoor Analytics unterstützt Motionlogic Einzelhändler bei der Produktplatzierung, der Personalplanung sowie der Planung und Bewertung von Marketingaktionen. Erstmals erhalten sie die gleichen Analysedaten wie Onlinehändler. Die Planung einer Einzelhandelsfiliale folgt der Logik digitaler Disruptoren.

Branche
IT/TELEKOMMUNIKATION

Disruptionsprofil

★★☆☆☆
EFFIZIENZSTEIGERUNG

★★★☆☆
VERÄNDERUNG DER MARKTLOGIK

★★★★☆
SCHAFFUNG NEUER MÄRKTE

Disruptionsprinzip

GLASKUGEL 3.0

BMW erkennt und behebt mithilfe von Predictive Analytics potenzielle Schwachstellen bei Fahrzeugen, bevor sie in Serienproduktion gehen. Mithilfe der IBM Predictive Analytics-Software werden die Daten aus allen Testfahrten – mit durchschnittlich 15.000 aufgezeichneten Störungsfällen – systematisch ausgewertet. Fehler, die später teure Garantieleistungen verursachen, werden erkannt und beseitigt, bevor das Fahrzeug überhaupt produziert wird.

CSI: Miami – doch ein Funken Wahrheit?

Kennen Sie die Fernsehserie CSI: Miami? Hauptdarsteller ist Horatio Caine, gespielt von Schauspieler David Caruso. Horatio findet eine kleine Spur, schickt diese ins Labor, von wo in Windeseile die ersten Analyseergebnisse zurückkommen: Am Textilstück finden sich Reste einer bestimmten Pflanzenart, außerdem ist das Stück mit Rauchpartikeln versehen, die eine bestimmte Zusammensetzung haben.

Horatio überlegt kurz, nimmt die Sonnenbrille ab. Er weiß: Der Tatort muss in der Nähe einer großen Fabrikanlage im Norden Miamis gewesen sein, denn nur dort finden sich in enger Nachbarschaft diese Pflanzen und die Zusammensetzung des Rauchs. Vergleicht man dies mit aktueller Polizeiarbeit, liegt der Wahrheitsgehalt von CSI: Miami nur leicht über dem von Rotkäppchen. Doch die grundsätzliche Richtung, die bei CSI: Miami aufgezeigt wird, ist richtig. Mustererkennung bedeutet, unbekannte Zusammenhänge zwischen Daten zu finden und daraus neue, zielsichere Erkenntnisse zu gewinnen.

Das Gleiche passiert, wenn Sie im Internet surfen und die sogenannten Cookies Ihres Browsers ausgelesen werden. Hier sitzt niemand, der schaut, wo Sie gesurft haben, bevor Sie bei Amazon waren. Der Wert liegt darin, neue unbekannte Muster zu entdecken. Sie sehen, dass überdurchschnittlich viele 55-jährige Männer Anzüge kaufen, wenn sie zuvor ausgiebig beim Handelsblatt den Finanzteil gelesen haben. Sobald das Muster erkannt ist, wird daraus ein Profil angelegt. Wenn Sie als Mann mittleren Alters identifiziert werden und nach Ihrem Besuch beim Handelsblatt auf die Seite eines Onlinehändlers gehen, erhalten Sie bevorzugte Angebote für Anzüge.

Die Zukunft von Predictive Analytics

Diese Algorithmen werden täglich weiterentwickelt. Und durch die Fähigkeiten der neuen Datenbankgenerationen lernen diese Systeme schnell hinzu. Wenn Sie sich über eine Bohrmaschine informiert haben, jedoch danach nach lokalen Handwerkern gesucht haben, liegt der Schluss nahe, dass Sie zunächst selber renovieren wollten und diesen Plan dann aufgegeben haben. Wenn Sie nach einer Bohrmaschine gesucht, aber anschließend den Pirelli-Kalender bestellt und an eine andere Adresse geschickt haben, sind Sie möglicherweise ein Mann, der einem guten Freund eine Freude machen wollte. Diese Querverbindungen zu erkennen ist aktuell die große Herausforderung für Unternehmen. Die Technologie ist vorhanden, jedoch dauert es Monate bis Jahre, um komplexe Verhaltensmuster von Menschen in Algorithmen abzubilden.

Und noch etwas kommt hinzu: Wenn Sie das zehnte Mal die gleiche Werbeanzeige sehen, haben Sie das Gefühl, ausspioniert zu werden und deaktivieren die Cookie-Funktion im Browser. Vielleicht werden Sie auch die Standort-Freigabe Ihres Smartphones abschalten. Oder in bestimmten Shops nicht mehr einkaufen. Spätestens, wenn Sie das getan haben, kann auch der intelligenteste Vorhersage-Algorithmus nur noch eine einzige Schlussfolgerung ziehen: »Unsere Vorhersage lautet, dass wir Ihr Verhalten auch morgen nicht vorhersehen können.«

Das Prinzip Glaskugel 3.0 findet übrigens auch kuriose Anwendungsfälle: Die App Deadline verspricht, aufgrund von Apple Health-Daten den Todeszeitpunkt eines Nutzers vorhersagen zu können. Als Nutzer lesen Sie dort Sätze wie: »Mit Ihrem derzeitigen Lebensstil werden Sie nur 67 Jahre alt.« Wie seriös die Vorhersagen sind, ist aktuell nicht zu beurteilen. Selbst aus dem klagefreudigen Amerika sind keine gerichtlichen Schritte wegen ungenauer Vorhersagen bekannt: »Sie haben meinen Tod schon vor drei Jahren prognostiziert, aber ich lebe immer noch. Ich verlange Schadensersatz!«

Prinzip 5: Kompetenzstandardisierung

»Hallo Arma!« Die Einwohner von Sitten im Schweizer Kanton Wallis haben seit Juni 2016 ein neues Verkehrsmittel bekommen: Arma, einen Kleinbus, der Passagiere bequem durch die Innenstadt fährt. Arma hat fast alles, was man von einem Bus erwartet: Räder, Türen, Sitzplätze. Nur eines hat Arma nicht: einen Fahrer. Die schweizerische Post hat in Sitten den ersten Dauertest eines autonom fahrenden SmartShuttles begonnen. Das autonome Fahren, über das seit Jahren in den Medien berichtet wird, beginnt hier ganz langsam: mit einer Höchstgeschwindigkeit von gerade einmal 20 km/h.

»Gegen wen spielt Eintracht Norderstedt am nächsten Wochenende?« Wer in Norddeutschland wissen möchte, wann sein Lieblingsverein spielt, informiert sich bei radiohamburg.fussifreunde.de. Das Portal enthält alle Spielberichte. Die Antwort: »Die Reserve von Eintracht Norderstedt hat am kommenden Wochenende keinen Geringeren als den SV Bergstedt zum Gegner. Norderstedt II gewann sein letztes Spiel gegen die Zweitvertretung von TuS Berne mit 3:2 und liegt mit vierzig Punkten im Mittelfeld der Tabelle.« Der Bericht hat nur einen Haken: Er wurde von einem Algorithmus geschrieben. Die Media-Agentur Sportplatz Media stellt auf der Fachmesse Predictive Analytics World Roboter-Journalisten vor: Spielberichte werden automatisch generiert.

Wie hoch ist die digitale Innovationsfähigkeit Ihres Unternehmens oder Ihrer Abteilung? Auf der Webseite *www.digitale-disruption.de* finden Sie einen kostenlosen Test: In knapp zehn Minuten beantworten Sie rund vierzig Fragen zu Ihrer digitalen Strategie, Ihrem Wertesystem, Ihren Strukturen et cetera. Auf Knopfdruck erhalten Sie nicht nur ein Ergebnis der Analyse, sondern zugleich Vorschläge, durch welche konkreten Maßnahmen Sie die Umsetzung disruptiver digitaler Innovationen vorantreiben können.

Auch wenn diese drei Beispiele scheinbar weit weg voneinander sind – sie haben eines gemeinsam. Sie ersetzen menschliche Kompetenz durch einen Algorithmus. Arma übernimmt die Arbeit eines Busfahrers, der Journalisten-Algorithmus ersetzt einen Sportreporter und das Evaluierungstool zu diesem Buch gibt Ihnen die gleichen Empfehlungen, die Ihnen sonst ein teuer bezahlter Unternehmensberater gegeben hätte.

Wie Kompetenzstandardisierung funktioniert

Wie gut Regelwerke funktionieren, können Sie an Ihrem Navigationssystem erkennen. Wie oft haben Sie in den letzten Jahren gedacht: »Mist! Eigentlich hätte ich lieber einen Beifahrer/eine Beifahrerin mit einer Straßenkarte neben mir.« Wahrscheinlich war es einige Male der Fall, doch die wenigen Fälle, in denen das vorkam, wogen wahrscheinlich nicht so schwer, dass Sie das Gefühl hatten, Sie müssten Ihr System ersetzen. Regelwerke übersetzen komplexe Herausforderungen in sogenannte Wenn-dann-Beziehungen.

Sie stehen am Hauptbahnhof München und geben Ihrem Navigationssystem folgenden Befehl: Bringe mich auf dem schnellsten Weg nach Freising. Sie haben die Auswahl zwischen »Kürzeste Route« und »Schnellste Route«. Was dann passiert, ist die Ausführung eines Regelwerks, das im Kern so klingt:

- Geben Sie »Kürzeste Route« ein, lautet der Befehl an das Navigationssystem: »Zeige den kürzesten Weg über Straßen an, die für Autos zugelassen sind.« Das System rechnet es aus und führt Sie – manchmal ohne Sinn und Verstand – durch ein Labyrinth aus Nebenstraßen. Warum? Ein Gedanke wie »In der Schumannstraße stehen seit Neuestem immer Blumenkübel, da kommt man nicht so gut durch« ist dem System fremd. Es befolgt strikt das Regelwerk.
- Geben Sie »Schnellste Route« ein, führt das System Sie über Hauptstraßen, weil die Entwickler diesem Straßentyp eine höhere Durchschnittsgeschwindigkeit zugeordnet haben. Irgendwo im Regelwerk befindet sich der Befehl »Nebenstraße = durchschnittlich 20 km/h, Hauptstraße = durchschnittlich 35 km/h.«

Am Ende ist natürlich alles viel komplexer, aber im Grundprinzip funktionieren alle Regelwerke auf diese Art und Weise. Auch der Roboter-Journalist ist in seinem Kern ganz einfach:

Mannschaft 1	Zeitpunkt	Textbaustein für gute Mannschaft	Mannschaft	Abschluss
Die Reserve von SV Norderstedt hat	am kommenden Wochenende	keinen Geringen als den	SV Bergstedt	zum Gegner.
	am kommenden Sonnabend	die starke Elf des		auf dem Feld.
	in drei Tagen	den Liga-Favoriten		zu Gast.
	am ersten Tag eines aufregenden Fußball-Wochenendes	die Topmannschaft des		zu bezwingen.

Im Kern tun Sie Folgendes: Sie nehmen ein »Best of« aller Sportreportagen, digitalisieren die einzelnen Aussagen und ordnen diesen Bedingungen zu. »Wenn Mannschaft unter den Top 3 der Liga, dann nehme Textbausteine aus dem Repertoire für gute Mannschaften«.

Wenn standardisierte Regelwerke Empfehlungen aussprechen

Unser Tool zur Messung der digitalen Innovationsfähigkeit geht sogar noch einen Schritt weiter. Sie erhalten personalisierte Empfehlungen, die ausgesprochen werden, sobald vordefinierte Bedingungen eintreten. Diese Bedingungen sind sinngemäß so formuliert:

- Wenn der Durchschnitt aus Frage 1 und Frage 3 um mindestens einen Punkt niedriger als der Durchschnitt der Fragen 7, 8 und 9 liegt, gib folgende Empfehlung: »Ihr Anreizsystem belohnt aktuell die Erhaltung des Bestehenden – nicht die Entwicklung von Neuem. Ihr Innovationsdruck erfordert eine höhere Verankerung von Innovation in Mitarbeiterzielen und Evaluierungsmechanismen.«
- Wenn die Abweichung höher als 2 ist, gib der Empfehlung die Priorität »Sehr hoch«. Bei einer Abweichung von 1,8 bis 2 die Priorität »Hoch« et cetera.
- Ordne die Empfehlungen nach Priorität an.

»So ein Algorithmus kann niemals so gut sein wie ich!« Das werden Sie mit Sicherheit jetzt denken – vor allem dann, wenn Sie entweder Busfahrer, Sportjournalist oder Unternehmensberater sind. Muss er auch nicht. Denn er ersetzt Sie nicht voll und ganz. Was Algorithmen können, ist menschliche Kompetenz in kleine Bausteine zu zerlegen, Standards zu definieren und innerhalb eines vorgegebenen Regelwerks standardisierte Ergebnisse anzuzeigen. Was sie nicht können: Kreativ denken, komplett neue Sachverhalte erfassen und komplexe Lösungen abseits des Standards zu erarbeiten.

Der Sport- oder Finanzjournalist, dessen Aufgabe es im Prinzip ist, Spielstände beziehungsweise Wertpapierentwicklungen in Worte zu fassen, ist ersetzbar. Der kreative Journalist, der einzigartige, ungewöhnliche Herangehensweisen an Themen findet, nicht. Genauso wenig wie der kreativ-investigative Finanzjournalist, der Hintergründe zu einer Bilanzpressekonferenz recherchiert und am Tag der Jahreshauptversammlung mit einer Exklusivgeschichte aufwartet.

Standpunkt

»Routinetätigkeiten werden zunehmend automatisiert, gleichzeitig spielt die Wissensarbeit zur Bewältigung komplexer, individueller Aufgaben eine immer größere Rolle. Wir werden also mehr denken, erfinden, gestalten und kommunizieren dürfen. Mit über 40 Prozent stellen die Wissensarbeiter mittlerweile die größte Beschäftigtengruppe in Deutschland dar, Tendenz steigend. Teamarbeit wird dabei immer wichtiger – gleichzeitig werden wir unsere individuellen Fähigkeiten und Stärken viel gezielter einbringen können. Wissen ist künftig transparent und verfügbar – als Machtinstrument hat es ausgedient.« [Sabine Bendiek, Geschäftsführerin Microsoft Deutschland]

Welche Kompetenzen künftig standardisiert werden

Das Know-how von Kraftfahrern, Journalisten oder Unternehmensberatern lässt sich genauso standardisieren wie das von Verkäufern, Trainern, Steuerberatern, Marktforschern oder Ärzten. Das Prinzip der Kompetenzstandardisierung ist nicht auf bestimmte Branchen beschränkt, sondern eher auf konkrete Bereiche einer Kompetenz. Überall dort, wo Standards existieren oder geschaffen werden können, digitalisieren disruptive Unternehmen Know-how. Ein Beispiel: geblitzt.de. Das Unternehmen hat es sich zum Ziel gesetzt, Rechtsgebiete zu digitalisieren. Anstatt mit dem gesamten Verkehrsrecht zu beginnen, hat es eine Nische gesucht.

geblitzt.de

Branche

RECHT

Disruptionsprofil

★★★★☆ EFFIZIENZSTEIGERUNG

★★★★★ VERÄNDERUNG DER MARKTLOGIK

★★★★☆ SCHAFFUNG NEUER MÄRKTE

Disruptionsprinzipien

KOMPETENZ-STANDARDISIERUNG

RADIKALE EFFIZIENZ-STEIGERUNG

Was tut das Unternehmen?

geblitzt.de prüft kostenlos Bußgeldbescheide wegen Geschwindigkeitsübertretung. Ob ein Einspruch Erfolg verspricht oder nicht, wertet ein Algorithmus aus. Sind die Chancen gering, gibt Ihnen das Programm die Empfehlung zu zahlen. Sind sie hoch, übernimmt ein Vertragsanwalt. Die Verfahren sind so standardisiert, dass bis zu hundert Einsprüche am Tag realisiert werden können.

Was macht das Unternehmen disruptiv?

geblitzt.de digitalisiert den Anwalt. Zumindest die Teile der Kompetenz, die von ihrer Komplexität her gering und standardisierbar sind. Das erhöht die Effizienz von Einsprüchen durch Automatisierung, es verändert die Marktlogik (Kunden gehen nicht mehr zum Anwalt) und es schafft neue Märkte (indem es Mandanten gewinnt, die sonst keinen Widerspruch eingelegt hätten).

Menschliche Kompetenzen zu digitalisieren und zu standardisieren macht aus Sicht von Disruptoren unter folgenden Umständen besonders großen Sinn:

Die Tätigkeit eines Menschen besteht im Wesentlichen aus der Interpretation von Sachverhalten oder Daten nach klar definierten Regelwerken. Ihr Steuerberater sagt Ihnen, ob Sie etwas absetzen können oder nicht. Ihr Arzt wertet Ihren Blutbefund aus, indem er Ihnen eine standardisierte Interpretation der Werte mitteilt. Es besteht die Möglichkeit, standardisiertes Wissen zu skalieren. Denken Sie an geblitzt.de: Ziel ist nicht die langwierige individuelle Beratung, sondern die möglichst schnelle Prüfung eines Einspruchs und die möglichst effiziente Durchführung eines Verfahrens.

Aus der hohen Anzahl von Umsätzen mit standardisiertem Wissen lässt sich eine andere Erlösstruktur erzielen: Viele kleine Umsätze mit geringem Aufwand realisieren anstatt wenige große Umsätze mit hohem Aufwand.

Die nächste Stufe: Künstliche Intelligenz

»Als Kathleen Kenyon diese Stadt, die in Josua erwähnt wurde, ausgegraben hatte, zeigte es sich, dass die Mauern siebzehn Mal repariert worden waren.« Diese Frage stellt Jimmy McGuire, Teammitglied der Ratesendung Jeopardy, im Februar 2011. Die zwei Kandidaten Ken und Brad überlegen. Der dritte Kandidat Watson weiß die Antwort im Bruchteil einer Sekunde: »Jericho«. Am Ende siegt der dritte Kandidat überlegen. Doch Watson ist kein normaler Kandidat. Watson ist ein Computer. Auch kein normaler Computer. Sondern eine semantische Suchmaschine.

Was das heißt, können Sie am einfachsten verstehen, wenn Sie den Satz »Als Kathleen Kenyon diese Stadt, die in Josua erwähnt wurde, ausgegraben hatte, zeigte es sich, dass die Mauern siebzehn Mal repariert worden waren« bei Google eingeben. In allen Suchergebnissen steht immer wieder der Name der Stadt Jericho. Wären Sie der einzige Kandidat mit Internetzugang und Watson wäre nicht dabei – Sie hätten die Ratesendung gewonnen.

Try the service

Eines der großen Hobbys von Menschen wird in den nächsten Jahren sicherlich darin bestehen, künstliche Intelligenz in die Irre zu führen. So wie man es mit dem noch nicht ganz ausgereiften Pizza-Bestellservice von Watson machen kann. Eine einzige Frage, die im System nicht vorgesehen war und schon antwortet Watson Unsinn: Aus künstlicher Intelligenz wird künstliche Ignoranz.

> Hi! I can help you order a pizza, what size would you like?

> large

> What toppings are you in the mood for? (Limit 4)

> Do you have cheese?

> Do you prefer pickup or delivery?

> Do you have white cheese?

> And which size would you like?

> large

> Do you prefer pickup or delivery?

> I want to call you

> I did not quite get that.
> Do you prefer pickup or delivery?

Die Stärke von Watson liegt darin, Sprache zu interpretieren und die Lösungen in komplexen Texten zu finden, die nicht von Entwicklern zuvor kategorisiert wurden. IBM vermarktet das System unter dem Stichwort »Cognitive Business«.

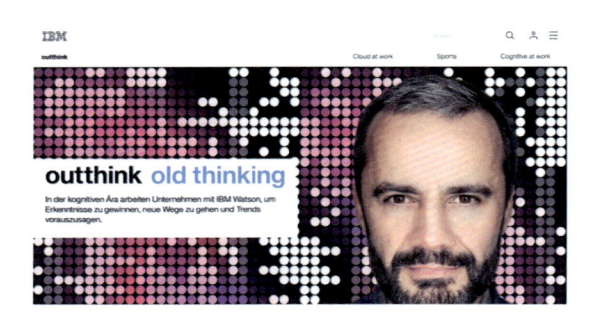

Das Unternehmen verspricht, bislang für Computerprogramme unsichtbare – das heißt nicht interpretierbare – Daten auszuwerten und für Unternehmen verfügbar zu machen. 80.000 Entwickler arbeiten weltweit daran, Anwendungen zu entwickeln, die auf Watson basieren. Diese Entwickler können ihre Programme mit sogenannten »Schnittstellen« versehen, die auf Watson zugreifen. Ob Sie ein Modul zur Klassifizierung natürlicher Sprache in Ihrem Programm einsetzen möchten, Kundendialoge automatisieren oder die Bedeutung von Sätzen erkennen möchten – Watson bietet dafür Schnittstellen.

Prinzip 6: Zentralisierung der Kundenschnittstelle

Im Sommer 2016 halte ich die Keynote beim Treffen des Verbands Möbelspedition und Logistik. In achtzehn Landesverbänden sind rund neunhundert Mitglieder organisiert. Die Branche ist von kleinen mittelständischen Unternehmen geprägt: Mit dreißig Mitarbeitern gehört eine klassische Möbelspedition bereits zu den größeren Unternehmen. Bislang schien es sicher: Eine App kann vieles, aber kein Klavier von A nach B transportieren. Das kann kein Programmierer ersetzen. Dann erscheinen movinga.de und move24.com auf dem Markt. Beide Unternehmen haben eines gemeinsam: Aus ihrem Team scheint noch niemand jemals ein Klavier getragen zu haben. Und noch eines vereint sie: Sie haben das Ziel, klassische Spediteure zu Subunternehmern zu machen.

Das dahinterstehende Prinzip findet sich seit Jahren in unseren Einkaufsstraßen. Früher reihte sich Einzelhändler an Einzelhändler, heute Einzelhandelskette an Einzelhandelskette. Beschreiben

movinga.de

Branche

LOGISTIK/TRANSPORT

Disruptionsprofil

★★☆☆☆
EFFIZIENZSTEIGERUNG

★★★★★
VERÄNDERUNG DER MARKTLOGIK

☆☆☆☆☆
SCHAFFUNG NEUER MÄRKTE

Disruptionsprinzip

ZENTRALISIERUNG DER KUNDENSCHNITTSTELLE

Was tut das Unternehmen?

movinga.de organisiert Umzüge weltweit. Über die Plattform können Kunden Details zu ihrer alten und neuen Wohnung, den Einrichtungsgegenständen und der Anzahl der benötigten Kisten angeben. Movinga.de errechnet automatisch einen Preis für den Umzug.

Was macht das Unternehmen disruptiv?

movinga.de macht Möbelspediteure zu Subunternehmern. Der Subunternehmer erhält die Aufträge, movinga.de übernimmt die Abwicklung. Die Disruption liegt in der Zentralisierung der Kundenschnittstelle. Unternehmen wie movinga.de können die bisherige Logik traditioneller Branchen nachhaltig verändern.

Sie heute einmal einem Fremden den Weg durch eine typische Innenstadt: »Sie gehen an der Müller-Drogerie geradeaus bis zu SportScheck, biegen beim Kaufhof rechts ab und laufen die Fußgängerzone hinunter an Hussel, Douglas und Thalia vorbei bis zu Fielmann.« In welcher Stadt sind Sie? In jeder zweiten ...

An einem Vortrag an der Leipzig Graduate School of Management 2010 beschreibt Henning Kreke, bis Anfang 2016 Vorstandsvorsitzender der Douglas-Gruppe, seine Kernkompetenz als »Zentralisierung fragmentierter Märkte«. Durch die zentrale Führung konnten seine Unternehmen Thalia, Douglas und Hussel bessere Mietkonditionen erzielen als der klassische Einzelhändler, geringere Einkaufspreise durchsetzen und die Verwaltung auf ein Minimum reduzieren. Durch diesen Preisvorteil gewannen sie Marktanteile. Jetzt werden sie von Unternehmen bedroht, die das gleiche machen wie sie einst: Sie zentralisieren fragmentierte Märkte. Durch die globale Brille des Internets betrachtet sind die heutigen Giganten des Einzelhandels Zwerge.

Digitale Disruptoren nutzen die Schwachstellen bestehender Märkte aus

Die Märkte, in denen digitale Disruptoren nach der Kundenschnittstelle greifen, haben häufig ähnliche Profile.

1. Die Märkte sind fragmentiert – also von kleinen bis mittelständisch geprägten Unternehmen besetzt, die stark miteinander im Wettbewerb stehen. Die Unternehmen denken primär regional oder lokal.

2. Die bestehenden Unternehmen im Markt denken analog: Kunden müssen anrufen und nach Terminen fragen. Preise miteinander zu vergleichen ist aufwendig. Viele Unternehmen beschränken ihre Internetpräsenz auf eine Webseite – darüber hinausgehende Services oder gar Webapplikationen werden nicht angeboten.

Vergleichsportale wie Check24 und Verivox arbeiten nach dem gleichen Prinzip. Ihr Ziel: In der sogenannten Customer Journey, der Kundenreise, ganz vorne liegen. Eines der traditionellen Geschäftsfelder: Versicherungsvergleiche. Die HUK Coburg setzte sich zur Wehr – mit einem eigenen Vergleichsportal. *Die ZEIT* schrieb über den Kampf: »Unter den vielen Schlachten, die die Old Economy in den vergangenen Jahren gegen die New Economy verloren hat, dürfte das eine der teuren gewesen sein.« 80 Millionen Euro soll das Abenteuer die HUK laut *ZEIT* gekostet haben. Von der Versicherung selbst gibt es dazu keine Angaben.

Das Prinzip wird uns selbst nach unserem Ableben noch verfolgen: Der Berliner Unternehmer Jan Dzulko kam auf eine Idee, die zunächst verrückt klingt: bestattungsvergleich.de. Als ich ihn in seinem Berliner Unternehmen M-Cube treffe, erklärt er sein Geschäftskonzept: Bestatter leben traditionell von der Intransparenz. Wer tritt in den Stunden der Trauer schon als knallharter Verhandler auf und sagt: »Also, weiße Rosen zu dem Preis sind ja wohl ein Witz. Und das Upgrade auf Mahagoni inkludieren Sie, oder?« Genau hier setzt bestattungsvergleich.de an.

Im Internet ist kein Markt zu klein, um nicht aus einer Nische ein Millionen- oder sogar Milliardengeschäft zu machen.

bestattungs-vergleich.de

Was tut das Unternehmen?

bestattungsvergleich.de macht es möglich, selbst in der Phase des tiefen Schmerzes nach rationalen Kriterien Preise zu vergleichen. Ob die günstige Erdbestattung mit Kiefernsarg für 832,53 Euro oder die Seebestattung inklusive Seeschmuckurne, Blumengesteck, Trauerfeier und Trauerredner für 1.398 Euro – das Portal bietet eine schnelle Übersicht mit Kundenbewertungen.

Was macht das Unternehmen disruptiv?

Das Prinzip eines Vergleichsportals ist im Internet mittlerweile schon nicht einmal mehr innovativ. Doch für eine konservative Branche ist bestattungsvergleich.de eine kleine Revolution. Das Portal bringt eine bislang nicht gekannte Transparenz in den Bestattungsmarkt.

Branche
DIENSTLEISTUNGEN

Disruptionsprofil
EFFIZIENZSTEIGERUNG ★★☆☆☆
VERÄNDERUNG DER MARKTLOGIK ★★★★☆
SCHAFFUNG NEUER MÄRKTE ★☆☆☆☆

Disruptionsprinzip
ZENTRALISIERUNG DER KUNDENSCHNITTSTELLE

Für traditionelle Unternehmen besteht die Gefahr, dass sie von den Unternehmen, die die digitale Kundenschnittstelle besetzen, abhängig werden – womöglich sogar zu deren Subunternehmern. Heute sagen Sie wie selbstverständlich: »Gehe ich in der Stadt einkaufen oder bestelle ich bei Amazon?« Sie sagen nicht: »Gehe ich ins Internet oder zu Karstadt?« Was bedeutet das? Amazon hat als einer der ersten Internetkonzerne erkannt, dass die digitale Kundenschnittstelle bedeutender ist als die ausführenden Unternehmen dahinter. Wer den Kunden hat, lenkt und leitet, kann die dahinterstehenden Dienstleister austauschen.

Es geht um Marktmacht!
Die Dienstleistung und die Reputation des Online-Möbelspediteurs müssen perfekt sein. Doch ob als Subunternehmer eines Unternehmens mit zentralisierter Kundenschnittstelle Spedition Meyer, Müller oder Schulz arbeitet, ist nebensächlich. Wer die zentrale Kundenschnittstelle besetzt, diktiert die Regeln. Bei der Zentralisierung der Kundenschnittstelle geht es zwar oberflächlich um Kundenfreundlichkeit, im Hintergrund vor allem aber um Marktmacht. Anders ist es nicht zu erklären, dass ein Unternehmen wie Movinga von seinen Investoren 25 Millionen Investmentgelder erhält – und dass die gleichen Investoren die Unternehmensgründer vor die Tür setzen, als das erhoffte Wachstum ausbleibt. Im Januar heißt es noch, das Unternehmen sei in Deutschland, Österreich, der Schweiz, Großbritannien und Frankreich aktiv. Statt europaweit zu wachsen, verbrennt das Unternehmen Geld. Mitte 2016 werden die Aktivitäten in Großbritannien und Frankreich eingestellt.

Es zeigt, in welchen Dimensionen digitale Disruptoren denken, deren Ziel es ist, die Kundenschnittstelle zu besetzen. 18 Millionen Kunden aus fünfzehn europäischen Ländern mit drei Milliarden Euro Umsatz – so denkt Zalando. Längst will das Unternehmen kein klassischer E-Commerce-Anbieter sein, sondern ein »Betriebssystem für Mode«. Zalando nennt es eine »Plattformstrategie« – das Unternehmen möchte zum wichtigsten Verbündeten von Marken und Handelspartnern werden. Über Zalando können Marken ihre Produkte über einen eigenen Shop vertreiben – Zalando unterstützt mit Datenanalysen, das Unternehmen erhält Provisionen.

Sind klassisch denkende Unternehmen dem hilflos ausgeliefert?

Müssen Sie zusehen, wie Ihre Märkte wegbrechen? Nein. Der Wandel geschieht nicht über Nacht. Die digitale Taxivermittlung mytaxi hat große Marktanteile gewonnen, die traditionellen Taxizentralen existieren dennoch. Allerdings müssen Unternehmen lernen, digital zu denken. Ihre Kundenschnittstellen müssen den gleichen Komfort aufweisen, wie es die der disruptiv denkenden Mitbewerber tun. Um gegen ihren Mitbewerber mytaxi bestehen zu können, sind traditionelle Taxizentralen eine Partnerschaft mit taxi.eu eingegangen. Stand Mai 2016: Wichtige Funktionen fehlen. Die direkte Kontaktaufnahme mit dem Fahrer – für kurzfristige Absprachen – funktioniert weiterhin nur über die Zentrale. Eine Zahlung über die App ist erst an zehn deutschen Standorten verfügbar – darunter sind Metropolen wie Gaggenau, Pinneberg und Wedel. Selbstversuch: Aus Solidarität zur Taxizentrale bin ich von mytaxi auf taxi.eu umgestiegen. Die Solidarität hielt 48 Stunden. Mit der aktuellen Version ist taxi.eu nicht konkurrenzfähig.

Eine zweite Herausforderung für Unternehmen: Dienstleistungen und Angebote zu entwickeln, die nur lokale Unternehmen bieten können. Beispiel Taxi: Rahmenverträge mit Pflegeheimen – besonders geschulte Fahrer bieten spezielle Seniorentransporte an. Kooperationen mit Carsharing-Anbietern: Die Fahrt zur nächsten Carsharing-Station wird über die App abgerechnet. Angebote für lokale Events – Ticket und Taxi zum Einheitspreis. Alles digital gedacht: Schon beim Ticketkauf fürs Konzert läuft die Anfrage in der Taxizentrale ein. Das System erkennt, welche Fahrgäste wann wohin fahren wollen und disponiert automatisch Sammeltaxis für die Rückfahrt.

Verteidigungsstrategie: Die Schwächen digitaler Disruptoren ausnutzen

Sie sind ein Unternehmen, dessen Markt gerade durch das Prinzip Zentralisierung der Kundenschnittstelle erschüttert wird? Was Sie auf jeden Fall tun sollten: Schnell folgen. Beobachten Sie aufmerksam, was Angreifer tun. Und kopieren Sie schneller, als Ihre Mitbewerber den Markt besetzen können. Denn auch digitale Disruptoren müssen gegen die Trägheit von Konsumenten ankämpfen. Wer kehrt schon seiner Bank den Rücken, wenn die App mindestens genauso sexy ist wie die des Angreifers? Wer geht zu einem unbekannten Anbieter namens »Movinga«, wenn die vertrauten lokalen Unternehmen eine genauso komfortable App anbieten?

Jedes Unternehmen hat Schwächen – digitale Disruptoren auch. Zwar sind die Angreifer häufig lauter und bekommen mehr Aufmerksamkeit. Doch die Verteidiger haben einen festen Kundenstamm und die jahrelange Gewohnheit auf ihrer Seite. Das Problem: Sie nehmen ihre Angreifer zunächst nicht ernst. Statt zu handeln, warten sie ab. Und sie reagieren erst, wenn es bereits viel zu spät ist. Ein Kunde probiert jeden neuen Service zunächst einmal skeptisch aus: Funktioniert das wirklich? Kann man sich darauf verlassen? Haben Kunden mehrfach positive Erfahrungen gemacht, erzählen sie es weiter. Und dann wandert das Vertrauen Schritt für Schritt in die digitale Welt.

Digitale Disruptoren nutzen die Trägheit traditioneller Unternehmen aus. Statt zurückzuschlagen, werden Arbeitskreise gebildet, die darüber beraten, warum jetzt alles ganz schlimm wird. Jedem Top-Manager, den wir beraten und mit dem ich mich austausche, gebe ich den gleichen Rat: Schlagen Sie zurück! Ihre Angreifer ärgern Sie? Ärgern Sie zurück! Kopieren Sie sie! Ist das verboten? Nein. Lesen Sie das Kapitel *Klauen Sie, aber richtig* (ab Seite 237) und werden Sie zum Meisterdieb!

Prinzip 7: Radikale Effizienzsteigerung

Ende 2013 begleiten mein Unternehmen einen internationalen Hersteller von PVC- und Linoleumfußböden. Die Fragen, die das Unternehmen bewegen: Wie können wir neue Märkte schaffen? Wie kann es uns gelingen, durch innovative vernetzte Lösungen Handwerker stärker an uns zu binden? Das Unternehmen betreibt Fabriken in mehreren europäischen Ländern. In jeder Stunde laufen etliche Kilometer Fußboden von den Bändern, werden verpackt und in alle Welt exportiert. Am Ende finden sich die Produkte beispielsweise in Sporthallen oder Krankenhäusern wieder – verlegt von einem spezialisierten Handwerksbetrieb. Im Rahmen dieses Projekts analysieren wir den Bestellprozess eines Handwerkers vom ersten Kundenkontakt bis zum fertig verlegten Fußboden.

Die Ausgangssituation: Radikale Ineffizienz

Ein Handwerker bespricht mit einem Architekten, welcher Fußboden verlegt werden soll. Dazu sitzen sie eine halbe Stunde vor dem Grundriss des Architekten. Der Handwerker notiert die Anforderungen penibel auf einem Blatt Papier, das anschließend in die Jackentasche wandert. Der nächste Weg führt ihn zum Großhändler. Morgens um 8:00 Uhr stehen Handwerker dort bereits Schlange und lesen einem Verkäufer das vor, was auf dem Blatt Papier steht. Der Verkäufer blättert in einem Katalog, stellt die passenden Produkte vor und überträgt die genauen Daten und Maße auf einen Bestellschein. Dann schickt er ein Fax an die Vertriebsabteilung des Herstellers.

Gleichzeitig trägt der Verkäufer die Bestellung in sein IT-System ein und druckt eine Rechnung aus – auf Papier. Während der Handwerker diese Rechnung von Hand in seine Buchhaltungssoftware einträgt, nimmt eine Assistentin des Herstellers das Fax und überträgt die Daten in ihr Bestellsystem. Per Fax erhält der Großhändler kurze Zeit später die Bestätigung, dass die bestellte Ware unterwegs ist. Der Verkäufer versucht drei Mal, den Handwerker auf dem Handy anzurufen, um ihm den Liefertermin mitzuteilen. Jetzt geht der Handwerker zur Bauleitung und fragt, wann mit der Verlegung begonnen werden kann. Der Bauleiter schaut in seine Excel-Tabelle und nennt ein Datum. Weil die Zeit drängt, wird der Fußboden direkt vom Hersteller zur Baustelle geliefert. Dazu wird ein Fax an einen Logistikdienstleister geschrieben.

Am vereinbarten Tag stehen drei Handwerker morgens um 7:00 Uhr bereit. Einzig: Die Lieferung kommt nicht. Der Logistikdienstleister hatte eine Panne und versuchte gegen 4:00 Uhr morgens den Hersteller zu informieren. Dort ist das Büro aber erst ab 8:00 Uhr besetzt. Gegen 7:30 Uhr rufen die Handwerker beim Großhändler an, der aber beim Hersteller niemanden erreicht. Eine halbe Stunde später meldet der Großhändler an den Handwerker: »Es gab eine Panne, der LKW kommt erst in drei Stunden.« Die Handwerker gehen Kaffee trinken. Als sie gegen 10:00 Uhr kommen, wartet ein vor Wut schnaubender Lkw-Fahrer auf sie. »Hat Ihnen niemand gesagt, dass wir doch schon um 9:00 Uhr hier sind?« Eine große Fußbodenrolle mit mehreren Hundert Kilo Gewicht wird abgeladen. »Wir brauchen die Rolle im dritten Stock«, sagt der Handwerker. »Davon steht nichts in meinem Auftrag«, antwortet der Fahrer und fährt weg. Die Geschichte könnte über Seiten so weitergehen. Den Begriff, den wir damals dafür entwickelt haben: Radikale Ineffizienz.

Radikale Ineffizienz kostet Zeit, Geld und Nerven

Bis die Ware bestellt und geliefert wurde, wurden alleine sieben Mal Daten von Papier auf Papier, von Papier auf Computer und wieder zurück übertragen. Der Weg zum Großhändler, das Warten in der Schlange, die Anrufe des Verkäufers beim Handwerker, der verzweifelte Versuch des Lkw-Fahrers, den Endempfänger zu erreichen und die fehlende Information, dass die Lieferung in den dritten Stock soll, frisst Zeit, Geld und Nerven. Der Verkäufer des Großhändlers und die Assistentin des Herstellers sind im Kern damit beschäftigt, sinnlose bürokratische Aufgaben zu erledigen. Ihre genaue Jobbezeichnung müsste eigentlich »humane Schnittstelle« lauten. Als Schnittstelle sind sie damit beschäftigt, zwischen verschiedenen Systemen zu kommunizieren, indem sie Daten von Papier in IT und wieder zurück übertragen. Der amerikanische Autor David Graeber hat für diese Art von Tätigkeiten den Beruf »Bullshit Jobs« geschaffen: Ökonomisch eigentlich sinnlose Aufgaben, bei denen Menschen damit beschäftigt sind, Abläufe zu überwachen und Formulare auszufüllen.

Das Gegenteil: Radikale Effizienz

Nehmen wir Folgendes an: Hundert Architekten planen zum gleichen Zeitpunkt Turnhallen und Krankenhaus-Inneneinrichtungen in mehreren europäischen Ländern. Sie arbeiten mit einer 3-D-Visualisierungssoftware, in der alle Anforderungen hinterlegt sind: vom Ziegelstein über die Steckdosen bis hin zum Fußboden. Das System ist mit den Produktdatenbanken aller Hersteller verbunden, der Architekt erhält Kostenvoranschläge in Echtzeit. Sobald ein Architekt die Fußbodenbestellung auslöst, wird vom Bestellsystem des Herstellers eine Meldung an die Produktionsplanung gegeben. Die Produktionsplanung kennt die Zeitpläne aller hundert Projekte. Um spätere Lagerkosten zu vermeiden, wird der jeweilige Fußboden erst kurz vor der Auslieferung produziert. Gleichzeitig erhält das Tourenplanungssystem des Logistikpartners eine Benachrichtigung, die Auslieferung wird automatisch vorgeplant. Bei der Auslieferung ist das Logistikunternehmen mit dem Smartphone des Handwerkers verbunden: Es meldet Standorte und Verzögerungen. An diesem Prozess sind jetzt deutlich weniger Menschen beteiligt. Die Jobs des Verkäufers und der Hersteller-Assistentin fallen weg, der Handwerker spart Zeit, die er für das einsetzen kann, wofür er eigentlich bezahlt wird: Handwerken.

Diese Zukunft wird nicht nur im Silicon Valley entwickelt. Im Oktober 2015 veranstaltet mein Unternehmen einen intimen Gesprächskreis mit Industrie-Vorständen im Berliner Telekom Hubraum. Einer unserer Gäste: Jackson Bond. Sein Name ist Programm: Er könnte problemlos in einem Agententhriller mitspielen. Allerdings würde seine Bond-Episode nicht »In tödlicher Mission«, sondern »In disruptiver Mission« heißen. Er entwickelt eine der Plattformen, die es möglich machen, dass das Architektenprogramm mit der Produktionsanlage und dem Logistikunternehmen spricht. Das Unternehmen heißt RelayR. Auf der offiziellen Webseite wird RelayR sperrig als »IoT Company for the Digital Transformation of Industries« beschrieben. RelayR gehört mittlerweile zu den wichtigsten Vordenkern radikaler Effizienzsteigerung.

RelayR

Was tut das Unternehmen?

RelayR entwickelt eine Plattform, die es erlaubt, Schnittstellen zwischen allen Services, allen Sensoren, jeder Soft- und Hardware zu entwickeln. Mit dieser Plattform wird eine wichtige Voraussetzung dafür geschaffen, dass unterschiedlichste IT-Systeme miteinander kommunizieren können und neue Anlagen in das Internet der Dinge eingebunden werden.

Was macht das Unternehmen disruptiv?

RelayR macht es möglich, Abläufe und Prozesse innerhalb kürzester Zeit zu digitalisieren und damit zu automatisieren. Statt selbst monate- oder jahrelang eigene Lösungen zu programmieren, können Hersteller ihre Produkte und Services an die Plattform anschließen – und damit das Prinzip der radikalen Effizienzsteigerung in kürzester Zeit umsetzen.

Branche
INTERNET
TELEKOMMUNIKATION

Disruptionsprofil
EFFIZIENZSTEIGERUNG ★★★★★
VERÄNDERUNG DER MARKTLOGIK ★★★★★
SCHAFFUNG NEUER MÄRKTE ★★★★★

Disruptionsprinzipien
GLASKUGEL 3.0
RADIKALE EFFIZIENZSTEIGERUNG

Warum das Buzzword »Industrie 4.0« ein unglücklicher Begriff ist

Das Fachwort zu dieser radikalen Effizienzsteigerung macht seit Jahren Karriere: Industrie 4.0. Es ist ein unglücklich gewählter Begriff, weil in der Öffentlichkeit der Eindruck entsteht, dass es sich um eine technische Entwicklung innerhalb von Industrieanlagen handelt. Doch Industrie 4.0 ist viel mehr: Es geht nicht nur darum, Fabriken zu optimieren, sondern den gesamten Prozess zu automatisieren. Kein Blättern in Katalogen, kein Schlangestehen beim Großhändler, kein Faxgerät mit Bestellungen. Sondern ein automatisierter Ablauf, der jede Form von Ineffizienz aus dem Prozess herausnimmt, indem humane durch digitale Schnittstellen ersetzt werden. Unternehmen wie Bosch denken diese Entwicklung mittlerweile international. Ein Generator in einer Fabrik fällt aus: Früher wurden Kundendienste angerufen, Ersatzteile bestellt und die Lieferung organisiert. Das soll künftig automatisch passieren.

> **Standpunkt** »Industrie 4.0 ist kein nationales, sondern ein internationales Thema. Ihren vollen Nutzen kann die vernetzte Industrie nur entfalten, wenn sie weder am Werkstor noch an nationalen Grenzen durch unterschiedliche Regelwerke gestoppt wird. Bislang verhindert die nicht vorhandene gemeinsame Sprache die international reibungslose Vernetzung von Fertigung, Logistik, Gebäude- und Energiemanagement. Durch die Kombination von Standards ergeben sich zahlreiche neue Geschäftsmöglichkeiten über Landesgrenzen hinweg.« [Dr. Werner Struth, Bosch-Geschäftsführer]

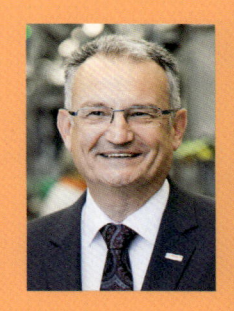

Innerhalb geschlossener Systeme findet das seit Jahren statt. Wenn Sie heute einen BMW X1 bestellen, können Sie noch kurz vor der Herstellung im Werk Leipzig zu Ihrem Händler gehen und sagen: »Ich habe es mir anders überlegt. Das Lenkrad hätte ich gerne in Leder und den Sitzbezug in Pink.« Das Bestellsystem von BMW gibt diese Daten automatisch an die Fabrik und an die Zulieferer weiter: Der Lenkradhersteller liefert pünktlich Leder statt Kunststoff und der Sitzhersteller den Fahrersitz mit pinkem Bezug. Was neu ist: Durch die nächste Stufe der Digitalisierung lernen die unterschiedlichen Systeme, miteinander zu kommunizieren.

Reine Produkthersteller wird es künftig nicht mehr geben

Für Hersteller bedeutet das vor allem eines: Sie müssen digitale Services rund um ihre Produkte entwickeln. Sobald Produkte an das Internet angeschlossen werden, entstehen Daten, die gesammelt, ausgewertet und vermarktet werden können.

Standpunkt »Durch das Sammeln und Auswerten der Betriebsdaten auf Plattformen erfahren die Hersteller, wie vernetzte Geräte eingesetzt werden. Diese Einsichten können als Services verkauft werden, beispielsweise beim Flottenmanagement oder der Wartung von Maschinen. Nur, wer solche Smart Services anbietet, hat die Chance, den Kunden an der digitalen Nabelschnur zu halten und erschließt sich enorme Wachstumspotenziale. Falls jedoch andere Unternehmen die Daten sammeln und auswerten, ist ein großer Teil der Wertschöpfung in Gefahr: Hersteller ohne digitale Fähigkeiten werden im schlimmsten Fall zu reinen Zulieferern degradiert.« [Frank Riemensperger, Vorsitzender der Geschäftsführung Accenture Deutschland]

Die Daten aus Produkten und Prozessen werden dazu genutzt, Angebote und Abläufe noch weiter zu optimieren. Es wird Verlierer geben:

Sogenannte Intermediäre – Unternehmen und Menschen, die ihr Geld bislang an der Schnittstelle zwischen in sich abgeschlossenen Systemen verdient haben. Vermittler und Makler, Großhändler und Kundenbetreuer. Was nicht ersetzt werden kann, ist die menschliche Komponente: Der ratlose Handwerker, der einen Verkäufer nach dem richtigen Produkt fragt, weil er sich mit den Anforderungen nicht auskennt. Oder der Versicherungskunde, der gerne von jemandem betreut werden möchte, der sich im Schadensfall um die Abwicklung kümmert und mit der Versicherung kommuniziert. Diese beratende menschliche Komponente wird eher wichtiger als unwichtiger.

Verlierer sind Sachbearbeiter und Unternehmen, die Aufgaben übernehmen, die nur durch radikale Ineffizienz überhaupt entstanden sind: Beispielsweise Unternehmen, die das Bestellmanagement für Großkunden durchführen. Callcenter, deren Hauptaufgabe darin besteht, Kunden Rechnungen zu erklären. Oder Abteilungen, deren Haupttätigkeit darin besteht, von Kunden auf Papier eingetragene Positionen in IT-Systeme zu übertragen und beispielsweise Ansprüche zu prüfen.

Auch Notare und Grundbuchämter können wegdigitalisiert werden

Stellen Sie sich vor, Sie kaufen ein Haus. Sie gehen zu einem Notar, der Ihre Absicht, ein Grundstück von einer anderen Person oder einer Institution zu erwerben, dokumentiert. Anschließend erfolgt eine Eintragung im Grundbuchamt der Stadt. Beide lassen sich dafür teuer bezahlen. Warum eigentlich? Weil beide Institutionen eine Schutzfunktion ausführen. Niemand soll später sagen, der Eigentumsübertrag habe gar nicht stattgefunden, der Übertrag sei fehlerhaft. Oder jemand steht bei Ihnen plötzlich vor der Tür und sagt: »Sie haben das Grundstück von der Treu&Glauben GmbH gekauft? Ich auch. Und alle die, die hinter mir in der Schlange stehen, auch.«

Ginge das nicht auch anders? Was wäre, wenn Sie mit dem Verkäufer des Grundstücks eine einfache Vereinbarung schließen und anschließend mehrere Millionen Menschen bitten, diese Vereinbarung auf ihren Rechnern zu speichern? Auch der Grundbucheintrag wäre damit überflüssig, weil jeder im Netz fragen kann: »Wem gehört das Grundstück Müllerstraße 13 in Mannheim?« Und die Antwort wäre da. Fälschungssicher. Weil die Daten dazu auf mehreren Millionen Rechnern der Welt verteilt wären. Nehmen wir einmal an, das wäre technologisch möglich. Mit welcher Berechtigung stellt Ihnen der Notar dann noch eine Rechnung?

Es gibt zahlreiche Institutionen, die ihr Geld damit verdienen, den Austausch von Werten zu dokumentieren. Kreditkartenunternehmen erhalten eine Provision. Was bieten sie dafür? Eine Infrastruktur, die bargeldlose Zahlung möglich macht. Wichtiger aber noch: eine rechtssichere Dokumentation darüber, dass ein bestimmter Geldbetrag den Besitzer gewechselt hat. Und Sicherheit. An dieser verdienen noch eine Reihe anderer Unternehmen mit, indem sie Sicherheitscodes und Verifizierungssysteme stellen. Durch die Zahlung werden der Abschluss und die Abwicklung eines Kaufvertrags dokumentiert. Ersetzt werden kann dieses (zumindest in Teilen) durch eine Technologie, die Blockchain heißt. Einer der Vorreiter ist das Unternehmen Ethereum.

Fazit: Was radikal optimiert werden kann, wird radikal optimiert werden

Als ich mich mit Begriffen wie Industrie 4.0 das erste Mal auseinandergesetzt habe, ist mir die Tragweite nicht bewusst gewesen. Ich habe mir zwar vorstellen können, dass innerhalb von Fabriken auch solche Arbeiten durch Roboter erledigt werden, für

Ethereum

Branche

FINANZEN

Disruptionsprofil

★★★★★ EFFIZIENZSTEIGERUNG

★★★★★ VERÄNDERUNG DER MARKTLOGIK

★★★★★ SCHAFFUNG NEUER MÄRKTE

Disruptionsprinzipien

RADIKALE EFFIZIENZSTEIGERUNG

CROWDIFICATION

Was tut das Unternehmen?

Ethereum entwickelt eine Software, die Belege über finanzielle Transaktionen auf Rechnern weltweit hinterlegt und dokumentiert. Der Fachbegriff dafür heißt Blockchain. Sie kaufen einen Gartenschlauch im Internet. Ihre Zahlung geht direkt an den Verkäufer. Ohne eine Bank oder eine Kreditkartenfirma. Der Beleg – und damit der Beweis – für das Geschäft befindet sich auf Millionen Rechnern weltweit.

Was macht das Unternehmen disruptiv?

Ethereum nimmt Finanzdienstleistern eine wichtige Geschäftsgrundlage weg, indem es Zahlungen dezentralisiert und trotzdem rechtssicher gestaltet. Den Ursprung hat das Unternehmen in der Kryptowährung Bitcoin. Doch es geht weiter: Ethereum bietet die Möglichkeit, Verträge rechtssicher – das heißt ohne Notar – zu schließen, indem es die Belege weltweit speichert.

---

die bislang noch ein Mensch eingesetzt wurde. Ich habe mir vorstellen können, dass bestimmte Prozesse optimiert werden, wenn Bestellsysteme miteinander kommunizieren. Das alles kennen wir: In Fabriken gehören Roboter seit Jahren zum Alltag, und dass Bestellungen komplett digital abgewickelt werden können, kennen wir von Amazon. Was mir nicht klar war: wie radikal effizient Unternehmen arbeiten, die ihre Prozesskette komplett digital managen.

Am Berliner Hauptbahnhof wirbt Amazon im Juni 2016 für Amazon Prime Now. Innerhalb einer Stunde liefert das Unternehmen Tausende von Artikeln zu jedem gewünschten Ort in dem Bereich, der beliefert wird – für 6,99 Euro. Innerhalb eines gewählten Zwei-Stunden-Fensters ist die Lieferung umsonst. Ob Drogerieartikel, ein Laptop oder Spielzeug für den Kindergeburtstag – das Unternehmen liefert (fast) so schnell wie ein Pizzaservice. In der App können Kunden verfolgen, wo sich die Lieferung gerade befindet. Vergleichen Sie das mit dem Prozess des Handwerkers, der eine Rolle Fußboden bestellt. Sicherlich ist die Bestellung und Lieferung einer 300 Kilogramm schweren Fußbodenrolle und einer 300 Gramm schweren Toilettenpapierrolle etwas anderes, aber es zeigt, in welche Richtung die Entwicklung geht. Wie ernst lokale Behörden diese Entwicklung nehmen, zeigt sich in Paris. Die sozialistische Bürgermeisterin Anne Hidalgo warnt prompt vor den Folgen für die lokale Wirtschaft. Der Lieferdienst gefährde die Vielfalt der Wirtschaft in der französischen Hauptstadt. Hidalgo kündigt sogar rechtliche Schritte an.

Das Prinzip über allem: Digital Lifestyle

»Igitt, eine Zeitung! Tote Bäume!« So schallt es an einem Nachmittag durch den ICE, als ich auf dem Weg nach Hannover bin. Eine Frau Anfang 20 schaut einen Mittfünfziger vorwurfsvoll an, als dieser gerade Seite 3 der *Süddeutschen Zeitung* liest. Digital Native trifft auf Bildungsbürgertum. Zeitung lesen? Macht die Umwelt kaputt. Radio hören? Ist so was von gestern. Fernseher anmachen? Ich richte mich doch nicht nach Sendezeiten! Im Callcenter anrufen? Spinnen die? Das Rudergerät im Fitness-Center kommuniziert nicht mit einer App? Das ist so was von 90s ...

Digital ist längst zum Lebensstil geworden. Das Smartphone als Tür zur Außenwelt. Pizza bestellen per App. In der gleichen Zeit, in der man sich durchs Menü von Joey's geklickt hat, hätte man dort dreimal anrufen können. Selbst wenn der Fahrkartenschalter leer ist – das DB-Ticket wird online oder am Automaten gekauft. Zwischendurch ein Selfie. Nervös schauen: Wie oft wurde es angesehen? Wer hat es geliket? Wer hat kommentiert? Währenddessen: Zack! Ein Snap von Erik. Mit automatisierter übergroßer Zunge. Lustig. WhatsApp meldet sich. Treffpunkt heute Abend. Was wollte ich hier? Ach ja, Ticket kaufen.

An digitalen Lebensstil kann man sich so sehr gewöhnen, dass man analoge Lösungen vergisst. Ich bin mit unserem Designer Paul in Mannheim. Wir wollen abends etwas essen. Früher fragte man an der Hotelrezeption nach einem Tipp. Heute? Undenkbar. Foursquare konkurriert mit Around Me. Wir finden etwas per App. Gut bewertet, gute Kritiken. Google Maps führt uns hin. 273 Meter – wir gehen los. Als Smombies – ein Kunstwort, das »Smartphone« und »Zombie« miteinander vereint. Gehirn ausschalten, Google Maps macht das. Das Smartphone dicht vor der Nase. Vor Ort. Alles, nur kein Restaurant. Google Maps hat sich geirrt. Fassungslos schaue ich Paul an. »Oh Gott, was machen wir jetzt?« Paul überlegt und antwortet: »Jemanden fragen?« Hätte ich auch drauf kommen können. War aber gerade im Digitalmodus.

Digitaler und analoger Lebensstil unterscheiden sich grundlegend voneinander

Menschen mit analogem Lebensstil fühlen sich im Reisebüro wohl, Menschen mit digitalem bekommen Beklemmungen. Menschen mit analogem Lebensstil füllen Antragsformulare bei einer Versicherung aus, Menschen mit digitalem brechen ab. Keine Lust. Zu kompliziert. Zu unübersichtlich. Warum gibt es dafür keine App? Warum muss man so viel unverständlichen Text lesen? Menschen mit analogem Lebensstil schicken einen Brief an ihren Energieanbieter und warten eine Woche geduldig auf die Antwort, Menschen mit digitalem Lebensstil erwarten die Antwort sofort. So wie bei Google. Suchbegriff noch nicht zu Ende getippt – aber das System weiß schon, wonach ich suche.

Digital Lifestyle ist für traditionelle Unternehmen eines der größten Probleme. In den Entscheidungsgremien sitzen überwiegend Manager mit analogem Lebensstil. Aufgewachsen und sozialisiert in den Sechzigern, Siebzigern und Achtzigern. Natürlich nutzen sie ein Smartphone, natürlich sind sie bei XING oder Facebook. Das müssen sie auch – weil dort schon ihre Eltern sind. Oma meldet sich mit 83 regelmäßig über Facebook – und liket die Posts der Enkel. Da darf die Elterngeneration nicht fehlen. Doch das bedeutet nicht, dass Manager in den Entscheidungsgremien einen digitalen Lebensstil haben. Sie nehmen es hin, dass ein Produkt mit Betriebsanleitung ausgeliefert wird – Menschen mit digitalem Lebensstil werden wütend, weil sie keine Lust haben, lange zu suchen. Entlang der Entscheidungsketten wird digitaler Lebensstil häufig nicht verstanden. »Wir haben doch jetzt ein Kundenportal.« Und? Hat es Funktionen, die begeistern? Macht es Spaß, das Kundenportal zu nutzen? Oder ist es steriler als ein OP-Saal?

Digital Lifestyle ist deshalb eine so große Herausforderung, weil er für das Management traditioneller Unternehmen so schwer zu verstehen ist.

Digital Lifestyle ist schnell. Wenn jeder E-Commerce-Shop mir innerhalb von Sekunden eine Bestätigung schickt und die Ware ausliefert, warum braucht der Hersteller elektrischer Garagentore dafür fünf Tage?

Digital Lifestyle ist verwöhnt. Die Filialsuche des Einzelhändlers funktioniert nicht richtig? Völlig unverständlich, bahn.de kriegt das doch auch hin. Die Ferienwohnung ist nicht direkt online buchbar? Dann ist bestimmte die ganze Ferienwohnung schlecht. Hotels kann ich doch auch online buchen. Dass dahinter eine andere Logistik steckt, verstehen Kunden nicht. Warum auch? Sie sind verwöhnt.

Digital Lifestyle ist launisch. Mir gefällt das Design der Website nicht? Finde ich doof. Ich bin weg. Auf Nimmerwiedersehen! Meine Freunde mögen eine andere Seite? Gehe ich hin. Finde ich cool. Morgen finde ich es vielleicht nicht mehr cool. Dann gehe ich halt wieder. Kann mich ja über Facebook-Log-in dort problemlos registrieren.

Jeder Kunde hat heute den Vergleich von unzähligen Apps und Websites. Nicht nur aus einer Branche. Das digitale Serviceangebot eines Unternehmens wird stets mit dem Klassenbesten im Internet verglichen. Wird mein Auto in der Werkstatt bereits repariert? Warum erfahre ich nichts? Bei DHL kann ich den Status meiner Lieferung abfragen. Warum steht in der Kunden-App nicht:

»In Bearbeitung bei Meister Neumann. Voraussichtliches Ende der Reparatur in 47 Minuten.«?

Das Meta-Prinzip Digital Lifestyle schwebt über allem

Digital Lifestyle ist kein eigenständiges Prinzip. Es ist ein Teil von allen anderen Prinzipien. Nutzen statt kaufen – ohne App nicht denkbar. Mit dem Nachbarn darüber verhandeln, wer wann die Waschmaschine im Keller nutzen darf? Furchtbar – überflüssiger menschlicher Kontakt. Crowdification – ein Prinzip, das ohne Digital Lifestyle nicht denkbar wäre. Zielgruppe eins – Digital Lifestyle pur. Alles dreht sich um mich – den Nutzer. Selbst die Prinzipien Glaskugel 3.0 und Kompetenzstandardisierung sind ein Teil des Digital Lifestyle. Was lesen Sie lieber? Den schnellen, automatisiert geschriebenen Fußballbericht – 25 Sekunden nach Ende des Spiels? Oder warten Sie eine Stunde auf den liebevoll ausgefeilten Reporterbericht, der mit Herzblut und Liebe verfasst wurde? Rufen Sie bei drei Möbelspeditionen an, nehmen einen halben Tag Urlaub und lassen die Mitarbeiter der Spedition in Ihre Wohnung, weil Sie die lokale Wirtschaft unterstützen möchten? Weil Sie Verständnis dafür haben, dass das Unternehmen das noch nicht digital abwickelt? Oder geben Sie movinga.de ein und haben nach zwei Minuten ein Angebot? Sind Sie bereit, zum Großhändler zu fahren und eine halbe Stunde in der Schlange zu stehen? Haben Sie Verständnis dafür, dass der Verkäufer die Faxvorlage ausfüllen muss? Warten Sie, weil Sie seinen Job retten möchten? Oder sparen Sie sich das nächste Mal den Weg und bestellen lieber innerhalb von dreißig Sekunden?

Traditionelle Unternehmen, die den Digital Lifestyle nicht verstehen und diesen nicht bedienen, werden verlieren. Sie sind im Management und glauben es nicht? Beantworten Sie sich die Fragen links. Sie werden feststellen, dass ein Teil von Ihnen bereits den Digital Lifestyle lebt. Und dass dieser Teil genauso ungeduldig, verwöhnt und launisch ist wie die Kunden, die Sie heute als Digital Natives bezeichnen. Und warum sollten Ihre Kunden mit Ihnen gnädiger sein, als sie es online mit anderen Unternehmen sind?

Wie digitale Disruption Branchen verändern wird

2

»Das betrifft mich nicht. Unsere Branche kann man nicht digitalisieren.«

Sie denken das wirklich?

»Wir sind im Tiefbau. Eine App fürs Baggern hat noch niemand erfunden.«

Doch. Der Baumaschinen-Hersteller Komatsu hat eine eigene Abteilung dafür. Sie heißt Smart Construction und entwickelt autonome Baumaschinen. Eine Drohne vermisst die Baustelle aus der Luft und entwickelt ein dreidimensionales Modell des Terrains. Anschließend führen fahrerlose Bagger und Bulldozer die Bauarbeiten aus.

»Meine Frau arbeitet in der Kosmetik, da kann ich mir Digitalisierung überhaupt nicht vorstellen.«

Der SK-II Magic Ring tut genau das: Er verbindet digitale Analysen mit Kosmetikkonzepten. Das Gerät analysiert Ihre Hautbeschaffenheit: Es zählt Ihre Falten und Hautwinkel, misst Ihre Hautelastizität, sucht nach kleinen Flecken, die sich ausweiten könnten und zeichnet Ihren Hautglanz auf. Sie erhalten eine Einschätzung Ihres Hautalters. Ihre Ergebnisse werden mit denen von Menschen vergleichbaren Alters verglichen. Anschließend wird Ihr individuelles Hauptpflegeprogramm entwickelt.

»Meinem Sohn habe ich gesagt: Junge, geh zur Bank, das ist ein sicherer Job.«

Sicherheit ist ein relativer Begriff. Möglichst nicht in eine Filiale versetzen lassen. Banken sind aktuell eines der Hauptangriffsziele digitaler Disruptoren, die das klassische Filialgeschäft komplett ersetzen wollen.

»Meine Tochter ist Anwältin. Die sorgt dann dafür, dass mein Sohn eine gute Abfindung erhält.«

Theoretisch ja. Dummerweise gehört gerade Arbeitsrecht zu den einfacher standardisierbaren Rechtsgebieten. In den kommenden Jahren werden eine Reihe digitaler Dienstleister entstehen, die Anwälte durch Algorithmen ersetzen.

In diesem Kapitel möchte ich Ihnen aufzeigen, wie die Digitalisierung in den kommenden Jahren unterschiedliche Branchen verändern wird. Ich habe dabei einen ganz besonderen Blickwinkel: Ich bin kein Branchenexperte. Das ist nachteilig, weil ich in keiner Branche ein richtiger Experte bin. Aber es hat Vorteile. In einem typischen Monat halte ich Vorträge in der Logistikbranche, der Energiebranche, vor Geschäftsführern von Einzelhandelsketten und Druckereien. Ich spreche dabei mit Vorständen von Banken und Versicherungen, Verantwortlichen im Maschinen- und Anlagenbau, in der Industrie und der Automobilbranche oder in den Medien. Anschließend diskutieren wir oft mehrere Stunden.

Überall ist die Veränderung der Geschäftsmodelle und die Anforderung an Unternehmen der Zukunft das beherrschende Thema. Meine Gespräche unterscheiden sich heute massiv von denen, die ich 2013 oder 2014 geführt habe: Der Druck, sich mit den massiven Veränderungen auseinanderzusetzen, ist seit Anfang 2015 stark angewachsen. Auch die Offenheit, das bisherige eigene Denken und Handeln infrage zu stellen, wächst.

Standpunkt

»Branche für Branche wird digitalisiert. Wieso sollte die Digitalisierung vor irgendeiner Branche stehen bleiben? Also: Ob Unternehmen und Behörden wollen oder nicht, sie müssen sich auf den Weg machen und digitalisieren. Wir selbst haben uns gewandelt vom traditionsreichen und spezialisierten Druckunternehmen für Pässe, Ausweise, Banknoten und Briefmarken zum Anbieter kompletter Sicherheitslösungen für die analoge und digitale Welt.«
[Ulrich Hamann, Vorsitzender der Geschäftsführung der Bundesdruckerei GmbH]

Allerdings neigen die Verantwortlichen dazu, nur den Mikrokosmos ihrer eigenen Branche zu betrachten. Genau das erweist sich mitunter als problematisch. Denn – das habe ich in der Einleitung zu den Prinzipien digitaler Disruptoren bereits geschrieben – die Digitalisierung folgt eher Mustern als Branchen. Dass bestimmte Entwicklungen noch nicht in Ihrer Branche spürbar sind, bedeutet nicht, dass sie nicht stattfinden. In diesem Kapitel möchte ich Ihnen deshalb einen Überblick über die Zukunft verschiedener Branchen geben. Sie werden die Muster wiederfinden, nach denen Veränderung stattfindet. Ob Anwalt, Arzt, Landwirt, Paketzusteller oder Unternehmensberater – so unterschiedlich die Branchen sein mögen, digitale Disruption setzt bei allen genau an der gleichen Stelle an. Nicht die hochkomplexen Individualleistungen werden durch Algorithmen ersetzt – auch in dreißig Jahren wird ein Anwalt vor Gericht stehen und seinen Mandanten verteidigen, genauso wie es auch noch Ärzte geben wird, die Patienten behandeln. Es ist das Brot- und Buttergeschäft, das digitalisiert wird. Die Vertragsformulierung, die der Anwalt bislang aus dem Computer genommen und leicht verändert hat. Die Diagnostik eines Arztes, die durch Algorithmen standardisiert werden kann. Das Geschäft, das bislang einfach abzuwickeln und damit einträglich war.

Ich möchte Ihnen in diesem Kapitel einen Überblick über die Entwicklungen in den Branchen geben, mit denen ich selbst täglich zu tun habe. Dabei erhebe ich keinen Anspruch auf Vollständigkeit. Es geht nicht darum, jede Branche lückenlos darzustellen, sondern darum, Ihnen einen generellen Überblick zu geben. Mein Ziel ist es, dass Sie verstehen, was in Ihrer eigenen Branche gerade passiert. Aber noch viel wichtiger: dass Sie erkennen, in welchem Ausmaß sich die gesamte Wirtschaft gerade verändert. Häufig kommen Zuhörer nach Vorträgen zu mir und sagen: »Da wird mir ja angst und bange.« Aber das ist überhaupt nicht mein Ziel. Im Gegenteil: Wenn Sie über den Tellerrand Ihrer eigenen Branche hinausschauen, entdecken Sie viel einfacher Chancen, als wenn Sie im Mikrokosmos bleiben. Das ist das, was ich bei Ihnen auslösen möchte: eine offene, neugierige Herangehensweise an die kommenden Veränderungen. Denn die Digitalisierung hat einen großen Vorteil: Lösungen können adaptiert und anschließend problemlos von einer Branche auf andere übertragen werden. Sie sehen das an Unternehmen wie M-Cube, einem Unternehmen, das Vergleichsportale für unterschiedlichste Branchen entwickelt: Vom Bestattungsvergleich, den Sie bereits kennengelernt haben, über das Portal *augen-lasern-vergleich.de* bis hin zu *fahrschulvergleich.de*. Drei unterschiedliche Branchen, eine Herangehensweise. Und das gleiche Prinzip: die Zentralisierung der Kundenschnittstelle. Zusammen mit den sieben Prinzipien digitaler Disruptoren ist dieses Kapitel ein wichtiger Baustein für die Entwicklung Ihrer digitalen Innovationsstrategien.

Schade. Wir können nicht klagen. Die Digitalisierung der Rechtsberatung

»Der Rechtsanwalt ist hoch verehrlich, obwohl die Kosten oft beschwerlich.« So schrieb es Wilhelm Busch. Im Prinzip hat sich daran bis heute wenig geändert. Bis heute schicken Anwälte Schreiben, in denen sie mitteilen, dass »der Unterfertigte den Eingang des oben bezeichneten Schreibens in unserer Kanzlei bestätigt«. Und sie formulieren Stilblüten, aus denen *Spiegel Online* ein Fachjargon-Quiz entwickelt: »Namens und im Auftrag der weiteren Erziehungsberechtigten wird dem von dieser bereits mehrfach erfolglos zur Befolgung der sich aus dem gemeinsamen Sorgerecht ergebenden Verpflichtungen aufgeforderten Anweisungsempfänger hiermit unter Androhung des temporären Wegfalls von Unterhaltsansprüchen gemäß § 1610 Abs. 1 BGB ein letztes Mal die Gelegenheit zur umgehenden Befolgung vorstehend bezeichneter Verpflichtungen gegeben.«

Ein Buch des Kabarettisten Werner Koczwara trägt den Titel *Am achten Tag erschuf Gott den Rechtsanwalt*. Die Geschichte kann fortgeschrieben werden: Am neunten Tag digitalisierte er ihn. 123recht.net und Advocado.de lassen Anwälte online Rechtsfragen beantworten und vermitteln die Erstberatung zum Festpreis. Bei jurato.de können Rechtsfälle ausgeschrieben werden, Anwälte schicken Beratungsangebote. Warum überhaupt noch zum Anwalt gehen? Bei smartlaw.de, einem Unternehmen, das mittlerweile zur Unternehmensgruppe Wolters Kluwer gehört, können Laien mithilfe eines Frage-Antwort-Assistenten innerhalb weniger Minuten rechtssichere Dokumente erstellen. Hier rechnete der Anwalt früher bequem seine Stundensätze ab.

Heute schon werden Teilaufgaben des Anwalts automatisiert

Der Bescheid des Jobcenters ist fehlerhaft? Bei rightmart.de klicken Sie auf »Jetzt Bescheid online prüfen«. Dann geht es los: »Gegen welche Art von Bescheid wollen Sie Einspruch erheben?« Sie haben die Auswahl zwischen Menüpunkten wie Sanktionsbescheid oder Ablehnungsbescheid. »Wie heißt Ihr zuständiges Jobcenter?« »Wie alt sind Sie?« »Wie hoch wurden Sie sanktioniert?« Nach einer kurzen Prüfung von Formalia meldet rightmart: »Bescheid auf Basis Ihrer Angaben fehlerhaft! Über rightmart können Sie kostenlos einen begründeten Widerspruch gegen das Jobcenter einreichen.« Ein Assistent führt Sie anschließend durch die notwendigen Schritte.

Sie haben einen Unfall? Unfallhelden.de bietet die komplette Unfallabwicklung aus einer Hand an. Beim Warten auf die Polizei die App herunterladen und sich durch alle Schritte führen lassen, die nach einem Unfall wichtig sind. Nach dem Unfall auf die Bahn umsteigen. Mist, Verspätung ... Auch hier hilft das Web: Ihre Ansprüche gegenüber der Bahn bei Verspätungen setzt Bahn-Buddy. de für Sie durch. Ticket und Verspätungsbescheinigung der Bahn hochladen, fertig. Für eines Servicegebühr von 1,99 Euro. Dank WLAN im Zug geht es noch einfacher ...

Auch Wirtschafts- und Konzernanwälte können digitalisiert werden

Nicht nur Einzelanwälte, auch hoch bezahlte Wirtschafts- und Konzernanwälte werden durch digitale Disruptoren angegriffen. Wie waren noch einmal die wichtigsten Vertragsinhalte des Investments in Shanghai? Früher lautete die Frage an die juristische Abteilung: »Herr Dr. Müller, können Sie das bitte für mich heraussuchen?« Heute übernimmt das Berliner Unternehmen Leverton, ein Spin-off des deutschen Forschungszentrums für künstliche Intelligenz. Der Algorithmus durchsucht Immobilienverträge in mehr als zwanzig Sprachen und sucht die Schlüsselfakten heraus. Zu den Kunden des Unternehmens gehören die Deutsche Bank, Bilfinger, die Strabag und Union Investment. Das Mainzer Unternehmen lexalgo geht noch einen Schritt weiter: Es ersetzt den Anwalt durch Algorithmen. Das Unternehmen teilautomatisiert juristische und weitere regelbasierte Prüfungen.

Wozu führen solche Entwicklungen? Das *Handelsblatt* berichtet im Juni 2016 von zögerlichen Ansätzen in der Branche, zeitfressende Fleißarbeit zu automatisieren und damit kostengünstiger anzubieten: »Die Betonung liegt auf zögerlich, denn es steht nichts Geringeres als das Geschäftsmodell auf dem Spiel. Die stundengenaue Abrechnung teurer Partner und der massenhafte Einsatz von Associates und angestellten Anwälten wird mit einem standardisierten Einsatz von Software nicht mehr durchzusetzen sein.«

lexalgo

Branche

RECHT

Disruptionsprofil

★★★★★ EFFIZIENZSTEIGERUNG

★★★★★ VERÄNDERUNG DER MARKTLOGIK

★★★☆☆ SCHAFFUNG NEUER MÄRKTE

Disruptionsprinzipien

RADIKALE EFFIZIENZSTEIGERUNG

KOMPETENZSTANDARDISIERUNG

Was tut das Unternehmen?

Automating the law – die Vision von lexalo sagt eigentlich alles. Das Unternehmen vereinfacht und beschleunigt juristische Prüfungsprozesse. Die Software kann juristische und weitere regelbasierte Prüfungen teilautomatisieren und überall dort, wo juristische Sachverhalte bisher mit großem personellem Einsatz erfasst und bearbeitet werden müssen, Komplexität und Aufwand reduzieren.

Was macht das Unternehmen disruptiv?

Das Unternehmen verspricht: Deutlich weniger Mitarbeiter bearbeiten vorsortierte, formalisierte Akten. Diese Herangehensweise hat das Potenzial, eine bislang eher nicht durch Innovationen geprägte Branche auf den Kopf zu stellen. Und es rüttelt am Bild des Anwaltsberufs – auch der Rechtsvertreter ist digitalisierbar.

Wann werden Kunden digitale Services einem echten Anwalt vorziehen?

»Damit gehe ich zum Anwalt!« Dieser Satz steht heute stellvertretend für: »Ich werde mich wehren!« Diese Aussage beinhaltet zwei Elemente:

1. Der Mandant geht physisch zu einem Ort, an dem ein Anwalt ist.
2. Der Anwalt ist ein Mensch.

Muss das für alle Zeiten so bleiben? Nein. Der Weg zum Anwalt hat immer auch etwas Beschwerliches an sich. Falls Sie nicht gerade den Anwalt Ihres Vertrauens haben, müssen Sie zunächst einmal einen suchen. Woher wollen Sie wissen, ob der Anwalt wirklich gut ist? Sie müssen recherchieren oder Empfehlungen einholen. Oder Sie verlassen sich auf den Zufall. Im nächsten Schritt müssen Sie einen Termin vereinbaren. Immerhin sind die meisten Anwälte mittlerweile per Mail zu erreichen und antworten sogar. Meine Erfahrung bei unserer letzten Suche nach einem Anwalt für Baurecht: Fünf habe ich angeschrieben. Einer antwortete schnell, zwei innerhalb von fünf Tagen und zwei überhaupt nicht. Falls Sie eine Rechtschutzversicherung haben, kommt jetzt Papierkrieg auf Sie zu. Zum Anwalt zu gehen, ist alles andere als kundenfreundlich.

Deshalb werden digitale juristische Dienstleistungen das klassische Anwaltsgeschäft in verschiedenen Bereichen revolutionieren. Und zwar immer dann, wenn es für den Kunden folgende Vorteile bringt:

Einfachheit: Einen Einspruch online einzulegen dauert nur wenige Minuten. Dokumente per Smartphone abzufotografieren und hochzuladen ist deutlich einfacher als einen Anwalt zu suchen, eine Mail zu formulieren, einen Termin zu vereinbaren und bei der Rechtsschutzversicherung nachzufragen, ob der Fall übernommen wird. Wenn Sie für das gleiche Ergebnis wenige Minuten oder mehrere Stunden aufwenden müssten, was würden Sie vorziehen?

Antworten in Internet-Geschwindigkeit: Also sofort. Und nicht erst morgen. Digitale Assistenten können eine Vorabprüfung auf Basis klarer Regeln vornehmen. Sind die Grundvoraussetzungen –

beispielsweise für einen Einspruch – überhaupt gegeben? Welche Punkte sind noch offen und müssen separat geklärt werden? Anwälte werden mehr und mehr der Internetlogik unterliegen: Nicht wer die bessere Antwort hat, bekommt das Mandat, sondern wer schneller ist.

Öffnungszeiten 24/7: Wann entdeckt der Kunde das Schreiben, gegen das er Einspruch erheben möchte? Mit 80-prozentiger Sicherheit genau dann, wenn die Kanzlei geschlossen hat. Früher hieß es: »Da müssen wir morgen mal den Anwalt anrufen«. Morgen heißt es: »Gib es mal ins Netz ein.« Digitale Services stehen auch dann bereit, wenn der Anwalt Golf spielt.

Kann man Gerichtsverfahren digitalisieren?

Längst ist die Justiz an ihrer Belastungsgrenze angekommen. 2014 verhandeln das OLG Stuttgart und das VG Minden über Klagen von Richtern, die sich gegen über Überlastung wehren. Am 16. Februar fordert ein Staatsanwalt eineinhalb Jahre Haft wegen Strafvereitelung und Rechtsbeugung. Der Angeklagte ist ausgerechnet ein Kollege von ihm: Ein 55-jähriger Staatsanwalt, bei dem sich die Fälle so sehr stapeln, dass er Scheinverfügungen erlässt, um nach außen eine Bearbeitung vorzutäuschen. Das Bundesverfassungsgericht entscheidet am 30. Juli 2014, dass ein als gefährlich eingestufter Häftling freizulassen ist. Die Ursache: Personalmangel bei der zuständigen Jugendkammer. Fazit der im Juli 2016 ausgestrahlten ARD-Dokumentation »Die Story im Ersten: Erledigt! – Deutsche Justiz im Dauerstress«: Deutschland mit seinem Justizsystem würde derzeit nicht einmal mehr in die EU aufgenommen.

Baden-Württemberg startet 2018 den flächendeckenden elektronischen Rechtsverkehr. Das Projekt eJustice wird vom Ministerium als größtes Reformprojekt der Justizgeschichte angesehen. Bis spätestens 2022 sollen alle Rechtsanwälte, Behörden und sogenannte professionelle Einreicher ihre Schreiben rein elektronisch bei den Gerichten einreichen.

Das britische Justizministerium geht noch einen Schritt weiter. Die Fragestellung: Warum muss jedes kleine Standardverfahren in einer solchen Situation überhaupt persönlich verhandelt werden? Die Behörde entwickelt digitale Gerichtssäle, um die unnötige Anwesenheit vor Gericht zu reduzieren. Richter, Ankläger und Verteidiger nehmen per Videoschaltung teil und reichen Beweise digital ein. Noch weiter gedacht könnten Algorithmen Standardverfahren lösen. Automatisierte Entscheidungsbäume machen Urteilsvorschläge auf Basis vergleichbarer Verfahren. Akzeptieren die Beteiligten das Urteil, ist das Verfahren abgeschlossen. Die Technologie ist so weit. Was aktuell fehlt, sind Verantwortliche, die Justiz disruptiv digital denken.

»Papa, was ist eine Bankfiliale?«

Familiengespräch im Jahr 2030. Die vierzehnjährige Sara fragt: »Papa, was ist eine Bankfiliale?« Der Vater antwortet: »Da ist man früher hingegangen, um eine Überweisung zu machen.« »Papa, was ist eine Überweisung?«
»So etwas wie WhatsApp Money Transfer, nur viel komplizierter.«
»Und was hat man da noch gemacht?«
»Bargeld geholt.«

»Bargeld?« Sara rümpft die Nase. »Uncool! Voll viele Bakterien dran.«

»In Bankfilialen hat man auch Kredite beantragt«, erklärt der Vater.

»Echt? Ein Berater für Kredite?« Sara schüttelt den Kopf: »Das ist ja voll abgefahren ...«

Das Top-Management der Finanzbranche neigt aktuell dazu, Digitalisierung als eine primär technische Entwicklung anzusehen: die Fortsetzung bestehender Geschäftsmodelle auf digitalen Kanälen. Der Kunde kommuniziert mit seinem Berater über E-Mail und Videokonferenzen statt persönlich. Unterlagen werden intern nicht mehr in Aktenordnern, sondern digital aufbewahrt. Kontoinformationen werden digital bereitgestellt und – weil es der Kunde so will – auch mobil. Banken stellen sich darauf ein, Schritt zu halten, um Kundenbedürfnisse von heute zu erfüllen. Doch ist das weit genug gedacht?

Angriff auf die Kernkompetenzen der Bank

Im Dezember 2015 lerne ich Sebastian Seifert kennen. Auf den ersten Blick sieht er aus wie das Nachwuchstalent einer klassischen Bank: ordentlicher Seitenscheitel, weißes Hemd und ein akkurat gebundener Schlips. Auf der Vorstandstagung einer großen deutschen Genossenschaftsbank-Gruppe, die ich moderiere, stellt er in Berlin sein Unternehmen vor: barzahlen.de. Die Grundidee klingt wenig spektakulär: Große Teile der Bevölkerung zahlen immer noch bar. So werden beispielsweise fast sämtliche Flüge von Deutschland in den Kosovo mit Air Pristina bar bezahlt, viele Kunden zahlen ihre Stromrechnung bar und ein großer Teil der Bevölkerung möchte beim Onlineshopping nicht mit EC- oder Kredit-

barzahlen.de

Was tut das Unternehmen?

barzahlen.de ermöglicht es, Einkäufe im Internet bar an der Supermarktkasse zu zahlen. Wer im Internet einkauft, erhält einen Code zugesandt, der entweder ausgedruckt oder auf dem Smartphone gezeigt wird. Mit diesem Code geht der Kunde an die Kasse eines Supermarkts und lässt ihn von der Kassiererin einscannen. Die Rechnung wird bar bezahlt.

Was macht das Unternehmen disruptiv?

Hinter dem Geschäftsmodell steckt eine Vision: Die klassische Bankfiliale durch die Supermarktkasse zu ersetzen. Dazu entwickelt barzahlen.de nach und nach neue Services: Man kann an der Supermarktkasse nicht nur Rechnungen bezahlen, sondern auch Geld von seinem Konto abheben sowie Geld einzahlen.

Branche

FINANZEN

Disruptionsprofil

★☆☆☆☆ EFFIZIENZSTEIGERUNG

★★★★★ VERÄNDERUNG DER MARKTLOGIK

★★★★☆ SCHAFFUNG NEUER MÄRKTE

Disruptionsprinzip

ZENTRALISIERUNG DER KUNDENSCHNITTSTELLE

---

karte zahlen – zum großen Teil, weil sie keine haben. Hier bietet barzahlen.de eine einfache Lösung an.

Das Unternehmen ist erfolgreich. 2014 wird barzahlen.de von über 7.000 Onlineshops, Reise- und Gaming-Anbietern genutzt. Ende 2015 kommen zu dm und den Real-Supermärkten rund 3.000 Rewe-Filialen hinzu. 2016 geht das Unternehmen eine Partnerschaft mit Number26 ein, einem jungen Unternehmen, das einen Frontalangriff auf das klassische Girokonto vornimmt: Ohne Filialen – die Kommunikation mit dem Kunden läuft nur noch über eine App.

Die Bankvorstände hören aufmerksam zu. Man spürt förmlich, dass sie den jungen Mann eher als netten Schwiegersohn denn als wirklichen Konkurrenten betrachten. Doch dann präsentiert Sebastian Seifert die Vision des Unternehmens: »barzahlen.de möchte langfristig die klassische Bankfiliale ersetzen und zu dem Ort werden, an dem alle Deutschen ihre most basic banking needs – Rechnungszahlung und Bargeldversorgung – erledigen«. Um der Sache noch einen draufzusetzen, sagt er: »Wir besitzen bereits heute Deutschlands größte unabhängige Zahlungsinfrastruktur.« Der gleiche Satz findet sich auch auf der Webseite des Unternehmens wieder. An dieser Stelle wird das scheinbar wenig spektakuläre Geschäftsmodell plötzlich disruptiv.

Anschließend kommen Dr. Christian Grobe und Dr. Clemens Paschke. Sie beide betreiben sogenannte Kreditmarktplätze. Grobe von Funding Circle Continental Europe (ehemals Zencap) hält einen Vortrag zum Thema »Revolution im Kreditgeschäft – Mittelstandsfinanzierung neu gedacht«. Sein Unternehmen hat eine klare Mission: Das veraltete Bankensystem zu revolutionieren und attraktivere Konditionen zu schaffen. So funktioniert es: Geschäftsleute und Unternehmer schreiben ihren Kreditbedarf aus, sein Unternehmen vermittelt private Investoren, die diesen Kredit geben. Einer der Kunden ist beispielsweise das deutsche Unternehmen MultiSyst GmbH, ein Unternehmen, das Alarmanlagen, GPS-Fahrzeugortung und Videoüberwachung anbietet. Geschäftsführer Götz Kanis hat von einhundertzwei Anlegern 50.000 Euro für den Vertrieb seiner Sicherheitssysteme erhalten. Lendico.de funktioniert auf ähnliche Art und Weise: Es ist ein Marktplatz für private Kredite. Dort treffen private Kreditnehmer auf private Kreditgeber.

> **Standpunkt** »Wer braucht denn heutzutage noch eine Bankfiliale, es sei denn, er hat geerbt oder reich geheiratet?« [Günther Oettinger, EU-Digitalkommissar]

Warum Kunden ihrer Bank den Rücken kehren

Als ich solche Marktplätze das erste Mal Studenten an der ADG Business-School (Akademie der Genossenschaftsbanken) vorstelle, rümpfen einige von ihnen die Nase: »Naja, die hätten bei uns ja auch niemals einen Kredit bekommen.« Genau hier greifen Online-Kreditmarktplätze an: Es ist nicht so, dass Unternehmen wie MultSyst verzweifelt sind – im Gegenteil: Viele von ihnen versuchen über Kredite zu wachsen und dürften darauf eigentlich stolz sein. Doch beim Gang zur Bank war von diesem Stolz bislang nicht viel zu spüren: Wenn der Banksachbearbeiter den Kredit ablehnt, weil Sicherheiten fehlen, ist dies für Unternehmer wie ein Schlag in die Magengrube.

Auf Kreditmarktplätzen findet sich nicht der Unternehmer, der mit hängendem Kopf Formulare ausfüllt und – so zumindest fühlt es sich an – um einen Kredit »bettelt«. Im Gegenteil: Statt in der abgeschlossenen Kabine einer Bankfiliale über Kredite zu sprechen, wird hier der Kreditbedarf stolz der Öffentlichkeit mitgeteilt und zum Teil sogar als Werbemaßnahme genutzt. Und auch bei Lendico.de finden sich keinesfalls nur Anfragen von verzweifelten Menschen. Ein 31-jähriger männlicher Kreditnehmer möchte 3.100 Euro in seine Ausbildung investieren, eine 33-jährige Mutter möchte mit ihrer Tochter in eine Wohnung ausziehen, dafür Genossenschaftsanteile kaufen und eine Rücklage bilden und ein 44-jähriger männlicher verheirateter Wohneigentümer braucht 5.200 Euro für seine Einrichtung.

Auch Lendico.de kennt unterschiedliche Kreditwürdigkeitsstufen. Und so zahlen die Kreditnehmer durchaus bis zu 14 Prozent an Zinsen. Auf beiden Marktplätzen finden sich aktuell noch nicht Millionen von Kreditanfragen und Investoren, aber die beiden Unternehmen zeigen auf, mit welcher Aggressivität die klassische Finanzbranche aktuell angegriffen wird.

Was ist überhaupt ein FinTech?

Wie viele der sogenannten FinTechs es aktuell in Deutschland gibt, ist eine Frage der Definition. Die Unternehmensberatung Barkow Consulting definierte sie so: »Nutzung moderner Technologie zur Bereitstellung finanzieller Dienstleistungen durch Unternehmen, die (ursprünglich) aus dem Nicht-Bankenbereich stammen.« Barkow Consulting zählt nach diesem Verständnis Anfang 2016 405 FinTechs in Deutschland. Die Beratungsgesellschaft Ernst und Young (EY) kommt bei ihrer Zählung auf 250 Unternehmen. Die Definition: »Unternehmen, die innovative Geschäftsmodelle mit Technologie kombinieren, um Finanzdienstleistung zu unterstützen, zu verbessern und anzugreifen.« Nicht alle dieser FinTechs sind dabei Disruptoren. Einige haben die klare Vision, eine Lücke bei bestehenden Banken zu schließen und gekauft zu werden. barzahlen.de, Number26 und Kreditmarktplätze hingegen sind disruptiv. Sie wollen das Bestehende ergänzen, nicht ersetzen.

Angriff der Robo-Advisors

Konkurrenz gibt es auch im Bereich der Geldanlage. Sogenannte Robo-Advisors verwalten das Anlageportfolio von Kunden ausschließlich auf Basis von Algorithmen. Finanzberatung ohne Finanzberater. Robo-Advisors haben laut Wikipedia das Ziel, »die Dienstleistung eines traditionellen Finanzberaters zu digitalisieren und zu automatisieren«. Einige dieser Robo-Advisors agieren dabei als Finanzanlagenvermittler, andere als Vermögensverwalter. Der Markt ist in Deutschland aktuell noch recht klein und überschaubar. Bis 2020 könnten die in Deutschland betreuten Vermögenswerte schon bei 20 bis 30 Milliarden Euro liegen, schätzt Branchenexperte Matthias Hübner im *Handelsblatt*. Glaubt man der Unternehmensberatung A.T. Kearney, wird das weltweite Anlagevolumen bis 2020 auf eine Summe von 2,2 Billionen US-Dollar ansteigen.

A.T. Kearney befragte 4.000 Amerikaner zu ihrer Einstellung gegenüber automatisierten Anlageempfehlungen. Interessant ist, wie das Unternehmen die neue Technologie erklärte: Nachdem sich Kunden für einen Service registrieren, geben sie ihr Risikoprofil ein. Durch die Auswertung dieses Risikoprofils bietet die Plattform unterschiedliche personalisierte Investment-Portfolios an, die man auswählen kann. All das geschieht digital (online oder mobil), ohne dass Nutzer mit einem Menschen reden müssen. Letzteres ist interessant: »Mit einem Menschen reden müssen«

quirion

Branche

FINANZEN

Disruptionsprofil

★★★★☆
EFFIZIENZSTEIGERUNG

★★★★★
VERÄNDERUNG DER MARKTLOGIK

★★★☆☆
SCHAFFUNG NEUER MÄRKTE

Disruptionsprinzipien

RADIKALE EFFIZIENZSTEIGERUNG

KOMPETENZSTANDARDISIERUNG

ZIELGRUPPE EINS

Was tut das Unternehmen?

quirion – Digitale Vermögensverwaltung. Die digitale Tochter der Quirin-Bank fragt schon auf der Startseite: Wie alt sind Sie? Wie viel Geld möchten Sie anlegen? Wie lang ist Ihr Anlagehorizont? Was würden Sie tun, wenn Ihr gesamtes Wertpapierdepot 10% seines Werts in einem Monat verliert? Der digitale Assistent macht anschließend Anlagevorschläge.

Was macht das Unternehmen disruptiv?

Schon die Mutter von quirion – die Quirin-Bank – war eine radikale Innovation: Kunden mussten für Vermögensberatung bezahlen, dafür kassierten die Berater keine versteckten Anteile für verkaufte Geldanlagen. quirion hat einen sehr intuitiven Assistenten, der sogar Spaß macht – ein vollkommen neues Gefühl bei der Geldanlage.

suggeriert, dass das in der Vergangenheit nicht immer ein Vorteil gewesen ist. Von den Befragten gab rund ein Drittel an, den Service nutzen zu wollen, weil er günstiger ist. Ein Viertel lobte die Investment-Expertise, ein weiteres Viertel wollte Robo-Advisors nutzen, weil sie einfacher sind.

Robo-Advisors sind jedoch nicht nur Auswahlprogramme für vorkonfigurierte Anlagestrategien. Der Branchendienst Bloomberg schrieb: »Die Roboter könnten selbst bei einer der wichtigsten Aufgaben eines Investmentberaters besser abschneiden als Menschen: Dem Wissen darüber, wie sich Steuern umgehen lassen.«

Die Investoren-Communitys als Konkurrenz zum Anlageberater

Kann der Computer wirklich alle Anlagenentscheidungen treffen? Ist nicht der menschliche Anlageberater durch seine Kreativität überlegen? Am Stammtisch war es früher der Klassiker. Irgendjemand sagte: »Da musst du mal zu Herrn Müller von der Filiale in Norderstedt gehen. Das ist ein echter Finanzhai. Der kennt sich mit Anlagen aus. So viel wie der holt niemand raus!« Rein statistisch gesehen ziemlich unwahrscheinlich. Warum soll ausgerechnet Herr Müller von nebenan der weltweit beste Finanzexperte sein? Warum soll ausgerechnet er erfolgreicher sein als sämtliche Investment-Gurus in den USA, in Europa und im asiatischen Raum? Rein statistisch gesehen ist es eher wahrscheinlich, dass man bei einem direkten Vergleich von Anlagestrategien irgendwo auf der Welt jemanden findet, der deutlich besser ist als Herr Müller. Genau das macht die Digitalisierung möglich.

Wie innovativ sind Banken?

An der ADG Business School habe ich gemeinsam mit Arno Marx und Axel Gürntke von der Akademie der Genossenschaftsbanken 2015 die Innovationskultur von vierzig genossenschaftlichen Instituten untersucht. Grundlage war das Innolytics®-Instrument, das von mir in meiner Doktorarbeit entwickelte wissenschaftlich basierte Managementtool zur Analyse der Innovationsfähigkeit.

Wikifolio

Branche

FINANZEN

Disruptionsprofil

★☆☆☆☆
EFFIZIENZSTEIGERUNG

★★★★★
VERÄNDERUNG DER MARKTLOGIK

★★★☆☆
SCHAFFUNG NEUER MÄRKTE

Disruptionsprinzip

CROWDIFICATION

Was tut das Unternehmen?

Wikifolio macht es möglich, dass Anleger die Strategien privater oder professioneller Anleger beobachten und über ein Wikifolio-Zertifikat direkt von der Wertentwicklung profitieren. Anders gesagt: Statt sich vom Kundenberater seines Vertrauens in der Sparkasse um die Ecke Aktientipps zu holen, folgen Anleger einfach Musterdepots und denen, die diese aufbauen und verwalten.

Was macht das Unternehmen disruptiv?

Wikifolio löst den klassischen Anlageberater ab. Die Idee ist bestechend einfach: Die Crowd ist besser als der Berater um die Ecke. Wikifolio bietet inzwischen mehrere tausend Zertifikate an, die an der Börse Stuttgart gehandelt und damit über nahezu jede Bank und jeden Onlinebroker erhältlich sind.

Die Ergebnisse: Die Mehrzahl der untersuchten Institute ist auf die Bewahrung des Bestehenden mit leichten Änderungen und Anpassungen ausgerichtet. Selbst wenn ein fertig entwickeltes digitales Geschäftsmodell von außen an die Institute herangetragen würde, wären sie nur schwer in der Lage, dieses umzusetzen.

Zwischen einzelnen Instituten existieren große Unterschiede. So engagiert sich das Top-Management bei einer Reihe von Banken persönlich für das Thema Innovation, in anderen überhaupt nicht. Manche Institute sind mit digitalen Vordenkern und Start-ups gut vernetzt, andere nicht. In Instituten mit der am weitesten ausgeprägten Innovationskultur ist eine hohe Dynamik zu spüren, in anderen ein Klima der Bewahrung.

Mit solchen Ergebnissen lassen sich Argumente wie »Wir sind viel zu reguliert für Innovation« widerlegen: Trotz der vielen Regularien sind manche Banken als Gesamtorganisation innovativer als andere. Trotzdem: Mit der Innovationskraft von FinTechs können sie aktuell nicht mithalten.

Der Blick in die Zukunft

Saras Vater arbeitet übrigens als Professor für Finanzgeschichte an einer Universität. Im Jahr 2030 zieht er eine Bilanz der letzten zwanzig Jahre und der Veränderungen im Bankwesen. »2017 begannen FinTechs zum großen Hype in der Branche zu werden«, erklärt er seinen Studenten. »Nach und nach begannen die verschiedenen Märkte traditioneller Banken, Schritt für Schritt zu bröckeln. Zunächst verlagerte sich das Geschäft für kurzfristige Liquiditätsengpässe von Unternehmen an Kreditmarktplätze. Innerhalb von fünf Jahren gewannen Unternehmen wie Funding Circle und Lendico 20 bis 40 Prozent Marktanteil in ihren Teilsegmenten. Ab dem Jahr 2020 wurden Geldautomaten zunehmend überflüssig, nachdem barzahlen.de in den Jahren zuvor eine Infrastruktur aufgebaut hatte, die Ein- und Auszahlungen an der Supermarktkasse ermöglichte. Zugleich wurde die Zahl der Überweisungen immer weniger. Alternative Konzepte, wie beispielsweise Geldtransfers über Messenger, erreichten den Massenmarkt. 2025 wurde die letzte klassische Schalterhalle geschlossen, statt festangestellter Berater stieg ein Großteil der Banken auf Franchisekonzepte um. Was früher die klassische Bankberatung war, übernahmen jetzt

Steuerberater und freie Versicherungsmakler.« Ohnehin, so der Professor, sei dies der konsequenteste Weg gewesen, weil die Bedeutung von Bargeld seit dem Jahr 2025 immer weiter abnahm.

Schüchtern fragt eine Studentin: »Wieso haben sich die klassischen Banken einfach so ihr Geschäft wegnehmen lassen?« Der Professor denkt eine Weile nach und antwortet: »Sie waren einfach viel zu sehr damit beschäftigt, das operative Geschäft zu managen, die damals bestehenden Regeln einzuhalten und einbrechenden Gewinnen durch Kostenkürzungen entgegenzutreten.« So muss es nicht kommen. Allerdings: Wenn sich die Entwicklungsmethoden und die Innovationskultur von Banken nicht verändern, wird es so kommen.

Kann ein Computer Häuser bauen?

Haben Sie schon einmal einen Grundriss gesehen, wie ihn Architekten entwerfen? Und haben Sie versucht, sich vorzustellen, wie das Gebäude anschließend aussehen könnte? Wenn Sie Schwierigkeiten damit haben: Sie sind nicht alleine. Klassische Grundrisse sind ein Relikt aus der analogen Zeit. Einer der größten Zeitfresser auf dem Bau: Allen Anwesenden genau zu erklären, was dort eigentlich steht. Das ist in Kürze vorbei.

Im Abschnitt *Radikale Effizienzsteigerung* (Kapitel 1, ab Seite 74) habe ich den Prozess, den Handwerker bei der Bestellung eines Fußbodens durchlaufen, beschrieben. Diese radikale Ineffizienz findet sich heute zu großen Teilen auf einer Baustelle wieder. Selbst professionelle Bauträger arbeiten selten nach einem standardisierten hocheffizienten Verfahren. Im Gegenteil: Vielfach werden Arbeitsaufträge auf Papierzettel übertragen und vergeben, Eigentümer unterschreiben, dass Dinge erledigt wurden.

In einem Artikel schätzt die *Allgemeine Bauzeitung* Ende 2015: »Die Baubranche steht mit Digitalisierung ganz am Anfang.« In den kommenden Jahren wird sich die Branche durch die Digitalisierung nach dem Prinzip der radikalen Effizienzsteigerung drastisch verändern. Das Stichwort: Bauen 4.0. Die Methoden dahinter tragen Namen wie Building Information Modeling. Mithilfe von Software werden die Planungsschritte miteinander verzahnt. Das Programm speichert genau, welcher Kabeltyp wo verlegt ist, welche Steckdose an welcher Stelle verwendet wird und wie genau die Steinplatte rund um den Kamin geschnitten werden muss. Sind alle Daten erst einmal im 3-D-Modell festgehalten, werden die passenden Teile per Knopfdruck bestellt und zur Baustelle geliefert. Mehr noch: Ein Großteil der bislang händisch vor Ort angefertigten Teile kann vorfabriziert angeliefert werden.

Standpunkt

»Die Bauwirtschaft wird künftig so vernetzt agieren wie es heute bereits die Automobilbranche tut. Zwar lässt sich unser Kernprodukt – der Ziegelstein – nicht digitalisieren, doch die Art, wie das Produkt zum Kunden kommt, wird sich drastisch ändern. Und so wie ein Automobilhersteller heute bereits komplette Teile vorfabriziert anliefern lässt, werden es auch Zulieferer in der Bauindustrie tun.« [Heimo Scheuch, CEO Wienerberger AG]

Häuser online konfigurieren

2016 begleiten wir das Unternehmen Strenger aus Ludwigsburg. Strenger hat zwei Geschäftsbereiche: Bauen und Wohnen erstellt hochwertige Designerwohnungen und Häuser. Baustolz baut Reihenhaussiedlungen, die das Unternehmen zu 20 Prozent günstiger anbietet als die Konkurrenz. Warum? Baustolz hat den Prozess der Automobilherstellung auf das Bauwesen übertragen. Interessenten können sich ihr Reihenhaus am Onlinekonfigurator selbst zusammenstellen. Teppichboden ist im Kaufpreis inklusive, Parkett Eiche Akzent im Erdgeschoss kostet 2.400 Euro mehr. Die Duschabtrennung aus Echtglas lässt sich genauso zum Haus dazubestellen wie der maßgeschneiderte Schlafzimmerschrank. Die einzelnen Teile werden von spezialisierten Zulieferern vorgefertigt und zur Endmontage auf die Baustelle geliefert.

Dieses Prinzip lässt sich künftig auf viele andere Bereiche übertragen, die bislang vor Ort von den einzelnen Gewerken manuell getan wurden: Fliesen legen, Trockenbauelemente zuschneiden, Löcher für Steckdosen und Schalter bohren. Die Firma Schwörer liefert heute bereits komplette Fertigbad-Systeme. Sie werden termingerecht auf die Baustelle geliefert und per Kran oder über ein Rollensystem eingesetzt. Auch die Akzeptanz vorgefertigter Teile steigt. In den Niederlanden planen nach einer Studie von ArchVision bereits 80 Prozent aller Architekten mit Fertigteilen.

Digitalisierung geht noch einen Schritt weiter: Mithilfe von virtueller Realität haben die ausführenden Subunternehmer vor Ort den Plan des Architekten stets vor Augen. So wie Sie heute – wenn Sie in einem Büro arbeiten – Ihren Bildschirm mit jedem anderen teilen können, wird es künftig auch der Bauarbeiter tun

Standpunkt

»Noch vor wenigen Jahren standen vorgefertigte Bauelemente in dem wenig schmeichelhaften Ruf, den Gestaltungsfreiraum bei Entwurf und Planung einzuschränken. Doch in den Köpfen der Baumeister vollzieht sich offenbar ein Wandel, denn die Akzeptanz von Fertigbauteilen steigt ebenso wir ihre Verwendung am Bau. Damit einher geht der zunehmende Ersatz handwerklicher Leistungen durch Industrieroboter und Maschinen.« [Dr.-Ing. Tobias Wiegand, Geschäftsführer des Verbandes Holzfaser Dämmstoffe (VHD)]

können. Bei Fragen kann die Bauleitung direkt kontaktiert werden. Gemeinsam können die wichtigsten Punkte durchgegangen werden – auch wenn der Bauleiter gerade dreißig Kilometer weiter weg auf einer anderen Baustelle ist. Auch die Dokumentation der Bauarbeiten wird mithilfe digitaler Lösungen deutlich einfacher als bislang: Nahezu jeder Arbeitsschritt wird in Echtzeit digital archiviert.

Heute drehen sich Gerichtsverfahren häufig um Fragen wie: »Die Isolierung bei den Fenstern wurde nicht ordnungsgemäß angebracht, deshalb regnet es durch.« Der Bauherr argumentiert: »Doch, die Isolierung wurde richtig angebracht, das Fenster wurde überstrapaziert.« Im Prinzip steht hier Aussage gegen Aussage. Das einzige Beweismittel sind Fotos vom Bau. Dies wird künftig anders sein: Bis hin zu Video-Mitschnitten kann jeder Arbeitsschritt genau nachvollzogen werden. Bei den künftigen Übertragungsgeschwindigkeiten (der Nachfolger von LTE ist bereits in der Entwicklung) und Speicherkapazitäten von Servern spricht nichts dagegen, dass jeder Schritt von Bauarbeiten als Live-Stream übertragen und digital archiviert wird.

Die Digitalisierung erlaubt noch eine weitere Effizienzsteigerung. Zeitaufwendige, einfach zu standardisierende Arbeiten können künftig automatisiert werden. Der Archibot – ein Roboter, der aussieht wie ein kleiner Staubsauger, überträgt Baupläne aus dem 3-D-Programm direkt auf den Boden einer Baustelle – die vorgefertigten Wände müssen anschließend nur noch dort aufgebaut werden, wo es der Roboter zuvor markiert hat. Und der Entwurf des Designers Omer Haciomeroglu aus Schweden zeigt, wie Roboter künftig auf dem Bau eingesetzt werden könnten. Sein Roboter ERO wird beim Abriss eingesetzt.

Fazit: Die digitale Zukunft der Baubranche

Die nächste Stufe der Digitalisierung wird im ersten Schritt zu einer radikalen Effizienzsteigerung führen: Bauen ähnlich effizient wie die Fabrikation eines Autos. Das Innovationsnetzwerk FUCON vom Fraunhofer IAD nennt drei Handlungsfelder:

»Craftsmanship 2020«: Vernetztes Handwerk als individuelle Serviceleistung aus einer Hand. Die Geschäftsmodelle sogenannter Intermediäre – Großhändler, die Bestellungen aufnehmen, weiterleiten und Ware liefern – werden dabei angegriffen. Das Prinzip der radikalen Effizienzsteigerung wird den Bau verändern.

»Mass Production 2020«: Kosteneffizienz und Produktvielfalt durch Modularisierung und Serienfertigung. Das bedeutet: Jedes Teil, das industriell vorgefertigt werden kann, wird nicht mehr vor Ort zusammengesetzt, sondern fertig vormontiert angeliefert werden. Welchen Grund gibt es, dass ein klassischer Fliesenleger quadratische Fliesen erhält und diese vor Ort anpasst?

»Parametric Age 2020«: Individuelles Bauen für höchste Kunden- und Umweltanforderungen durch innovative Prozesse.

In einem weiteren Schritt wird Robotik einen Teil der Arbeiten übernehmen, die heute noch manuell durchgeführt werden. Fraunhofer IAD nennt ein Ziel: die Baubranche als Innovationstreiber. Handwerksbetriebe, die es verstehen, sich in diese innovativen digitalen Prozessketten zu integrieren, werden die Gewinner der Digitalisierung sein. Andere werden vom Markt verschwinden.

Wenn Berater durch Algorithmen ersetzt werden

»Gestatten, mein Name ist Watson. Ich bin heute Ihr persönlicher Berater.« Kaum ein Tag, an dem Watson, der Supercomputer von IBM, nicht für Schlagzeilen sorgt. Watson ist auf der Hannover-Messe 2016, Watson analysiert die Serie »Games of Thrones«, Watson hat sogar gelernt, Cocktail-Rezepte zu entwickeln. Künstliche Intelligenz gehört zu den wichtigsten digitalen Trends der kommenden Jahre und ist aktuell eines der wichtigsten Zukunftsthemen auf der Agenda von Vorständen.

In der Tat könnten Watson & Co. die Welt der Beratung bald kräftig durcheinanderbringen: Dass der klassische Anlageberater Konkurrenz durch sogenannte Roboadvisors erhält, konnten Sie in diesem Kapitel bereits lesen. Kundenberater in Callcentern werden mehr und mehr durch automatisierte Beratungssysteme unterstützt oder sogar über Onlinetools ersetzt. Selbst seine Eminenz in Weiß – der Arzt – wird in den nächsten Jahren einen Teil seiner Beratungskompetenz an Fitnessarmbänder und Apps abgeben.

Die Digitalisierung hat nach der Musikindustrie, dem Handel und der Finanzindustrie ein weiteres Angriffsziel gefunden: Beratung. Fachliches Know-how lässt sich heute bereits zu einem großen Teil in komplexen Regelwerken abbilden. Für eine einfache Kundenzufriedenheitsanalyse braucht es keinen Marktforscher mehr. Standardisierte Verfahren spucken die Interpretation der Daten genauso aus, wie es ein Experte hätte tun können. Selbst Unternehmensberatung – die Domäne klassischer großer Beratungskonzerne – ist über intelligente Algorithmen zum Teil standardisierbar.

Ich habe 2008 bis 2014 damit verbracht, meine Doktorarbeit über die Innovationsfähigkeit von Unternehmen zu schreiben. Sie können das Ergebnis im Buch *Die Innovationsfähigkeit von Unternehmen*, ebenfalls bei BusinessVillage erschienen, nachlesen. Weil Doktorarbeiten traditionell niemand liest, habe ich vor 2013 damit begonnen, das Know-how zu digitalisieren und eine Software zu entwickeln, die Unternehmensaudits komplett automatisiert. Anders gesagt: Ich habe das, was zuvor in meinem Kopf war, digitalisiert. Seitdem mein Unternehmen, die Innolytics GmbH, die Software auf den Markt gebracht haben, wurde sie bei Unternehmen wie der Schweizer Migros-Gruppe, Evonik, Lufthansa, Volkswagen Financial Services, Dräger Systems, Schott AG und in der Volksbanken-Gruppe eingesetzt. Die Entwicklung automatisierter Beratungsprozesse ist heute eines unserer Geschäftsfelder. Die Digitalisierung verändert nicht nur die Musikindustrie, den Einzelhandel und die Finanzbranche, sondern auch die Consultingbranche.

Unternehmensaudits

Beratungsunternehmen bieten heute sogenannte Unternehmens-Audits an. Kern der Leistung ist die Durchführung einer Befragung und die Auswertung. In unserem wissenschaftlich fundierten Modell zur Innovationsfähigkeit von Unternehmen wird beispielsweise abgefragt, ob das Anreizsystem eines Unternehmens Innovationen fördert, wie die Risikokultur ausgeprägt ist und wie flexibel die Unternehmensstrukturen sind. Aus den daraus gewonnenen Erkenntnissen wird eine Strategie zur Steigerung der Innovationsfähigkeit – auch der digitalen – abgeleitet.

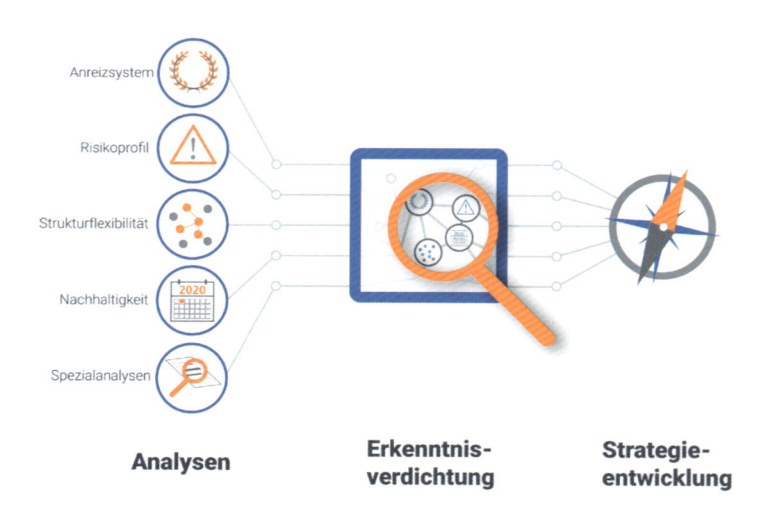

Analysen — Anreizsystem, Risikoprofil, Strukturflexibilität, Nachhaltigkeit, Spezialanalysen

Erkenntnisverdichtung

Strategieentwicklung

Dieses Vorgehen ist heute komplett standardisierbar. Mein Unternehmen hat früher bei Kunden eine Analyse der Innovationskultur durchgeführt und für die Auswertung zehn bis zwanzig Tagessätze in Rechnung gestellt. Durch Algorithmen geschieht die Auswertung heute in Echtzeit. Das klassische Geschäftsmodell der Beratung – ein Partner verkauft einen Unternehmensaudit, den zwei Juniorconsultants kostengünstig durchführen – ist damit überholt. Standardisierte Audits sind genau wie digitalisierte Musik vielfältig replizierbar und skalierbar. Warum haben sich diese Instrumente in der Beratung bislang nicht flächendeckend durchgesetzt? Fragen Sie sich selbst: Wenn Sie für einen Tag Arbeit bis zu 2.000 Euro abrechnen können, hätten Sie ein Interesse daran, das zu standardisieren und zu automatisieren?

Auch zur klassischen Strategieberatung gibt es Alternativen. Es gab einmal Zeiten, da kam der Mann mit dem Koffer. Nicht Herr Kaiser von der Hamburg-Mannheimer. Sondern der vertrauenswürdige Strategieberater von nebenan. Strategieentwicklung war fast wie die Papstwahl: Hinter verschlossenen Türen wurde intensiv geredet und debattiert, dann stieg weißer Rauch auf. Der Vorstand verkündete: »Habemus Strategam! Wir haben eine Strategie!« Ehrwürdig blickten die Mitarbeiter in Richtung Altar, der Mann mit dem Koffer stand stolz daneben. Die Digitalisierung verändert auch das. Co-creation- und Crowdsourcing-Lösungen, unser zweites Geschäftsfeld, machen es möglich, strategische Themen vorzugeben, die von Mitarbeitern durch eigene Initiativen und eigene Ideen zum Leben erweckt werden. Der Strategieprozess ist ein offener, transparenter. Die Digitalisierung löst hier ein Problem, das auch der Mann mit dem Koffer nicht beantworten konnte: Wie lassen sich Mitarbeiter für die erarbeitete Strategie begeistern? Und was nützt die beste Strategie, wenn sie nicht umgesetzt wird?

Die Digitalisierung bedroht die Geschäftsmodelle derer, die die Umbrüche aktuell propagieren. Die großen Beratungshäuser haben das bereits erkannt und investieren in digitale Einheiten und Geschäftsmodelle. Einige gehen weg von der reinen Beratung – hin zur eigenen Beteiligung beziehungsweise Umsetzung. Wirklich bedroht werden vor allem die Geschäftsmodelle freier Berater und kleiner Beratungshäuser, die im analogen Zeitalter stehen bleiben.

Beratung ist teuer – aber die wenigsten wollen sie bezahlen

Jeder von uns erwartet bestmögliche Beratung. Dass eine für den Kunden kostenlose Beratung beim Sparkassenmitarbeiter seines Vertrauens beim Unternehmen Kosten zwischen 50 und 100 Euro verursacht, darüber macht sich kaum jemand Gedanken. Eine kurze Nachfrage im Callcenter kostet ein Unternehmen zwischen fünf und zehn Euro – doch ist irgendein Kunde bereit, dafür zu zahlen? Wenn der freundliche Berater im Baumarkt, der sich Zeit nimmt und mit dem Kunden zehn Minuten lang verständnisvoll über die Kunst des Holzlackierens spricht, dafür auch nur einen Bruchteil der Kosten in Rechnung stellen würde – der Kunde würde fluchend den Baumarkt verlassen.

Die Digitalisierung schafft unter anderem dort effiziente Lösungen, wo ein zuvor unüberwindbarer Grundkonflikt zu finden war. Im Falle der Beratung liegt der Grundkonflikt nah: Unternehmen müssen Kunden bestmöglich beraten. Doch Beratung frisst gerade in umkämpften Märkten einen großen Teil der geringen Margen auf. In den vergangenen drei Monaten habe ich an sechs Vorstandstagungen teilgenommen. Das Potenzial von Kostensenkungen bei der Kundenberatung bei gleichbleibender oder sogar noch besserer Servicequalität war bei allen ein großes Thema. Beratungslösungen wie Servicecommunitys (wie das beispielhaft dargestellte Portal auf Basis unserer Software) lösen diesen Grundkonflikt.

Wird die freundliche Stimme aus dem Callcenter durch einen Algorithmus ersetzt? Zumindest teilweise. Standardisierte Beratungsleistungen, die heute bereits auf festgelegten Regeln beruhen, werden in letzter Konsequenz durch Algorithmen ersetzt werden. Kundenberater, die vorgegebenen Mustern folgen, werden zum großen Teil ersetzt werden. Bei genauem Hinsehen entpuppt sich die angeblich personalisierte Beratung bereits heute in den meisten Fällen als starres, auf Regeln basiertes Konzept. Hier erscheint es nur logisch, dies durch digitale Algorithmen zu ersetzen.

Und Unternehmensberater? Müssen sie sich vor der Digitalisierung fürchten?

Beratungsunternehmen, die die Digitalisierung ignorieren und nicht sehen, dass Faktenwissen und analytisches Know-how ersetzbar sind, werden zu Dinosauriern der Branche. Was weiterhin gefragt sein wird, ist Erfahrung: Erfahrung in der Interpretation der Daten. Und Erfahrung bei der Umsetzung. Die Digitalisierung hat zwei wesentliche Auswirkungen auf die Consultingbranche:

- Das Business School-Wissen der jungen Absolventen wird über kurz oder lang digitalisiert werden. Die Zeit der PowerPoint-Schlachten ist vorbei.
- Erfahrung, Authentizität und Machereigenschaften werden gefragter sein denn je.

Digitale Analysen, wie die von uns entwickelte, decken Defizite beispielsweise in der Unternehmensstruktur oder -kultur schonungslos auf. Es entsteht großer Handlungsdruck. Unternehmen brauchen Consultants, die sie dabei unterstützen, dieses Wissen schnell in die Praxis umzusetzen. Genau hier ist die Parallele zu anderen Industrien. Der kreative Teil – das Komponieren von Liedern, die Entwicklung kreativer Vermarktungsstrategien und die Konzeption innovativer Finanzkonzepte – lässt sich nicht durch Software ersetzen. Kreative Macher sind in der Beratungsbranche gefragter denn je.

Für Unternehmensberatungen wird sich zudem ein neues Beratungsfeld auftun: die Entwicklung komplexer Regelwerke und das Anlernen von Systemen mit künstlicher Intelligenz. So groß der Hype um Watson und andere Systeme der künstlichen Intelligenz ist: Wenn sie nicht angelernt und trainiert werden, wird aus künstlicher Intelligenz künstliche Ignoranz. Und der Kundenberater? Hat er eine Überlebenschance? Zumindest dann, wenn er sich auf das stützt, was automatisierte digitale Beratungsprozesse nicht können: Emotionen zeigen und neue Ideen entwickeln. Denn so beeindruckend künstliche Intelligenz ist: Künstliche Empathie und künstliche Kreativität sind bis heute nicht erfunden.

Die Zukunft des stationären Handels

Das New Deal Forum in Münster. Im Sommer 2016 halte ich eine Keynote vor Geschäftsführern und Managern von Einzelhandelsketten. Die Stimmung ist das Gegenteil von europhorisch. Onlinehändler nehmen dem klassischen Einzelhandel Kunden und Umsätze weg. Mit einer Mischung aus Faszination und Schrecken sehen die Verantwortlichen, wie sich Onlinehändler innerhalb weniger Jahre vom harmlosen Start-up zur ernsthaften Bedrohung entwickelt haben. In meinen Gesprächen in der Pause höre ich immer wieder Sätze wie diese: »Der Onlinehandel ist schuld an der Krise.« Und: »Dagegen sind wir machtlos.« Wirklich?

Die Krise des Einzelhandels ist nicht nur die Schuld der Onlinehändler. Haben Sie einmal versucht, eine Filiale oder ein Geschäft online zu erreichen? Bei Karstadt ist die höchste Stufe der digitalen Innovation ein Kontaktformular, mit der Sie die Filiale erreichen können. Mit Glück reagiert jemand nach ein paar Stunden. Bei Görtz finden Sie die Telefonnummer der Filiale auf der Homepage, bei Deichmann werden Sie gleich ans Callcenter verwiesen. Haben Sie schon erlebt, dass Ihnen ein Verkäufer per Videokonferenz die neue Kollektion zeigt und für Sie die passenden Stücke zurücklegt? Bekommen Sie von Ihrer Filialleiterin regelmäßig per Mail persönliche Vorschläge für einen passenden Anzug? Nein. Technisch gesehen problemlos möglich.

Der Einzelhandel muss dringend aufholen!

In der Einzelhandelsbranche werden im Jahr 2016 neue Konzepte getestet. Eines davon heißt Conversational Commerce: Die Möglichkeit, in Echtzeit mit einem Anbieter zu kommunizieren. Also kein Kontaktformular mehr auf der Website, sondern Kommunikation über Tools wie den Facebook Messenger oder WhatsApp. Das macht Sinn. Haben Sie schon einmal versucht nachzufragen, ob in einer Filiale eine bestimmte Ware verfügbar ist? Es ist häufig so aufwendig und kompliziert, dass man schon nach wenigen Minuten genervt das Telefon zur Seite legt und online bestellt. In einer Studie des ECC Köln in Zusammenarbeit mit dem Anbieter iAdvize heißt es: Künftig werden 31 Prozent der Befragten sehr wahrscheinlich den direkten Chat über WhatsApp nutzen, 22 Prozent über den Facebook Messenger.

Das Portal Zukunft des Einkaufens.de beschreibt weitere Maßnahmen. Zu den Erfolgsfaktoren gehört beispielsweise die Verknüpfung von Online, mobiler Präsenz und dem Geschäft vor Ort. Die Frage ist, ob das genügt.

Reset! Warum existiert der Einzelhandel?

In diesem Buch werden Sie noch die Strategie des Reset! kennenlernen. Die einfache Frage: Warum existiert eine Branche? Warum existiert der Einzelhandel? Der Händler in der Innenstadt ist eines der ältesten Gewerbe der Welt. Entstanden, weil Einzelhändler über Jahre hinweg das Monopol für die Bereitstellung von Waren hatten. Wo sonst sollten Sie Ihre Lebensmittel herbekommen, wenn nicht aus dem Geschäft? Wo sonst – außer Sie waren ein fanatischer Katalogfan – hatten Sie eine so große Auswahl? E-Commerce ist Schritt für Schritt dabei, diese Funktion weiter zu ersetzen. Spätestens mit der Einführung der einstündigen Lieferung von Amazon Prime ist es zeitsparender, etwas zu bestellen und liefern zu lassen, als zu einem Geschäft zu fahren. Holen Sie Ihre Pizza vom Pizzaservice ab oder lassen Sie liefern? Falls Sie liefern lassen, können Sie vorausahnen, welche Auswirkungen der Trend der Express-Lieferungen auf den Einzelhandel hat.

Die Frage für den Einzelhandel für die Zukunft ist eher: Welche Funktionen erfüllt er in Zukunft? Und welchen Mehrwert erhalten Kunden, wenn sie ein Geschäft besuchen?

Edeka hat in Süddeutschland vier Edekadrive-Abholstationen eingerichtet. Kunden bestellen online, wählen eine Abholzeit aus und holen den fertigen Korb ab. Das Unternehmen Emmas Enkel bringt den Tante-Emma-Laden ins digitale Zeitalter. Morgens bestellen, dann wird frisch geliefert. Das Besondere: innovative Produkte und regionale Lieferanten.

Der SK-II Magic Ring, den ich in der Einleitung dieses Kapitels kurz erwähnt habe, ist mehr als nur eine Analyse der Haut. Es ist ein standardisierbares Beratungskonzept, das Einzelhändler dabei unterstützt, sogenannte Frequenzbringer zu generieren. Also: Einen Grund zu schaffen, warum ein Kunde überhaupt das Geschäft betreten soll. Möglicherweise könnte eine solche Analyse auch mit der Kamera eines Smartphones durchgeführt werden, jedoch ist das Kundenerlebnis der unmittelbaren Beratung in diesem Fall wahrscheinlich das bessere.

Das Einzelhandelsgeschäft als Ort der Individualisierung – beispielsweise durch digitale Messsysteme, die zu Hause nicht verfügbar sind. So bietet beispielsweise ein Bettenhaus das System Bodyscan an. Vor Ort werden mit Infrarotlicht die Körpermaße ausgemessen. Sie liefern Informationen über Körpermaße wie Größe, Schulter-, Becken- und Taillenbreite sowie die Form der Wirbelsäule. Es werden weitere Daten wie Gewicht, bevorzugte Schlaflage und Wärmebedürfnis aufgenommen. Das System ermittelt die am besten passende Kombination aus Lattenrost, Matratze, Kissen und Zudecke.

Heute bereits finden Sie Ansätze, dass sich Einzelhändler mehr und mehr in Halbmanufakturen ändern. Vor allem dort, wo der Kunde den Unterschied zwischen Massenprodukt und Individualprodukt wirklich spürt. Ein Skistiefel, der nicht hundertprozentig zu Ihrem Fuß passt, kann Ihnen den gesamten Winterurlaub verderben. Entsprechend finden Sie in Fachgeschäften in Wintersport-Gebieten heute Produkte wie den Fischer Vacuum – einen Skistiefel, bei dem sich die Schale vollständig an die Anatomie des Fußes anpasst. Noch ist dieses Produkt analog: Der Skistiefel wird in einem Ofen bei 80 Grad Celsius erwärmt und anschließend in mehreren Schritten an den Fuß angepasst. Der Verkäufer verlässt seine klassische Rolle: Er ist nicht mehr Produktberater, sondern Prozessexperte. Durch Technologien wie Fuß-Digitiser, die beispielsweise im Bereich der Orthopädie-Technik eingesetzt werden, werden aus analogen Geschäftsmodellen digitale. Wer als Einzelhandelskette die Fußdaten eines Kunden hat, ist in der Lage, halbfertige Produkte vor Ort zu konfigurieren und Kunden hochindividuelle Angebote zu machen.

ORTHEMA

Branche

KONSUMGÜTER — INTERNET

Disruptionsprofil

★★☆☆☆
EFFIZIENZSTEIGERUNG

★★★★☆
VERÄNDERUNG DER MARKTLOGIK

★★★★☆
SCHAFFUNG NEUER MÄRKTE

Disruptionsprinzip

ZIELGRUPPE EINS

Was tut das Unternehmen?

Das Schweizer Unternehmen stellt sogenannte Fußprofil-Messgeräte her. Durch mehr als 500 Messstifte wird ein individuelles Fußprofil erstellt. Aus den Daten wird am Computer ein 3-D-Modell des Fußes erstellt. Das Unternehmen liefert seine Geräte aktuell vor allem an Sanitätshäuser – doch das Potenzial ist deutlich größer.

Was macht das Unternehmen disruptiv?

Aus Füßen werden Daten – und damit der wichtigste Grundbaustein für innovative digitale Geschäftsmodelle. Aus den Fußdaten eines Menschen können individualisierte Einlagen und Schuhe gefertigt, aber auch Therapieempfehlungen zur Vorbeugung von Haltungsschäden gegeben werden.

Auch Geschäftsideen wie die eines intelligenten Spiegels können dafür sorgen, dass aus dem Besuch im Einzelhandel nicht nur ein emotionales Erlebnis wird, sondern dass dieser Besuch echten Mehrwert bringt. Der Kunde stellt sich vor den Spiegel und sieht sich selbst mit der ausgewählten Mode. Ohne Anprobieren. Die Sensoren erfassen zudem das Geschlecht, das Alter und die Konfektionsgröße des Nutzers.

Beim Einkaufen entstehen Informationen – werden sie vom Einzelhandel genutzt?

Überlegen Sie, welche Daten Sie hinterlassen, wenn Sie ein Kleidungsgeschäft betreten: Marken, für die Sie sich interessieren. Kleidungsstücke, die Sie anprobieren, weil Ihnen der Stil gefällt, die aber nicht richtig sitzen. Und natürlich: Kleidungsstücke, die Sie kaufen. Denken Sie an ein Schuhgeschäft. Was ist – aus Sicht digitaler Disruptoren – das wichtigste Kapital zur Kundenbindung? Die Fußdaten, die vor Ort erhoben werden. Sie sind der Schlüssel zu einer langfristigen Kundenbindung.

Doch was passiert in 95 Prozent aller Fälle? Sie bezahlen und verlassen das Geschäft. Mit Ihnen geht Ihre gesamte Kundenhistorie – beziehungsweise das, was gerade eine hätte werden können. Ob Sie das Geschäft jemals wieder betreten, ist Zufall. Selbst der Großteil aller Kundenklubs, die von einigen Ketten betrieben werden, sind in ihrem Kern Massenprodukte. Sie erhalten regelmäßig allgemeine Angebote, aber keine, die nur für Sie relevant sind.

Wie kann ein Einzelhändler das Prinzip Zielgruppe eins für sich nutzen? Indem das Unternehmen beispielsweise die Technologie des Start-ups pop that tag aus Berlin nutzt. Kunden halten ihr Handy an ein T-Shirt. Ein im Kleidungsstück integriertes Smart Tag ruft eine Webseite mit detaillierten Informationen oder eine Seite im Kundenklub auf. Kunden können so beispielsweise persönliche Rabatte abrufen, der Händler erhält Daten für das Kundenprofil. Anschließend – wenn der Kunde zustimmt – erhält er von der Filialleitung persönlich individualisierte Vorschläge für neue Kleidungsstücke. Die Digitalisierung könnte es dem Einzelhandel erlauben, seine größte Stärke auszuspielen: den menschlichen Kontakt. Doch dazu müssten Einzelhandelsketten lernen, digital zu denken. Von ihrer Grundstruktur her sind sie wie Radio und Fernsehen: Kompromissangebote für eine breite Zielgruppe. Für jeden ein bisschen was dabei, aber nur wenig, was wirklich begeistert.

Fazit: Der Einzelhandel muss sich neu erfinden

Der Einzelhandel ist ein sehr gutes Beispiel für das, was ich in diesem Buch beschreibe. Diskutiert wird über digitale Transformation. Doch das ist nicht mehr als die zwingende Notwendigkeit, kurzfristig mit den Onlinehändlern gleichzuziehen. Die wahre Herausforderung ist, den Einzelhandel neu zu erfinden! Und zwar nicht nur in der emotionalen Dimension, sondern vor allem auch im Bereich der Kundenrelevanz. Das emotionale Einkaufserlebnis ist schön, doch wenn jemand nur schnell etwas kaufen möchte, ist es egal. Die schnelle Lieferung innerhalb einer Stunde ist relevanter als Einkaufen in Räumen mit künstlichen Gebirgsbächen und toller Dekoration. Um zu überleben, braucht der Einzelhandel zusätzliche Relevanz-Komponenten!

Die Aufgabe des Einzelhandels wird es im ersten Schritt sein, überhaupt mit der Onlinekonkurrenz halbwegs aufzuholen. eBay und der Handelsverband Deutschland führen 2016 beispielsweise den Wettbewerb »Die digitale Innenstadt« durch. Mitunter geht es darum, Einzelhändler überhaupt erst online auffindbar zu machen. Bei den größeren Händlern und Ketten geht es um Themen wie die Erreichbarkeit über Facebook Messenger oder WhatsApp. Auch der Abhol- oder Zustellservice ist zunächst einmal nicht mehr als nur ein Aufholen.

Im zweiten – und damit dem disruptiven – Schritt muss sich der Einzelhandel neu erfinden. Alleinstellungsmerkmale schaffen, die der Onlinehandel nicht schafft. Neue Angebote wie beispielsweise die Halbfabrikation schaffen, wirklich einzigartige und vor allem relevante Einkaufserlebnisse bieten und Frequenzbringer installieren. Systeme wie der Magic Ring sind dafür ein gutes Beispiel: Einfach umzusetzen und wirkungsvoll.

Hat der Einzelhandel eine Zukunft? Ja, aber nicht in der jetzigen Form. Onlinehandel entwickelt sich in Lichtgeschwindigkeit weiter. Der Einzelhandel muss dies ebenfalls tun. Und zwar jetzt.

Vertrauen Sie Dr. App

Kennen Sie Dr. Ed? Eigentlich ein ganz normaler Arzt. Sie beantworten ein paar Fragen, Ihr Arzt erstellt eine Diagnose und Sie erhalten ein Rezept. Ganz normal. Eigentlich ... Denn Dr. Ed ist eine Onlinepraxis. Sie sehen keinen Arzt, Sie sprechen mit keinem Arzt. Und werden trotzdem behandelt. Wie geht das? Dr. Ed ist ein klassischer Rosinenpicker. Das Unternehmen hat sich genau die Anwendungsfälle herausgesucht, bei denen die Diagnose üblicherweise nur über eine kurze Befragung erfolgt beziehungsweise für die Menschen ungerne zum Arzt gehen.

Wie sehr die Gesundheitsbranche digitalisiert ist, zeigt sich, wenn Sie auf die Suche nach Apps gehen. In ihrer Studie *Digital-Health-Anwendungen* schätzt die Bertelsmann-Stiftung 2016, dass es mittlerweile mehr als 100.000 Apps gibt: Vom Symptom-Checker über das digitale Diabetiker-Tagebuch bis hin zum Hörtest auf dem Smartphone. In der Studie werden sieben Typen von Digital-Health-Anwendungen beschrieben:

- Stärkung der Gesundheitskompetenz, zum Beispiel Gesundheitsportale oder Anbietervergleichsportale
- Analyse und Erkenntnis, zum Beispiel Symptom-Checker und Hörtests
- Indirekte Intervention, zum Beispiel Chroniker-Tagebücher und Medikamenten-Reminder
- Direkte Intervention, zum Beispiel Onlinekurse und Tutorials
- Dokumentation von Gesundheits- und Krankengeschichte
- Organisation und Verwaltung, zum Beispiel Onlinegeschäftsstellen
- Einkauf und Versorgung, zum Beispiel Onlineapotheken

Für die Akteure des klassischen Gesundheitssystems hat das gravierende Folgen: Heute bereits schauen 65 Prozent aller Patienten im Internet nach, bevor sie zum Arzt gehen. Patienten, so berichtet der Hausarzt Dr. Carl-Heinz Müller aus Trier auf einem Fachkongress 2015, sehen sich in einer neuen Rolle. Etwa ein Viertel seiner Patienten seien »Co-Therapeuten«, die eigenes Wissen diskutieren wollen. Künftig wird das noch einen Schritt weiter gehen: Patienten, die mit fundierten Messdaten aus Gesundheits-Apps die Ergebnisse einer ärztlichen Untersuchung anzweifeln. Oder solche, die den Arztbesuch aufgrund von Eigendiagnosen einfach ausfallen lassen.

Im Jahr 2010 stellt eine Studie der Barmer-GEK fest: Die Deutschen gehören zu den Weltmeistern beim Gang zum Arzt. Jeder Krankenversicherte besucht im Schnitt achtzehn Mal mal im Jahr einen Arzt. Die Folge: Für das durchschnittliche Gespräch bleiben dem Arzt acht Minuten. Darunter waren früher Diagnosen wie beispielsweise Schlafstörungen. Im schlimmsten Fall verschrieb Ihnen der Arzt in Ihren acht Minuten einfach Schlaftabletten. Ein ausdauerndes Beratungsgespräch wäre vielleicht besser gewesen, aber die Zeit fehlte.

Heute helfen Anwendungen wie Beddit – ein Schlaflabor für zu Hause: Herzschlag, Atemfrequenz, Bewegungen – all das misst die Anwendung. Nach jeder Nacht erhalten Sie automatisierte Vorschläge, mit denen Sie Ihr Schlafverhalten verändern können. Wozu dann noch zum Arzt gehen?

Kann man Tabletten digitalisieren? Genau das tut das amerikanische Unternehmen Proteus. Das Unternehmen hat sich nichts Geringeres vorgenommen, als eine intelligente Tablette auf den Markt zu bringen. Im April 2016 erhält das Unternehmen ein Investment in Höhe von 50 Millionen Dollar.

Proteus

Branche

FITNESS
GESUNDHEIT

Disruptionsprofil

★★★★☆
EFFIZIENZSTEIGERUNG

★★★★☆
VERÄNDERUNG DER MARKTLOGIK

★★☆☆☆
SCHAFFUNG NEUER MÄRKTE

Disruptionsprinzipien

RADIKALE EFFIZIENZSTEIGERUNG

KOMPETENZSTANDARDISIERUNG

GLASKUGEL 3.0

Was tut das Unternehmen?

Proteus entwickelt kleine Sensoren, die Patienten als Tablette einnehmen. Ein Pflaster nimmt die Daten auf, die der Sensor auf dem Weg durch den Körper sendet und gibt diese an eine digitale Plattform weiter. Das Unternehmen verspricht: Der Erfolg von Therapien liegt künftig in Form belastbarer Messdaten vor.

Was macht das Unternehmen disruptiv?

Im klassischen Ansatz der Pharmaindustrie werden Tabletten verschrieben. Die Kontrolle darüber, ob sie richtig eingenommen werden und wie sie wirken, lag beim Patienten beziehungsweise beim Arzt. Die Technologie von Proteus macht aus dem analogen Produkt der Tablette eine digitale Dienstleistung.

Was bringt diese Form der Kontrolle dem Gesundheitssystem? Die europäische Vereinigung der pharmazeutischen Industrien und Vereinigungen efpia schätzt, dass nur die Hälfte aller Patienten ihre Medikamente richtig einnimmt. Alleine in Europa entstehen jährlich Kosten in Höhe von 125 Milliarden Euro durch Nachlässigkeit bei der Medikamenteneinnahme. Mehr noch: Rund 200.000

Menschen sterben verfrüht, weil sie ihre Medikamente nicht richtig einnehmen.

Kann ein Algorithmus Patienten besser betreuen als ein Arzt?

Die Möglichkeiten der Selbstdiagnose nehmen dem klassischen Arzt einen Teil der Kompetenz weg, die bislang als Monopol der studierten Mediziner galt. Doch wird damit der Arzt überflüssig? Mit Sicherheit nicht. Doch es wird anders werden.

Stefan Richard, ein Mitarbeiter der in der Einleitung vorgestellten Anwendung Preventicus, hatte mit Mitte 40 ein einschneidendes Erlebnis: Beim Fahrradfahren bekam er plötzlich keine Luft mehr. Als der Krankenwagen kam, war die Diagnose klar: Herzinfarkt. Für ihn verwunderlich, der Arzt hatte ihn wenige Wochen zuvor durch ein EKG für gesund erklärt. Dummerweise begannen die Störungen unmittelbar nach dem Arztbesuch. Der Arzt konnte die Anzeichen nicht erkennen, selbst wenn er noch so tief geforscht hätte. Hier sind Algorithmen über die Methode einer Langzeitüberwachung eine sinnvolle Ergänzung zum Arzt. Wenn Sie beispielsweise Sport machen und mithilfe einer Gesundheitsapp Ihren Herzschlag messen, gibt es eigentlich keinen Grund, diese Daten nicht parallel dahin gehend auszuwerten, ob eventuell schon eine Vorstufe einer Herz-Kreislauferkrankung vorliegt, welche die Anbahnung für einen Herzinfarkt sein kann.

Die Gesundheitsbranche wird in den kommenden Jahren – ähnlich wie die Mobilitätsbranche – in eine Vielzahl ärztlicher und arztnaher Dienstleistungen zerklüftet werden:

- Patienten werden einen Teil ihrer Diagnostik künftig selbst vornehmen können. Dies kann die Geschäftsmodelle von Laboren teilweise substituieren. Wer über das Smartphone eine Speichelanalyse und regelmäßige Herzfrequenzuntersuchungen durchführt und seine Blutwerte regelmäßig kontrollieren kann, benötigt weniger professionelle Analysen.
- Krankheiten, die heute ein Arzt behandelt, werden – zumindest im Anfangsstadium oder bei leichten Fällen – durch digitale Dienstleistungen ersetzt werden. Auch hier gilt das Prinzip der Kompetenzstandardisierung: Es sind vor allem standardisierbare Therapieangebote, die einfach in ein Massengeschäft überführt werden können. Als Beispiel dient das digitale Schlaflabor mit automatisierten Empfehlungen.
- In den kommenden Jahren wird die Medizin Lösungen anbieten, die eine Kombination aus ärztlicher Betreuung und digitalen Diensten darstellen: Beispielsweise eine Diabetikerbetreuung, die aus regelmäßigen Arztbesuchen und einer Auswertung des Ernährungsverhaltens durch Algorithmen besteht. Diese Art von Lösungen wird die Qualität heutiger Therapien massiv steigern.
- Weitere Geschäftsfelder entstehen im Bereich der automatisierten Überwachung. Patienten messen bestimmte Werte täglich oder im Abstand von mehreren Tagen, ein System gibt nur bei Abweichungen von der Norm einen Alarm.

Nebenbei wird die Digitalisierung von Arztpraxen weiter vorangehen: Arbeitsabläufe, die heute teilweise ähnlich ineffizient sind wie die von mir im Bereich des Handwerks beschriebenen, werden radikal effizienter.

Standpunkt

»Das Gesundheitswesen ist, was das Thema Digitalisierung angeht, noch sehr anachronistisch aufgestellt. Viele Möglichkeiten moderner Technologie werden noch nicht genutzt und das zum Schaden der Patienten, aber auch zum Nachteil aller Beteiligten im Gesundheitswesen. Das muss sich dringend ändern und dabei insbesondere die Vernetzung vorangetrieben werden. Die Dynamik, mit der sich der Markt für private Gesundheitsdienstleistungen entwickelt, zeigt, wie groß die Nachfrage nach innovativen Lösungen ist. Sie dürfen aber nicht denen vorbehalten bleiben, die sie sich aus privater Tasche leisten können.« [Frank Gotthardt, Vorsitzender des Vorstands der CompuGroup Medical AG]

Der Roboter als Therapeut und Pfleger

Therapeutische Roboter werden künftig Alltag in der Medizin werden. Seit 2014 werden Schlaganfallpatienten am Klinikum Karlsbad mit computergestützten Lauf- und Armtrainern therapiert. Die Therapierobbe Paro gehört zur Gruppe der sogenannten Healing Pets: ein kleines Kuscheltier in Form einer Babyrobbe, das sich verhält wie ein echtes Tier. Und das österreichische Unternehmen intelligent motion hat einen Therapieroboter entwickelt, der eine automatisierte Pferdetherapie anbietet.

Noch in der Grundlagenentwicklung sind mobile Pflegeroboter, die sich gemeinsam mit dem Menschen bewegen – wenn diese beispielsweise in der Reha Bewegungsabläufe neu trainieren. Ein Prototyp wurde vom Fraunhofer Institut für Produktionstechnik und Automatisierung IPA entwickelt.

Auch in der Pflege sind Innovationen ein zunehmend wichtiges Thema – schon macht das Schlagwort der »Pflege-Robotik« die Runde. So kann der Prototyp eines Roboters Heimbewohnern nicht nur Wasser ausschenken, sondern per Gesichtserkennung auch für jeden Einzelnen die getrunkene Menge registrieren. Die Geruchssensoren eines anderen Systems melden Inkontinenzereignisse an die Stationsleitung. Und ein japanischer Roboter kann bereits Patienten aus dem Bett heben und zur Toilette bringen. Können Roboter helfen, den Pflegenotstand zu entschärfen? Wie wäre das unter ethischen Kriterien zu beurteilen? Auch darüber wird auf dem Hauptstadtkongress und dem unter seinem Dach stattfindenden Deutschen Pflegekongress diskutiert.

Die Grenzen zwischen Fitness und Gesundheit verschwimmen

»Für Gesundheit ist meine Krankenkasse zuständig, dafür bezahle ich sie ja schließlich!« Mit Sicherheit kennen Sie jemanden, der noch so denkt. In breiten Teilen der Bevölkerung galt lange das Prinzip der Rundum-Versorgung. Wenn die Krankenkasse den Rückenkurs nicht zahlt, dann wird der Rücken eben krank. Die Kosten für das Anti-Raucher-Training werden nicht erstattet? Dann rauche ich weiter! Selbst Schuld, diese blöde Kasse!

Doch das ändert sich. Die Selbstzahler-Medizin erlebt einen Boom. Ärzte nehmen jährlich mehr als eine Milliarde Euro mit »Igel«, den individuellen Gesundheitsleistungen, ein. Dazu zählen Leistungen wie Akupunktur zur Vorbeugung von Migräne oder Lichttherapie bei depressiven Störungen. Beides könnte man sich auch als Leistung in einem Wellness-Hotel vorstellen. Der Trend, dass sich Gesundheit und Fitness vermischen, wird durch die Digitalisierung verstärkt.

Apple Health lässt sich als Fitness-Tracker nutzen, als Instrument zur Selbstdiagnose oder als medizinisches Gerät. In Krankenhäusern wie dem Ochsner Medical Center in New Orleans und dem Standford University Hospital werden Daten aus dem iPhone von Patienten über die Apple HealthKit-Plattform mit den Krankenakten verbunden. Der Arzt nutzt die gleichen Daten wie der Fitnesscoach. Was ist Fitness? Was ist Prävention? Was ist Wellness? Die Grenzen verschwimmen.

Essen aus dem 3-D-Drucker

Im rustikalen Alpenhof im bayerischen Murnau geschehen merkwürdige Dinge. Der Konferenzraum wird drei Wochen lang rund um die Uhr belegt. Ungewöhnliche Menschen gehen dort ein und aus. Ben aus den USA, der auf seinem iPad sämtliche Smart-Home-Systeme installiert hat, die in den USA verfügbar sind. Er zeigt stolz, was bei ihm zu Hause gerade passiert: Ob die Kühlschranktür geöffnet oder die Fußbodenheizung zu kalt ist. Kurz bevor er die Videoüberwachung einschaltet, ruft er seine Frau an und fragt, ob es in Ordnung ist. Neben ihm sitzt Kaya, der in einem der vielen neu gebauten Hochhäuser in einer chinesischen Industriestadt wohnt. Bei ihm zu Hause ist kaum Platz. Eine Waschmaschine steht permanent im Weg. Ihn bewegt die Frage: Wie kann die Digitalisierung helfen, die Waschmaschine aus der Wohnung zu bekommen? Und dann ist da noch Kai. Wenn er nicht gerade über virtuelle Realität spricht, denkt er darüber nach, wie man Essen drucken kann.

Keiner der Anwesenden ist zum Spaß im Alpenhof Murnau. Ich leite dort im Auftrag des Hausgeräteherstellers BSH ein dreiwöchiges Innovation Bootcamp. Das Unternehmen denkt intensiv darüber nach, wie die Digitalisierung das Unternehmen verändert. Die noch sparsamere Waschmaschine, den noch leiseren und energieeffizienteren Staubsauger und den fortschrittlichen Geschirrspüler kann das Unternehmen heute bereits problemlos entwickeln. Hier sind Hunderte von Ingenieuren täglich am Arbeiten. Doch wie beeinflusst ein Trend wie 3-D-Druck Hausgeräte von morgen? Was passiert, wenn Unternehmen wie Samsung oder LG ihre Smartphones wie selbstverständlich mit ihren Hausgeräten vernetzen? Kann das die gesamte Logik des Geschäftsmodells umkrempeln?

Als Dr. Karsten Ottenberg 2013 Vorsitzender der Geschäftsführung der BSH wird, fordert er die gesamte Bandbreite von Innovationen ein. Nicht nur technologische Innovationen, sondern vor allem auch digitale Serviceinnovationen.

Es geht um mehr als nur die App für den Herd

»Na ja, dann kann ich eben meinen Herd vom Smartphone aus bedienen« – das mögen Sie an dieser Stelle vielleicht denken. Doch es geht um viel mehr. Nachdem wir zwei Wochen lang unter anderem über Anwendungen für 3-D-Druck nachgedacht haben, platzt es plötzlich aus Kai heraus. Er erscheint morgens im Konferenzraum, der mittlerweile mit Konzepten, Bildern und Inspirationen zugeklebt ist: »Wir müssen Foodprinting machen!« Ben und Kaya schauten ihn verwundert an: »Wir haben das mindestens dreißig Mal durchgesprochen. Niemand will sich ein Steak drucken lassen. Lass uns uns wieder den anderen Themen zuwenden.« Kai antwortet: »Es geht um Dekoration. Stell dir ein Gerät vor, das Nahrungsmittel dekoriert. Dieses Gerät macht nur dann Sinn, wenn man sich auf einem Marktplatz im Internet Designs bestellen kann oder dort seine eigenen Designs einstellen kann.«

Ein kurzer Moment der Stille, dann Applaus. Kai hat es geschafft, ein Produkt wirklich digital zu denken. Seine Idee ist nichts Geringeres als eine Revolution des bisherigen Geschäftsmodells. Anstatt nur Geräte zu produzieren und zu verkaufen, eröffnet sein Denkansatz dem Unternehmen neue Perspektiven. Beispielsweise als Betreiber oder Partner eines Internetmarktplatzes für Dekorationen.

Hersteller der sogenannten Weißen Ware denken ihre Produkte längst digital. Miele denkt darüber nach, wie das Waschergebnis mithilfe der Digitalisierung deutlich verbessert werden kann. Seit 2014 gibt es Geräte mit speziell abgestimmten Kartuschen. Die Maschine meldet sich bei ihrem Benutzer, wenn das Mittel zur Neige geht. Doch das ist der Anfang.

Standpunkt

»Wir sind derzeit sehr geübt in der Entwicklung von intelligenten Geräten in allen möglichen Ausprägungen. Aber Digitalisierung ermöglicht ja noch viel mehr: die Kommunikation von Maschine zu Maschine und von Maschine zu Mensch. Schon bald kann die Waschmaschine mit dem Menschen über bestimmte Verschmutzungen an Kleidung kommunizieren. Ein bestimmter Fleck am Hemd, Hilfe bei der Vorbehandlung und bei der Einstellung der Waschmaschine.« [Dr. Eduard Sailer, Geschäftsführer Technik bei Miele bis Ende 2016]

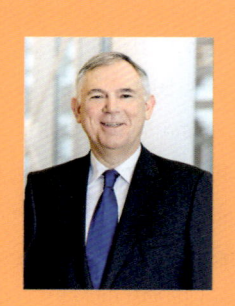

Auch im kommerziellen Bereich verändert sich die Branche. Für Hobart, einen der führenden Hersteller gewerblicher Spülmaschinen, hat mein Unternehmen mehrfach Ideen für digitale Features entwickelt und erforscht, welche Anwendungsfälle für Kunden den größten Mehrwert bieten würden. Ein Geschirrspüler, der mit dem Internet verbunden ist, macht im ersten Moment keinen Sinn. Wenn Sie die Kernzielgruppe von Hobart (Gastronomen und Hotelbetreiber) fragen, welche Anwendungsfälle sie sich für einen Onlinegeschirrspüler vorstellen können, lautet die Antwort in 90 Prozent aller Fälle: »Hast Du zu viel getrunken?« Fragen Sie die Zahlungsbereitschaft für solche Anwendungen ab, lautet die Antwort klar: »Nicht vorhanden!«

Das ist das Problem der klassischen Marktforschung, das ich im Buch *Radikale Innovation* bereits beschrieben habe: Sie kann nur Einstellungen gegenüber Produkten und Dienstleistungen messen, die heute bereits auf dem Markt sind. Einstellungen gegenüber digitalen Diensten, die sich die Anbieter heute selbst kaum vorstellen können, sind mit klassischen Methoden unmöglich zu messen. Die Methode, mit der wir in unserem Geschäftsfeld Zukunftsmarktforschung arbeiten, stammt aus der Kriminalistik: gefälschte Beweise. Sie gehört dort – zu Recht – zu den verbotenen Vernehmungsmethoden. In der Zukunftsmarktforschung ist sie eine der wenigen, die effektiv funktionieren. Sie fragen nicht, ob jemand ein bestimmtes Produkt möchte, sondern tun so, als würde es das Produkt bereits geben. Sie stellen fertige Broschüren her und sprechen mit Ihrem Gegenüber über seine grundsätzliche Einstellung zu einem solchen Angebot. Sie fragen beispielsweise, oder er oder sie ein solches Produkt aus anderen Bereichen kennt. Und Sie analysieren, inwieweit eine potenzielle Offenheit besteht.

Unsere Empfehlung an Hobart war damals ein sehr vorsichtiges grünes Licht. Das Unternehmen hat es gewagt. In einer seiner Spülmaschinenserien wurde ein Onlinedienst eingebaut, Kunden erhielten regelmäßige Berichte über die Wirtschaftlichkeit. Zu Beginn war dies für die Kunden kostenlos, für eine Fortsetzung des Dienstes sollten sie bezahlen. Die Erfahrung stellt das bisherige Denken über Marktforschung auf den Kopf: Zu Beginn sagten 90 Prozent aller Kunden, dass sie daran kein Interesse hätten. Nachdem sie es über einen längeren Zeitraum hinweg kostenlos probiert hatten, schlossen über 90 Prozent der Kunden einen Vertrag mit Hobart ab und zahlen heute dafür.

Unternehmen bekommen eine neue Funktion

Damit ändert sich auch die Rolle des Unternehmens: Weg vom reinen Spülmaschinenhersteller, hin zu einem Berater für wirtschaftliches Spülen. Dieser Wandel klingt unspektakulär, aber er ist bedeutsam: Digital zu denken heißt, den Kunden nach dem Verkauf nicht zu vergessen, sondern ihn während des gesamten Produktlebenszyklus zu unterstützen. Welcher Gastronom macht sich gerne Gedanken über das Geschirrspülen? Das Geld wird dort nicht verdient. Es ist eine lästige Pflicht. Am liebsten hätten Gastronomen selbstreinigendes Geschirr, das sie nur abdecken und sofort wiederverwenden könnten. Genau hier liegt die Chance der

Digitalisierung: Kunden dabei zu unterstützen, diese Prozesse so effizient und angenehm wie möglich zu gestalten. Und sie auf Basis fundierter Daten dabei zu unterstützen, hocheffizient zu arbeiten. Kunden sind nicht nur einzelne Gastronomen, es sind Großhotels in Antalya, die täglich mehrere Tausend Teller, Tassen und Gläser spülen oder Gastronomieketten, die die Wirtschaftlichkeit aller ihrer Standorte per Knopfdruck sehen möchten. Das digitale Servicedenken wird Unternehmen wie BSH, Miele und Hobart in den nächsten Jahren nachhaltig verändern.

Ist Ihre Zahnbürste etwa nicht online?

Erinnern Sie sich an Ottos Gag von 1974? Susi Sorglos war gerade dabei, ihre Haare zu föhnen, als plötzlich ihr Föhn mit ihr sprach. Mehr als dreißig Jahre später wird Ottos Vision Realität: Das Internet der Dinge sorgt dafür, dass Zahnbürsten und Kochtöpfe beginnen, mit uns zu kommunizieren. Oral B hat die Smart Series auf den Markt gebracht, die erste Zahnbürste mit Bluetooth-Anbindung und App. Der Schnellkochtopf von Fissler kommt mit digitalem Helfer. Die Canon-Tochter IRIS macht den Kugelschreiber internetfähig. Und dank des GARDENA Smart System wird Ihr Garten automatisch gemäht und gegossen.

Skeptiker fragen sich: Braucht man das alles wirklich? Zumal Beispiele wie der Tannenbaum im Internet, den Bastler auf Websites promoten, eher skurril als nützlich anmuten. Auch ist fraglich, ob man die Kernfunktion eines vernetzten »Breathalyzers« wirklich benötigt: Den eigenen Alkoholpegel bei Twitter zu veröffentlichen. Und die hoffnungsvoll gestartete Babywindel mit

GARDENA
smart system

Was tut das Unternehmen?

GARDENA digitalisiert den Gärtner: Sensoren überwachen Bodenfeuchte, Temperatur und Lichtintensität im Rosenbeet, das Water Control System sorgt für eine vollautomatische Bewässerung und der Mähroboter kommt, sobald das Gras zu hoch gewachsen ist. Gartenbesitzer kontrollieren alles nur noch per App.

Was macht das Unternehmen disruptiv?

Das Internet der Dinge im Einfamilienhaus – das smart system zeigt die Richtung, in die sich die Geschäftsmodelle entwickeln: Statt nur Geräte zu verkaufen, wird ein Service um verschiedene Anwendungen herum entwickelt. Früher verkaufte das Unternehmen Gartenschläuche, in Zukunft die Garantie für richtig gegossene Pflanzen.

Branche
KONSUMGÜTER
GARTENBAU

Disruptionsprofil
★★★★☆ EFFIZIENZSTEIGERUNG
★★★☆☆ VERÄNDERUNG DER MARKTLOGIK
★★★★☆ SCHAFFUNG NEUER MÄRKTE

Disruptionsprinzip
RADIKALE EFFIZIENZSTEIGERUNG

---

eingebautem Sensor (Wireless Diaper) der Firma 24eight liegt mittlerweile auf dem Friedhof gescheiterter Unternehmen.

Ich lerne Kathleen B. Fish, Entwicklungschefin bei Procter & Gamble, im April 2016 kennen. Für sie gibt es eine einfach Definition von »smart products«: Produkte sind smarte Produkte, wenn sie das Verhalten von Menschen ändern. Anders gesagt: Wenn Sie sich in zwei Jahren nicht mehr vorstellen können, dass Ihre Zahnbürste jemals offline war. Doch wie entwickelt man smarte Produkte? Wie erkennt man, ob sie wirklich Nutzen stiften? Und wie sollen

Top-Manager entscheiden, ob sich ein Strategiewechsel hin zu smarten Produkten lohnt?

Welche Probleme löst das aktuelle Produkt NICHT?
Bevor Sie als Fahrradhersteller, Kosmetikproduzent oder Ziegelhersteller in smarte Produkte investieren, sollten Sie sorgfältig analysieren, ob Ihr Produkt überhaupt das Potenzial zum smarten Produkt hat. Die wichtigste Frage, die Sie sich dabei stellen sollten, lautet: Löst mein aktuelles Produkt wirklich das gesamte Problem meiner Kunden? Begeben Sie sich auf eine Meta-Ebene: Warum setzt Ihr Kunde das Produkt überhaupt ein? Im Bereich von Kosmetikprodukten kann man es kaum besser auf den Punkt bringen als es Charles Revson, Gründer des Kosmetikkonzerns Revlon, tat: »In der Fabrik produzieren wir Kosmetik. Im Laden verkaufen wir Hoffnung in Flaschen.« Digital disruptive Geschäftsmodelle erlauben es, dass sich die Hoffnung künftig in Form von Zahlen, Daten und Fakten belegen lässt. Im Abschnitt über die Zukunft des Einzelhandels haben Sie den SK-II Magic Ring bereits kennengelernt: Eine Hautanalyse, die Ihnen aufzeigt, mit welchen Cremes und Behandlungsstoffen Sie Ihre Hautalterung reduzieren. Zusammen mit einem Beratungskonzept, das Sie begleitet und mit dessen Hilfe Sie erfahren, ob aus der Hoffnung Wirklichkeit geworden ist.

Auch im Falle einer Zahnbürste liegt der Vorteil eines intelligenten Produkts nahe. Sie putzen sich täglich die Zähne, um Ihre Zahngesundheit zu erhalten. In der Vergangenheit hatten Sie dazu die manuelle und die elektrische Zahnbürste zur Auswahl. Doch jetzt kommt ein entscheidender Punkt: Ob Sie mit diesen Produkten den gewünschten Erfolg erzielten, war weitgehend Ihr Problem.

Standpunkt »Die Herausforderung für traditionelle Geschäfte ist, den Zug nicht zu verpassen. Was scheinbar wie eine Utopie von noch nicht ganz erwachsenen Geschäftsgründern aussah, entwickelt heute plötzlich unheimliche Kraft am Markt und stellt Bisheriges radikal in Frage. Neue Player werden unser bestehendes Geschäft von Grund auf verändern. Sie werden oft unterschätzt, weil sie als Mitbewerber bisher unbekannt waren und deshalb nicht unter Beobachtung standen. In der Kosmetik werden sich Gesundheit, Schönheit und Wohlfühlen vermischen. Individualisierte, dezentral hergestellt Produkte mit deutlich größerer Wirkung werden Konsumenten außerhalb der klassischen Retailkanäle mit umfassender Beratung angeboten werden.« [Luigi Pedrocchi, CEO Mibelle Group]

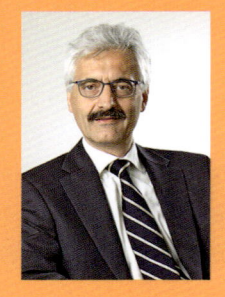

Haben Sie Kinder? Dann kennen Sie das allabendliche Ritual: »Hast du dir die Zähne geputzt?« – »Ja, selbstverständlich.« – »Gründlich?« – »Ja, natürlich ...« Als tatortgeschulter Halbkriminalist beginnen Sie mit Verhörtechniken. Beispielsweise bilden Sie Thesen, die Sie abklopfen: »Ich habe genau gesehen, dass die Zahnbürste unten links länger war und oben rechts nicht.« Ihr Kind wehrt sich: »Stimmt gar nicht!« Sie gehen auf die Suche nach Zahnbelag-Resten, vielleicht investieren Sie in rote Kautabletten aus der Apotheke, aber im Wesentlichen sind Sie machtlos. Sie müssen sich darauf verlassen. Schauen Sie bei sich selbst: Wer sagt Ihnen, dass Sie richtig die Zähne putzen? Die Überraschung kommt meistens ein Jahr später beim Zahnarzt. »Haben Sie zu stark aufgedrückt beim Putzen?« Verwundertes Gesicht des Patienten: »Warum?« »Ihre Zahnhälse machen mir Sorgen.«

Bei Smart Products gehört »Sell and forget« der Vergangenheit an

Dieses kleine Gedankenexperiment verrät Ihnen viel über die Schwächen herkömmlicher Produkte. Das Produkt verspricht Ihnen viel, doch ob Sie damit den gewünschten Erfolg erzielen, ist Ihr Problem. Das alte Geschäftsmodell der Hersteller hieß »Sell and forget«. Das wird durch smarte Produkte drastisch verändert. Die Philosophie von Google hält Einzug in die normale Zahnbürste. Warum gibt es bei Google die Funktion, dass Sie trotz Tippfehler das Richtige finden? Weil Googles Philosophie lautet: Wenn es der Kunde nicht weiß, ist es unser Problem. Dieses Umdenken setzt jetzt bei Herstellern ein. Wenn der Kunde die Zahnbürste nicht richtig benutzt, war es bislang das Problem des Kunden. Jetzt ist es das Problem des Herstellers. Hersteller werden mehr und mehr zu Lösungsanbietern, bei denen smarte Produkte ein Teil sind. Die Kernkompetenz ist die Auswertung der Lösungsqualität – also die digitale Beratung des Kunden darüber, ob er oder sie zur richtigen Lösung kommt.

Bei näherer Betrachtung fallen viele Anwendungen ein, die nahe liegen:
- Sitze ich auf meinem Stuhl wirklich so gerade, wie es mir der Arzt empfohlen hat?
- Laufe ich im Alltag aufrecht und rolle den Fuß richtig ab? Oder gehe ich schief?
- Habe ich heute genug getrunken?

Die Onlinezahnbürste unterstützt Eltern bei der Erziehung ihrer Kinder (und von sich selbst) zur besseren Zahngesundheit. Nicht ich als schimpfender Vater kontrolliere die Kinder, sondern sie werden von einer App miterzogen. Mit dieser App gehen sie zum Zahnarzt. Der Zahnarzt – zumindest in den Augen meiner Kinder noch eine echte Autoritätsperson – kontrolliert, ob die Kinder in den letzten sechs Monaten richtig geputzt haben. Man könnte es noch weiterdenken: Olaf, der süße Schneemann aus dem Disneyfilm »Frozen« könnte die Erziehung unterstützen. Putzen meine Kinder nicht lange genug oder falsch, meldet sich der strenge Olaf: »Deine Zähne sind noch nicht so weiß wie der Schnee, den ich so liebe …« Es klingt wie eine Spielerei, doch Emotionalisierung gehört zu den wichtigsten Trends der Digitalisierung. In den kommenden Jahren werden wir erleben, dass scheinbar normale Produkte mit uns interagieren und wir es lieben werden.

Dies sind die einfachen Anwendungen. Man kann smarte Produkte jedoch noch weiter denken: Womit kommt die Zahnbürste in Berührung? Mit Ihrem Speichel.

Produkte als Sensor für Gesundheitsdaten

Sony hat bereits 2014 ein Patent auf einen Speichel-Sensor angemeldet. Und an der University of California in San Diego wurde 2015 ein neuartiger Mundschutz vorgestellt, der automatisch Gesundheitsdaten ermittelt und per Bluetooth an das Smartphone weiterleitet. Möglicherweise erhält auch Ihre Zahnbüste in den kommenden Jahren Zusatzfunktionen: Nicht nur die Daten Ihres Zahnputzverhaltens, sondern auch die Ihrer Speichelzusammensetzung werden digitalen Gesundheitsdiensten zugänglich gemacht. Was lässt sich in Ihrem Speichel messen? Unter anderem Ihre DNA. Das Unternehmen one.gen analysiert die DNA eines Menschen mithilfe einer Speichelprobe und stellt anschließend für Sie Ihre personalisierte Kosmetik zusammen. Noch dauert diese Analyse mehrere Tage, denkt man aber die aktuelle technologische Entwicklung nur um wenige Jahre weiter, ist die Personalisierung der Kosmetik durch Daten aus der Zahnbürste keine Science-Fiction mehr.

Noch einmal zurück zur Babywindel. Macht eine Onlinewindel wirklich Sinn? Oder ist die Firma 24eight zu Recht den Tod skurriler, aber nutzloser Unternehmen gestorben? So verrückt es klingen mag: Die Geschichte der vernetzten Internet-Windel ist noch nicht zu Ende geschrieben. In Japan wird weiter daran geforscht. Und Entwickler in Singapur arbeiten bereits an einem neuen Anwendungsfall: Altenpflege. Um zu verhindern, dass ältere Menschen wund liegen, benachrichtigt die Windel das Pflegepersonal per SMS. Möglicherweise wird auch das in Zukunft Realität werden. Und mit den neuesten Entwicklungen in der Sensortechnik kann – etwas weitergedacht – ein einfaches Produkt wie eine Windel oder ein orthopädischer Verband zu einem zentralen Sensor für Gesundheitsdaten werden. Und damit das gesamte Geschäftsmodell traditioneller Hersteller komplett auf den Kopf stellen.

Standpunkt

»Es wird auch in fünfzig Jahren noch klassische Textilprodukte geben. Daneben aber wird sich in den kommenden Jahren ein Markt für sogenannte Smart Textiles entwickeln: Textilien mit digitalen Zusatzfunktionen. In unserem Kerngeschäft – der Produktion medizinischer Textilien – können dabei ganz neue Produkte entstehen: Ein Verband mit Sensorik, die selbstständig signalisiert, dass der Verband gewechselt werden soll. Oder Textilien, die Körperfunktionen überwachen.« [Dr. Philipp Stradtmann, CEO Karl Otto Braun GmbH]

Auch diese Technologie ist marktreif. Im Herbst 2016 testet das Start-up CLIM8 ihr Konzept eines »Intelligent Thermal Clothing« erstmals international. Sensoren überwachen die Körpertemperatur eines Sportlers. Heizpolster wärmen, wenn es notwendig wird. Gesteuert wird das T-Shirt über eine App.

Werden normale Produkte zu Ladenhütern?

Wenn es bessere digital gedachte Alternativen gibt, werden »normale« – also analoge – Produkte möglicherweise zu Ladenhütern. Sie werden digitale Dinosaurier. Egal ob Sie in einem Unternehmen arbeiten, das Kämme herstellt, Schuhe oder Koffer – Sie werden nicht darum herumkommen, systematisch nach Anwendungsfällen zu suchen, in denen Ihre Produkte nur einen Teil des Kundennutzens erfüllen. Ihr Unternehmen beziehungsweise das Unternehmen, für das Sie arbeiten, wird den Kundennutzen radikal in den Mittelpunkt stellen müssen. Oder es wird von der Digitalisierung überholt werden. Die Chance allerdings: Wenn Sie Kunden in Ihrem digitalen Ökosystem haben, werden diese Sie so schnell nicht mehr verlassen. Wenn ich die Daten meiner Kinder im digitalen Oral-B-Universum habe, werde ich als Kunde keine andere Zahnbürste mehr kaufen. Denn dann gehen all die positiven Effekte verloren, die ich hatte: Der Zahnarzt kann nicht mehr kontrollieren, Olaf ist nicht mehr mein Erziehungshelfer. Spätestens, wenn die Nutzung der App mir den Vorteil bringt, dass meine Kinder einen Zahnbonus erhalten – beispielsweise bei der Versicherung – werden Sie darauf nicht mehr verzichten wollen.

Kann man Gurken digitalisieren?

Vom Berliner Reichstagsgebäude bis Ruhlsdorf/Großkreuz in Brandenburg sind es knapp 67 Kilometer. Nahe der Autobahnausfahrt Lehnin an der A2 wird die Zukunft der Landwirtschaft entwickelt. Die rund zweihundert Milchkühe in den Ställen werden von Maschinen versorgt. Ist das Euter voll, begibt sich eine Kuh selbstständig zum Melkroboter. Die Maschine erkennt die Kühe, denn sie tragen alle Informationen zum Tier auf einer Art Chipkarte bei sich. Unmittelbar nach dem Melken wird die Milch jeder Kuh genau analysiert. Ist die Milch zu wässrig? Befindet sich Blut in der Milch? Ist das Euter der Kuh möglicherweise entzündet? Dies würde sich durch eine Veränderung der elektrischen Leitfähigkeit der Milch zeigen.

Wie das genau funktioniert, ist in der ARD-Reportage »Die Zukunft der Arbeit« von Ralf Hoogestraat zu sehen. Der voll digitalisierte und automatisierte Kuhstall. Der Mensch ist im Stall-Alltag zwar noch nicht ganz überflüssig, aber primär Zuschauer und Kontrolleur. Der Cowboy wird zum Cowmanager. Das hat Folgen: Von aktuell 75.000 Arbeitsplätzen in der Landwirtschaft werden nach Schätzungen zwei Drittel in den kommenden Jahren überflüssig werden.

Landwirtschaft und IT wachsen zusammen

Die Digitalisierung wird die Landwirtschaft auch in den Bereichen verändern, in denen es heute die wenigsten für möglich halten. Beispielsweise werden Hersteller von Bodensubstraten in den kommenden Jahren ungeahnte Konkurrenz erhalten. Substrate werden heute vor allem in Gewächshäusern eingesetzt. Rosen am Nordpol züchten? Sonnengereifte Paprika in Holland großziehen? Wer solche Pläne hat, benötigt heute den richtigen Mutterboden: Substrate liefern genau die Nährstoffmischung, um optimale Zuchtergebnisse zu garantieren. Bislang waren die Konkurrenten eher in Nischen zu finden: Beispielsweise Bio-Cherrytomaten, die auf Steinwolle gezüchtet werden. Für den Massenmarkt kamen Züchter an Substratherstellern nicht vorbei. Doch jetzt könnten ihre Produkte durch Bits und Bytes ergänzt oder teilweise ersetzt werden. Ein Algorithmus als Konkurrenz zur Blumenerde? Wie ist das möglich?

Das eigentliche Produkt, das die Hersteller verkaufen, ist nicht das Pflanzensubstrat. Das eigentliche Produkt ist Sicherheit. Die Sicherheit, dass Gurke Nr. 98.743 genauso aussieht wie Gurke Nr. 2. Die Sicherheit, dass von 50.000 eingepflanzten Tulpen möglichst 50.000 in einer gleichbleibenden Qualität später am Markt ankommen. Nichts wäre für einen Gewächshausbetreiber schlimmer, als Pflanzen auf einem Nährboden wachsen zu haben, der unterschiedliche Bedingungen bietet. Landwirtschaftliche Produkte sind heute hochstandardisiert, ein Abweichen der Norm würde bedeuten: Die Waren sind unverkäuflich. Für einen Gewächshausbetreiber kann dies – verursacht durch den hohen Preis und Konkurrenzdruck in der Branche – das finanzielle Aus bedeuten.

Sensoren und Bodenradar erobern das Gewächshaus

Was aber passiert mit Bodensubstraten, wenn Sensoren im Erdreich kombiniert mit Bodenradar die Wachstumsbedingungen einer Pflanze rund um die Uhr überwachen? Wenn spezielle Nährlösungen – überwacht durch IT-Systeme – Substrate ersetzen und wenn im wahrsten Sinne des Wortes jede Gurke online ist? Wenn

Algorithmen die Raumtemperatur und das Licht automatisch regeln? Und wenn ein Roboter überall dort fehlende Nährlösung aufträgt, wo sie aktuell fehlt? Ist dann noch Platz für Bodensubstrate? Immerhin: Als Wissenschaftler der Hochschule Niederrhein Anfang 2015 das Projekt »High Tech Greenhouse 2020« vorstellen, spielen Substrate dabei noch eine große Rolle. Aber weiß man es? Ist die Ära der Pflanzensubstrate vorbei? Oder hat sie gerade erst begonnen? Klar ist: Die Digitalisierung verändert selbst Unternehmen, bei denen das Top-Management bislang der Ansicht war, es würde sie niemals betreffen.

Drohnen über den Äckern, der Landwirt als Touristenattraktion

Auf Gut Derenburg in Sachsen-Anhalt werden Raps, Gerste und Weizen angebaut. Klaus Münchhoff ist einer der Vorreiter der digitalen Landwirtschaft. Mit Drohnen hat er Luftbilder von den vierzig Ackerflächen seines Betriebs machen lassen. Selbst die elektrische Leitfähigkeit des Bodens wurde durchgemessen. Die *FAZ* nennt Gut Derenburg anerkennend den Bauernhof 4.0.

Dass der Traktor von selbst fährt und dabei über GPS-Signale gesteuert wird, ist in der Landwirtschaft möglicherweise bald so selbstverständlich wie die Benutzung einer Kaffeemaschine im Haushalt. So selbstverständlich, dass der Schweizer *Tagesspiegel* spekuliert, dass die Landwirtschaft im klassischen Sinne in der Schweiz in einigen

Jahren möglicherweise nur noch in Form von Touristenattraktionen existiert: »Der Bauernhof wäre dann nur noch Schein, die Kühe im Stall Requisiten ohne produktive Funktion.«

Möglich machen es Unternehmen wie die Firma Agrobot aus den USA, die heute bereits zu den Vorreitern sogenannter Landwirtschaftsroboter zählt.

Gurken, Raps und Schweine werden in absehbarer Zeit nicht digitalisiert werden. Wohl aber die Art, wie landwirtschaftliche Produkte erzeugt werden. Weltweit wächst zwar die Zahl der Menschen, aber nicht die Zahl der zur Verfügung stehenden Ackerflächen. Die größte Herausforderung für die kommenden Jahrzehnte wird es sein, durch die Digitalisierung den Ertrag pro Quadratmeter Fläche drastisch zu steigern. Es gibt eine Kehrseite: Der klassische Landarbeiter wird weniger gebraucht. Der Spargelpanther der Firma ai-solutions erntet parallel auf drei Dämmen gleichzeitig den sichtbaren Spargel. Kamerasysteme erkennen den Spargel vollautomatisch, die Maschine sticht, zieht und legt die Ernte in den Sammelbehälter.

Dafür entstehen an anderer Stelle neue Arbeitsplätze: Unternehmen, die die Digitalisierung der Landwirtschaft aktiv vorantreiben. So sucht das Unternehmen Farm Facts, eine Tochter der BayWa, Mitarbeiter mit Profilen wie »Konzeptionist – Geschäftsanalyst«. Die Aufgaben sind unter anderem: »Erstellung und Modellierung von Geschäftsprozessen im landwirtschaftlichen Bereich«. Falls Sie ein Studium im Agrarbereich abgeschlossen und nebenbei Erfahrung in der Konzeption von Software haben, sollten Sie sich bewerben.

Branche

LANDWIRTSCHAFT

Disruptionsprofil

★★★★★
EFFIZIENZSTEIGERUNG

★★★★☆
VERÄNDERUNG DER MARKTLOGIK

★☆☆☆☆
SCHAFFUNG NEUER MÄRKTE

Disruptionsprinzip

RADIKALE EFFIZIENZSTEIGERUNG

Agrobot

Was tut das Unternehmen?

Agrobot hat sich auf die Herstellung von Ernterobotern spezialisiert. Das Modell SW 6010 sorgt dafür, dass für die Erdbeerernte in einem Gewächshaus genau noch eine Person benötigt wird. Der Roboter pflückt die Erdbeeren und sortiert sie so, dass sie direkt in kleinen Verpackungen verkauft werden können.

Was macht das Unternehmen disruptiv?

Das Unternehmen ist wegweisend für die Entwicklung von Technologien in der Landwirtschaft. Agrobot hat nicht nur den Roboter entwickelt, sondern stellt zugleich auf Ernteautomatisierung ausgelegte Pflanzsysteme her.

In Zukunft wird es Unternehmen geben, die die gesammelten Daten der Landwirtschaft auswerten und Vorhersagen über die Qualität einer Ernte machen, Landwirten durch Benchmark-Analysen helfen, die Leistung noch weiter zu steigern und aus der Verwertung dieser Daten neue Geschäftsmodelle entstehen lassen. Wie viel ist ein Bauernhof wert? Solche Fragen werden künftig auf Basis von Vergleichsdaten, beispielsweise über die elektrische Leitfähigkeit des Bodens, beantwortet werden. Vergessen Sie alles, was Sie jemals von angeblich dummen Bauern gehört haben. Landwirte sind heute bereits Pioniere der Digitalisierung.

Wenn nachts der Roboter die Post ausliefert

Sie fahren mit Ihrem Auto am Vormittag durch ein Wohngebiet. Vor Ihnen steht ein DHL-Lieferwagen, auf der Gegenseite der Kollege von UPS. Sie kommen nicht vorbei. Selbst wenn Sie wollten: Zusammen mit dem Lieferwagen vom Möbelhaus und dem Getränkelieferdienst ist in der Straße eine Barrikade entstanden, an der Sie nicht vorbeikommen. Es hilft kein Hupen, es hilft kein Fluchen, die Straße ist versperrt. In diesem Moment denken Sie sich: »Mensch, diese blöden Lieferwagen, die die ganze Stadt versperren, dagegen müsste man doch etwas tun.«

Das geschieht bereits. 2010 entwickle ich mit dem Team des Projekts City Logistics von DHL Ideen für Transport in den Städten der Zukunft. Was Sie gerade im Wohngebiet erlebt haben, sorgt im Megastädten wie Istanbul, Mexico City oder der chinesischen 14-Millionen-Metropole Chengdu bereits heute dafür, dass der Verkehr regelmäßig zum Erliegen kommt. Die Grundidee von DHL: Logistikzentren am Rande der Metropolen schaffen. Eines der Vorzeigeprojekte ist das DHL Chengdu Logistics Center zehn Minuten entfernt von einer der wichtigsten Autobahnen. Logistikunternehmen liefern ihre Waren nur bis dorthin. Also kein Möbelwagen mehr in der Stadt, die Einbauküche wird nur bis zum Stadtrand gebracht. Im Logistikzentrum übernimmt DHL und bringt die Küche – zusammen mit anderen Waren – zum Zielort. Die Rechnung dahinter ist einfach: Statt DHL-Lieferwagen und Möbelspedition fährt nur noch ein Fahrzeug in die Stadt hinein. In diesem Fall eine Reduktion um 50 Prozent. Beide sparen Zeit: Denn für die Möbelspedition ist nicht der Weg vom Werk zur Stadt der größte Zeitfresser, sondern in die City und wieder zurück.

Hallo, Herr Roboter, danke für die Lieferung

Wie viele Lieferwagen sind nach 18:00 Uhr in der Stadt unterwegs? Die Zahl ist recht überschaubar. Fast keine. Das hat gute Gründe: der Arbeitsschutz der Mitarbeiter und der Lärmschutz bei den Anwohnern. Was aber wäre, wenn beides nicht mehr vonnöten wäre? Wenn kleine Elektroroboter am Abend geräuschlos Pakete ausliefern? Diese Szenarien sind bereits in der Planung. Der amerikanische Hersteller Starship entwickelt selbstfahrende Roboter, die unter anderem die Fähigkeit haben, Waren auszuliefern. Auf eine Entfernung von fünf Kilometern können sie bis zu fünfzehn Kilo transportieren. Als erste Stadt hat die amerikanische Hauptstadt Washington im Juni 2016 Tests auf öffentlichen Straßen genehmigt. Zunächst dürfen maximal fünf Roboter in der Stadt unterwegs sein, diese dürfen eine maximale Geschwindigkeit von sechzehn Stundenkilometern haben. In Deutschland sind es sechs Stundenkilometer. Hermes und Starship starten ab August 2016 ein erstes Pilotprojekt in Hamburg.

In Neuseeland werden Pizzaboten durch autonome Lieferroboter ersetzt. Die Technologie dazu stammt aus dem Militär. Doch nicht nur die Lieferung zum Endkunden, auch der Transport über Autobahnen und Landstraßen könnte bereits in wenigen Jahren autonom erfolgen. In einer Roland-Berger-Studie aus dem Mai 2016 heißt es: »Der Zeitpunkt rückt näher, an dem Lkws zunächst auf

Autobahnen vermehrt von technologischer Intelligenz gesteuert werden.« Strenge gesetzliche Regelungen bei Lenkzeiten, Personalmangel und steigende Betriebskosten – die Hauptprobleme der Branche ließen sich nur durch fahrerlose Lkws lösen, heißt es in der Studie. Dies könne die Fahrerkosten um 90 Prozent senken.

Der Einsatz von Drohnen, der in der Presse große Aufmerksamkeit erfahren hat, wird aufgrund flugrechtlicher Bedenken möglicherweise in Innenstädten nicht so schnell stattfinden wie gedacht. Die Anwendung ist wahrscheinlich eher in ländlichen Regionen zu finden. Eine Paketdrohne mit Medikamentenflügen zur ostfriesischen Insel Juist bringt 2014 positive Ergebnisse.

Die Schweizer Post testet ebenfalls Paket-Drohnen. Der kommerziell breite Einsatz wird vom Unternehmen für das Jahr 2020 vorhergesagt. Für Lieferungen für Menschen in Notsituationen, etwa in Siedlungen, die nach einem Unwetter abgeschnitten sind, könnten die Drohnen bereits früher in Einsatz kommen.

Die Unternehmensberatung Roland Berger schätzt, dass die Kosten für Warenabwicklung durch verstärkten Roboter-Einsatz um 20 bis 40 Prozent sinken. Allerdings könnten dadurch alleine in der Eurozone bis zu 1,5 Millionen Arbeitsplätze entfallen. Davon – so das Ergebnis einer Studie von Roland Berger – seien besonders die

Bereiche Handel und industrielle Fertigung sowie deren Logistikdienstleister betroffen.

Ich bin Paketzusteller – nebenbei

Gehen Sie einmal durch eine Stadt. Wie viele freie Liefer- und Lagerkapazitäten sehen Sie? Der Fußgänger neben Ihnen könnte noch ein Paket tragen, der Apotheken-Lieferdienst hat noch Platz, der Pizzabote fährt die Hälfte der Strecke leer und der Taxifahrer wartet seit zwei Stunden am Hauptbahnhof auf seine nächste Fahrt. Überlegen Sie, wie viel ungenutzte Platzkapazitäten in Kofferräumen von Fahrzeugen existieren. Wenn jedes Auto, dass Sie im Straßenverkehr sehen, ein Paket mitnehmen würde: Wie viele Lieferwagen könnte man dadurch ersetzen?

Einen ersten Schritt machen Unternehmen wie Packator. Das Berliner Start-up holt Sendungen innerhalb von sechzig Minuten dort ab, wo sich ein Kunde gerade befindet.

Das Konzept hinter Packator wird schon lange diskutiert. Schon 2010 denkt DHL öffentlich über das Konzept des Bring Buddy nach: Wer morgens an bestimmten Punkten häufiger entlangläuft, kann sich registrieren lassen. Und nebenbei Pakete mitnehmen. Thomas geht jeden Morgen am Starbucks vorbei, nimmt dort ein Paket zum Kiosk am Bahnhof mit, dort wird es von Lisa abgeholt, die gerade auf dem Weg zur Universität ist. Lisa gibt es im Copy Shop vor der Universität ab, wo bereits Mark wartet, der es – zusammen mit bestellten Fotokopien – zu einem Firmenkunden bringt.

Packator

Was tut das Unternehmen?

Sie möchten eine Sendung verschicken, aber sich nicht in der Schlange bei der Post anstellen? Rufen Sie einen sogenannten Packator Hero – jemandem, der ohnehin gerade in der Stadt unterwegs ist und sich Geld dazuverdienen möchte. Die Sendung wird professionell verpackt und weltweit verschickt.

Was macht das Unternehmen disruptiv?

Packator hat das Prinzip Crowdification konsequent auf die Logistikbranche übertragen. Sie können morgen Packator Hero werden. Sie melden sich beim Unternehmen an, anschließend erhalten Sie über eine App Versandaufträge in der Nähe angezeigt. Sie entscheiden selbstständig, ob Sie den Auftrag übernehmen möchten.

Branche
LOGISTIK

Disruptionsprofil
★★★☆☆ EFFIZIENZSTEIGERUNG
★★★☆☆ VERÄNDERUNG DER MARKTLOGIK
★★★★☆ SCHAFFUNG NEUER MÄRKTE

Disruptionsprinzip
CROWDIFICATION

Sie werden jetzt vielleicht sagen: »Ich habe aber keine Lust, mich jeden Tag um 16:00 Uhr in eine Schlange vor dem Verteilzentrum zu stellen, dort ein Paket abzuholen und dieses dann in meiner Straße auszuliefern.« Müssen Sie auch nicht. Möglich macht auch das wieder die Digitalisierung. Amazon, DHL und Audi arbeiten an einem Konzept, mit dem Pakete und Briefe direkt in den Kofferraum eines Empfängers geliefert werden. Möglich macht dies das vernetzte Fahrzeug: Ist Ihr Fahrzeug einmal am Internet und lässt es sich von außen öffnen, können Sie bei der Bestellung eines

Pakets die Option »ins Fahrzeug liefern« wählen. Der Paketdienst erhält einen einmaligen Code zum Öffnen Ihres Kofferraums, legt das Paket dort ab und die Zustellung ist erfolgt.

Logistikunternehmen – ganz neu gedacht

Logistikunternehmen könnten in Zukunft auch ganz neue Geschäftsmodelle entwickeln. So könnten sie beispielsweise Produzent von Produkten werden, die im 3-D-Druckverfahren hergestellt werden. UPS hat Filialen in den USA mit 3-D-Druckern ausgestattet. Wenn beispielsweise seltene Ersatzteile (siehe den Abschnitt Crowdification ab Seite 34) bestellt werden, werden diese nicht mehr – wie bislang – bei einem Produzenten abgeholt und zum Kunden gebracht, sondern das Unternehmen druckt die Teile selbst aus. Im Jahr 2013 startet UPS das Pilotprojekt in San Diego. Bereits ein Jahr später werden hundert UPS-Stores mit 3-D-Druckern ausgestattet. Im Mai 2016 kündigt das Unternehmen eine Kooperation mit SAP an. SAP-Software könnte künftig selbstständig entscheiden, ob es sinnvoller ist, ein Produkt zu drucken oder aus einem fernen Lager zu bestellen.

Logistik wird in den kommenden Jahren eine der radikalsten Transformationen durchlaufen. Dabei ist die Branche eigentlich schon sehr weit. Während Sie in anderen Branchen eine Telefonnummer anrufen müssen und in der Warteschleife eines Callcenters hängen, nur um den Status einer Anfrage zu erhalten, können Sie heute Ihr Paket live verfolgen. Doch das war erst der Anfang. Radikale Automatisierung, die Ausnutzung aller freien Kapazitäten und neue Geschäftsmodelle – all das wird die Logistikbranche in den kommenden Jahren treiben.

Standpunkt »Der Einsatz von Robotern kann die Zustellung von Päckchen und Paketen speziell im städtischen Raum nachhaltig revolutionieren.« [Frank Rausch, CEO Hermes Germany GmbH]

Was genau ist eigentlich Fernsehen? Und wer schaut das?

»Wieso kommt der Spielfilm um 20:15 Uhr? Ich will ihn jetzt sehen!«

»Warum muss ich mir das Gequatsche im Radio anhören? Ich will jetzt kein Gewinnspiel, ich will etwas Sinnvolles hören!«

»Wieso lese ich im Wirtschaftsteil der Zeitung immer nur etwas über die Unternehmen, die mich nicht interessieren? Und von den anderen erfahre ich nichts.«

Die Neunziger waren das Jahrzehnt der Medien. »Was mit Medien« zu studieren war das Gebot der Stunde. Ich arbeitete damals bei ProSieben, später für Magazine wie *Die Reporter*. Redakteur bei RTL, Sat.1 oder ProSieben zu sein, das war der Traumberuf vieler in dieser Zeit. Ich wurde von Kindern in der Fußgängerzone angesprochen wie ein Heiliger: »Waren Sie das letzte Woche vor dem Tunnel in Österreich?« »Sind Sie nicht der aus Washington, der über Monica Lewinsky berichtet hat?« Und selbst beim Arzt passiert es, dass die Arzthelferin in ihren Unterlagen blätterte und sagte: »Sie müssen schon mal hier gewesen sein. Ich kenne Ihr Gesicht.«

Und heute? Die klassischen Medien sind zu digitalen Dinosauriern mutiert: Sie stellen redaktionell erstellte Massenprogramme her – in einer Zeit, in der Prinzipien wie Zielgruppe eins, Glaskugel 3.0 und Crowdification die Digitalisierung beherrschen.

Abschied vom klassischen Fernsehen?

Das Prinzip Zielgruppe eins wird vor allem von Unternehmen wie Maxdome, Netflix und Amazon Prime konsequent umgesetzt. Sie üben mit ihren Onlinevideotheken Druck auf die Sender aus. In den USA haben Web-TV-Dienste die Sehgewohnheiten der Zuschauer drastisch verändert. Was es brauchte, war ein Blockbuster. Den lieferte Netflix mit der Serie »House of Cards«. Das Analysehaus Nielsen stellt fest: Der Aufstieg von Video-on-Demand Plattformen verändert die Medienlandschaft radikal. Vor allem jüngere Kunden steigen vom Fernsehen auf Smartphones und Tablets um. Wer in Serien mit dem sogenannten Cliffhanger am Ende – also einer Szene, die einen unweigerlich dazu führt, die nächste Folge zu schauen – gefangen ist, ist mitunter für Wochen vom »normalen« Fernsehen abgeschnitten.

Die *ZEIT*, nicht gerade bekannt für reißerische Schlagzeilen, fragt im April 2016 offen: »Ist das Fernsehen tot?« Während die Älteren das Medium weiterhin klassisch nutzen, sinkt der Fernsehkonsum der 14- bis 29-Jährigen: Zwischen 2010 und 2015 um siebzehn Minuten täglich. »Millionen Menschen werden selbst zu Programmplanern, seit Streamingdienste mit selbstbestimmtem Fernsehen locken – und staffelweise guten Serien. Auch das ist ein Trend, den viele deutsche Fernsehsender lange verschlafen haben.« Jedenfalls zum Teil: ProSiebenSat.1 hatte 2006 Maxdome gegründet. Damals war es eine der ersten Video-on-Demand-

Angebote in Europa. Lange hatte das Unternehmen Probleme mit zu langsamen Internetverbindungen, jetzt wird es von Amazon und Netflix gejagt. Trotz allem: Der Pioniergeist könnte sich langfristig auszahlen.

Im Digitalisierungsbericht der Medienanstalten 2015 heißt es: »Die Digitalisierung der TV-Haushalte in Deutschland setzt zum Endspurt an, wie die aktuellen Erhebungen zeigen. Allein ein kleiner Teil der Bevölkerung empfängt das Fernsehsignal noch per analogem Kabel, sodass eine endgültige Abschaltung dieses Übertragungswegs in greifbare Nähe rückt.« Zugleich hat die Verbreitung digitaler Endgeräte drastisch zugenommen.

In der Studie wird Netflix-Chef Reed Hastings zitiert. In den nächsten zwanzig Jahren werde Internet-TV das klassische Fernsehen ersetzen. Die logische Konsequenz: Dem klassischen Rundfunk kommen die Zuschauer abhanden. Die Mediatheken der öffentlich-rechtlichen und privaten TV-Sender werden heute bereits ausgiebig genutzt. Hier liegt übrigens der öffentlich-rechtliche Rundfunk in den Nutzungszahlen 2015 klar vor dem privaten. Geschlagen allerdings werden alle Mediatheken und Onlinevideotheken jedoch von Videoportalen wie YouTube.

Die neuen Helden im Netz

Ein Blick in meine Familie. Ich denke, in Ihrer wird es nicht viel anders aussehen. Gelacht wird bei YouTube: Failarmy ist das, was früher »Pleiten, Pech und Pannen« mit Max Schautzer war. Die Helden sind »Let's Play«er mit Namen wie Gronkh und GommeHD, deren Minecraft-Videos Mitte 2016 4,1 beziehungsweise 1,4 Millionen Menschen abonniert haben. Oder schräge Typen wie LeFloid, der so eine Art Nachrichtensendung macht. Haben Sie früher MTV geguckt? Heute geht Musik-TV anders. Geben Sie Majestic Casual ein und Sie landen bei einem Kanal für elektronische Musik. Falls Sie folgen wollen, gehören sie zu den fast drei Millionen Abonnenten.

Das Geschäftsmodell dieser neuen Medienstars? Werbung. YouTube platziert kurze Werbevideos vor den Clips, die Macher erhalten bis zu 55 Prozent der Einnahmen. Dazu kommen Product Placements, wobei dies eine Reihe der YouTube-Stars ablehnt. Das Geschäft ist dabei mindestens genauso schnelllebig wie das TV-Geschäft in den Neunzigern. Damals war es bereits üblich, Produktionsfirmen mit neuen Sendereihen zu beauftragen. Stimmte die Quote nicht, wurde die Sendung abgesetzt – das Problem hatte die Produktionsfirma. Das deutsche Comedytrio Y-Titty, das in seinen besten Zeiten bei YouTube drei Millionen Abonnenten hat, trennt sich Ende 2015.

Radio: Zukunfts- oder Vergangenheitsmedium?

Juli 2016. Ich halte die Keynote auf den Lokalrundfunktagen in Nürnberg. Alles scheint wie immer. Es geht um Themen, die in vergleichbarer Form auch schon vor zehn oder fünfzehn Jahren diskutiert wurden. Bei Diskussionsforen wie »Inhalte, Inhalte, Inhalte. Content wins the battle« diskutieren etablierte Radiomacher, wie sie ihre Programme durch intelligente Inhalte aufwerten können. Zwischendurch stören ein paar Innovatoren. Einer von ihnen heißt Espen Systad von Capsule.fm. Er gehört zu denen, die beim Start-up-Pitch dabei sind. Und sagt, für die Produktion eines Radioprogramms seien künftig keine Menschen mehr nötig. Sein Unternehmen entwickelt einen sogenannten Radio-Bot.

Capsule.fm

Was tut das Unternehmen?

Capsule.fm bietet ein personalisiertes Radioprogramm an – mit einer künstlichen Stimme als Moderator. Die App verarbeitet alle Online-Inhalte, persönlichen Social-Media-Content, Nachrichten, die jemand liest, E-Mails, das Wetter in der Stadt und so weiter und baut darum dann eine Geschichte, die von einem Computer erzählt wird – das Ganze wird umrahmt von den Lieblingssongs des Nutzers.

Was macht das Unternehmen disruptiv?

Capsule.fm setzt das Prinzip Zielgruppe eins konsequent für das Radio um. Es vereint des Vorteile des Mediums – den Konsum nebenbei – und die Vorteile der Personalisierung. Es ist nicht klar, ob sich der Ansatz durchsetzen wird – aber für den Weg vom Massen- zum Individualmedium ist der Ansatz wegweisend.

Branche

MEDIEN

Disruptionsprofil

★☆☆☆☆
EFFIZIENZSTEIGERUNG

★★★★☆
VERÄNDERUNG DER MARKTLOGIK

★★★★★
SCHAFFUNG NEUER MÄRKTE

Disruptionsprinzip

ZIELGRUPPE EINS

Radio hat der Media-Analyse Agma zufolge heute bereits ein Generationsproblem. Unter den 14- bis 29-Jährigen ist der Agma-Studie zufolge die Radionutzung von 2005 bis 2015 um sechs Punkte gefallen – von 73 Prozent auf 67. Zum Vergleich: Bei den 50- bis 69-Jährigen hören weiterhin mehr als 80 Prozent täglich Radio. Das klingt zunächst nicht dramatisch: ein Verlust bei jüngeren Hörern von 6 Prozent in zehn Jahren. Allerdings darf man nicht übersehen: Die mobile Nutzung hat gerade erst begonnen. 2010 wurden die Frequenzen für das mobile High-Speed-

Datennetz LTE versteigert, erst danach begann der Aufbau des Netzes. Und dieses Netz wächst weiter. 2016 liegt die größte Geschwindigkeit der Sendemasten bei 300 Megabit pro Sekunde. Der Nachfolger ist bereits in der Entwicklung: LTE Advanced mit einer Streaming-Geschwindigkeit von einem Gigabite pro Sekunde. Die dazu passenden Endgeräte sind erst seit 2011 auf dem Markt. Und selbst 2016 finden sich LTE-Netze mit einer Geschwindigkeit von bis zu 150 Megabit pro Sekunde nur in den großen Metropolen. Auf dem Land sind Geschwindigkeiten von bis zu 50 Megabit die Regel.

Und auch die Tarifentwicklung ist erst am Anfang. Wer wirklich einen ganzen Monat lang streamen möchte, muss dafür 2016 noch tief in die Tasche greifen. Bei der Telekom kosten 10 GB im Tarif Magenta Mobil Happy L Plus monatlich 98,95 Euro. Bei Vodafone sind es 74,99 Euro. Diese Tarife kann sich die Hauptzielgruppe von Spotify aktuell noch gar nicht leisten. Doch die Preise werden weiter sinken – bis hin zu einer echten Flatrate ohne Datenbeschränkung. Der Großteil der 14- bis 29-Jährigen muss also aktuell noch ein WLAN verfügbar haben, um Spotify zu hören – oder sich die Titel per Monats-Abo herunterladen. Der wirklich disruptive Teil der Entwicklung – Medienkonsum überall über das Internet – steht erst noch bevor.

Spotify erhebt seine Reichweiten genauso wie traditionelle Sender: über Studien. Im Juni 2016 erreicht der Streamingdienst nach eigenen Angaben 12,2 Prozent der deutschen Internetnutzer zwischen 15 und 64 Jahren: Ein Plus von 3,4 Prozent im Vergleich zur ersten Befragungswelle im September 2015. In der Kernzielgruppe zwischen 15 und 34 Jahren klettert der Wert auf

24 Prozent. Deutschland-Geschäftsführer Stefan Zilch sagt dem Branchenmedium Horizont: »Wir haben die jungen Nutzer, die im Radio schwer zu finden sind.«

Das Ende der Zeitung – nur noch eine Frage der Zeit?

Ende Dezember 2012 erreicht das Zeitungssterben Deutschland. Im November meldet der Verlag der *Frankfurter Rundschau* Insolvenz an. Im Dezember erscheint die *Financial Times Deutschland* das letzte Mal. Zuletzt erreicht das Wirtschaftsblatt noch eine Auflage von rund 100.000 Exemplaren – darunter rund 46.000 Exemplare, die kostenlos an Fluggesellschaften als sogenannte Bordexemplare herausgegeben werden. Die *Frankfurter Rundschau* wird ab 2013 fortgeführt – allerdings nur noch mit 35 Mitarbeitern. Drei Jahre zuvor waren es noch 170.

Der Relevanzverlust von Print lässt sich in Zahlen ausdrücken. Regelmäßig wird in der Schweiz der Media Use Index veröffentlicht. Während die NZZ 2013 noch von 61 Prozent der Befragten in gedruckter Form gelesen wurde, lag die Zahl 2014 bei 42 Prozent. Allerdings sind nicht alle Print-Zeitungen gleichermaßen betroffen. Der Blog Open Data City hat den Auflagenverfall verschiedener Medien analysiert. Am stabilsten ist die *ADAC-Motorwelt*. Entgegen dem Trend wächst das Blatt von 2000 bis 2015 um mehr als 500.000 auf knapp 14 Millionen. Die *Süddeutsche Zeitung* verliert – aber langsam. Die verkaufte Auflage beträgt 2016 rund 380.000 Exemplare – ein Verlust von 7,6 Prozent seit 1998. Stärker bergab geht es hingegen mit Programmzeitschriften: *TV Movie* verliert seit der Jahrtausendwende rund die Hälfte seiner Auflage. Noch drastischer ist es für das *Micky-Maus-Magazin*. Zwischen 2005 und 2015 verliert es rund 75 Prozent seiner Auflage.

Das klassische Nachrichtenverständnis ändert sich

In ihrem 2016 veröffentlichtem Buch *Nachrichten – klassisch und multimedial* beschreiben Dietz Schwiesau und Josef Ohler den Wandel im Verständnis von dem, was Nachrichten sind: »Das Nachrichtenangebot explodiert. ... Nachrichten sind jederzeit und überall verfügbar. ... Nachrichten werden immer schneller. ... Journalisten haben ihr Nachrichtenmonopol verloren. ... Selbst Computer produzieren Nachrichten.«

Die Digitalisierung hat zur Folge, dass jeder als Journalist agieren kann: Bloggen, twittern, posten, Videos hochladen und per Smartphone auch live auf Sendung gehen. Das stellt Journalisten vor neue Herausforderungen. Nachrichten werden künftig unterschiedlich sein: Die fundierte journalistische Nachricht wird sich von der automatisch geschriebenen unterscheiden. Schwiesau und Ohler greifen dies auf. Wer künftig im nicht-automatisierten Teil des Journalismus tätig ist, muss sich noch mehr als früher Gedanken über die Grundsätze des journalistischen Handwerks machen:

Was ist wichtig? Wie berichte ich unvoreingenommen? Wie gehe ich mit dem Spagat zwischen der möglichst tollen Headline zum Klicken und meiner Pflicht zur Objektivität um? Wie vermeide ich, trotz zunehmender Geschwindigkeit eine Falschmeldung weiterzuverbreiten? Und vor allem: Welche Verantwortung habe ich als Publizierender?

Der professionelle Umgang mit Nachrichten wird weiterhin die Existenzberechtigung des Journalismus sein. Allerdings befinden sich die Geschäftsmodelle dahinter im Wandel.

Eine Branche muss sich neu erfinden

Wenn Journalisten und Verleger auf das Bestehende pochen und versuchen, sich gegen die Änderungen zu wehren, berauben sie sich der Möglichkeit, ihre Geschäftsmodelle neu zu erfinden. Sie verteufeln Google, anstatt von Google zu lernen.

Klassische Zeitungen und Verlage haben es über Jahre nicht geschafft, Informationen zeitlich, inhaltlich und medial auf die Bedürfnisse von Individuen – genannt Leser – anzupassen. Das Wertschöpfungsmodell von Informationen liegt nicht in der Masse. Es liegt im Prinzip der Zielgruppe eins: im Kontext des Nutzers, im zeitlichen Vorsprung, in der individualisierten Aufbereitung, der Neubündelung und der Schaffung von Mehrwert. Diese Logik des Informationsmarkts haben klassische Zeitungen und Verlage bis heute nicht verinnerlicht.

Ich selbst war ein bekennender Fan der *Financial Times Deutschland*. Als digitaler Mensch jedoch habe ich die Papierausgabe seit Jahren nicht mehr angefasst. Die App hat mir genügt. Ich hätte sogar für Informationsangebote bezahlt, wenn sie für mich gerade wertvoll gewesen wären. Einzig: Mir wurde nie etwas angeboten. Es war, als würde ich einem Geschäft mit leeren Regalen stehen. Wenn der Verkäufer nichts zu verkaufen hat, wie will er dann seine Mitarbeiter ernähren?

Das klassische Geschäftsmodell der Verlage ist überholt

Das Geschäftsmodell von Zeitungen und Verlagen hat sich seit Aufkommen des Internets nicht verändert. Und das, obwohl klassische Medien im Internet Konkurrenten haben, die sich in der

Regel alle zwei bis vier Jahre komplett neu erfinden. Gibt es eine Zukunft für die Zeitung? Auf Dauer nein. Hat Qualitätsjournalismus eine Zukunft? Ja. Doch nur, indem Verlage erkennen, dass die traditionelle Grundlage ihres Geschäfts seit Jahren nicht mehr existiert. Und indem sie beginnen, ihre Geschäftsmodelle und Angebote radikal neu zu erfinden.

Sie müssen die Entwicklungsgeschwindigkeit drastisch erhöhen: Den Zugang zum Leser nutzen und innovative Angebote im Dreimonatstakt herausbringen. Nicht auf sichere Lösungen warten, sondern schneller scheitern, schneller lernen und sich schneller verändern. Wer in Zeiten disruptiven Wandels Angst vor dem Scheitern hat, scheitert.

Das Medienhaus der Zukunft wird 2020 anders aussehen als 2017. Und sich 2025 bereits wieder neu erfunden haben. Das Medienhaus der Zukunft wird nicht eines, sondern fünf bis zehn Geschäftsmodelle gleichzeitig verfolgen. Die Zukunft des Journalismus liegt in der Geschäftsmodellinnovation.

Wie wir morgen von A nach B kommen

In diesem Buch fehlt doch etwas. A wie Automobil. Oder doch nicht? Nein. Die Automobilbranche wandelt sich gerade massiv vom Hersteller zum Mobilitätsdienstleister. Kaum ist der Sturm des Abgasskandals abgeflaut, verkündet Volkswagen-Chef Matthias Müller eine neue Strategie. Das Unternehmen kündigt die Gründung eines rechtlich eigenständigen Unternehmens zur Entwicklung von Mobilitätsdienstleistungen an. Müllers Ziel: »Wir wollen nicht nur Vorreiter im Automobilgeschäft sein, sondern uns bis 2025 auch als ein weltweit führender Mobilitätsanbieter etablieren.« Im Mai 2016 beteiligt sich der Wolfsburger Konzern an Gett, einem internationalen Fahrtenvermittler. Gett zählt zu den wachstumsstärksten Vermittlern von Fahrdienstleistungen auf Abruf, sogenanntes Ride Hailing.

In der Automobilbranche hat ein Wettlauf um die innovativsten digitalen Services und Geschäftsmodelle begonnen. Bei Mercedes Benz geht es um die »vollständige Digitalisierung der gesamten Wertschöpfungskette« (Dr. Dieter Zetsche, Vorstandsvorsitzender, IAA 2015). Neue Automobilgenerationen werden zunächst als Prototyp digital entworfen. Noch bevor die ersten physischen Modelle im Windkanal getestet werden, haben sie als Datenmodell bereits zahlreiche digitale Tests bestanden. Die Produktion wird durch die Digitalisierung flexibler und effizienter. Und in Onlinestores werden die Autos schließlich – als Ergänzung zum klassischen Händler – präsentiert. Über das Onlineportal Mercedes me können Kunden Termine für den Kundendienst vereinbaren oder persönlich abgestimmte Finanzdienstleistungen erhalten. Auch BMW, Opel und Ford verfolgen ähnliche Strategien.

Wie schnell die Digitalisierung die Branche verändert, zeigt sich in der Politik. Im April 2016 erlaubt das Berliner Kabinett teilautomatisiertes Fahren. Im Juli 2016 kündigt Bundesverkehrsminister Dobrindt einen Gesetzesentwurf an, allerdings mit einer wichtigen Einschränkung: Der Fahrer sitzt weiterhin im Auto und behält die Kontrolle. Damit bleibt (teil-)autonomes Fahren zumindest im Verständnis des heutigen Automobilbegriffs zunächst eine

Standpunkt

»Schon heute bietet Ford mit Ford-Pass einen digitalen Marktplatz, der von der Carsharing-Buchung über das Auffinden von freien Parkplätzen und bargeldlosem Bezahlen ausbaufähige Services in einem integrierten System bis zur individuellen Betreuung bietet. Die Automobilbranche wird stärker mit Kooperationspartnern auch aus der IT-Branche zusammenarbeiten, um Dienstleistungen mit deutlichem Mehrwert für Kunden zu schaffen. Darüber hinaus werden Autos selbst zu Sensoren, die Umfeldinformationen sammeln und untereinander austauschen, um die Fahrzeugsicherheit und den Verkehrsfluss zu verbessern.« [Bernhard Mattes, Vorsitzender der Geschäftsführung Ford-Werke GmbH]

technische Erleichterung. Disruptive Geschäftsmodelle entstehen, wenn Autos ohne Fahrer betrieben werden können:

- Parken in Innenstädten wird zum großen Teil überflüssig, wenn autonome Fahrzeuge ihre Insassen am Zielort absetzen, weiterfahren und sich entweder einen Parkplatz außerhalb der Innenstadt suchen oder die nächste Person transportieren.
- Der Besitz eines eigenen Autos wird zunehmend unattraktiver, wenn der Kunde nicht mehr vierhundert Meter zur nächsten Car-Sharing-Station laufen muss, sondern das Auto nach der Bestellung selbstständig vorgefahren kommt.
- Das Geschäftsmodell von Taxis wird zunehmend bedroht werden, wenn Fahrer durch autonome Fahrzeuge ersetzt werden.

Könnte ein Zukunftsszenario so aussehen? Im autonom fahrenden Taxi oder Kleinbus werden Fahrgäste zur Bahn gebracht, wo sie ein autonomer Zug zum Zielort bringt? Nein. Denn es ist kein Zukunftsszenario mehr. In Kapitel 1 haben Sie bereits Arma kennengelernt: Einen elektrisch betriebenen Kleinbus, der Fahrgäste in der Schweizer Stadt Sitten durch die Innenstadt bringt. Arma wird als Weltneuheit im Oktober 2015 vom französischen Hersteller Navya präsentiert. Wenige Monate später sind die ersten vierzig Exemplare verkauft.

Und Züge ohne Lokführer? Sie fahren bereits im öffentlichen Nahverkehr. Nehmen Sie die U2 oder die U3 in Nürnberg. Seit 2010 fahren beide Linien autonom. Am Anfang war es für Fahrgäste gewöhnungsbedürftig, mittlerweile ist es Alltag. In sechzehn europäischen Städten – von Kopenhagen bis Turin – fahren U-Bahnen oder Flughafenbahnen mittlerweile komplett automatisiert. Auch der ICE der neuesten Baureihe 407 bewältigt die meisten Situationen automatisch. Thomas Strang vom Deutschen Zentrum für Luft- und Raumfahrt in Oberpfaffenhofen hat das Assistenzsystem mitentwickelt. Während des Lokführerstreiks 2015 sagt er der *Stuttgarter Zeitung*: »Dass wir den Lokführer so noch brauchen, ist nicht technologisch begründet.« Probleme gibt es momentan vor allem in den Zulassungsverfahren und der Offenheit der Strecken. Auf einer abgeschlossenen Strecke ist autonomes Fahren problemlos möglich, auf einer offenen, auf der jederzeit ein Reh vor dem Zug stehen kann, aktuell noch nicht.

Mobilität neu gedacht

Rund um die klassischen Mobilitätsanbieter entstehen neue Angebote. eMio aus Berlin verleiht dreihunderet E-Roller, die zwischen dem Bahnhof Zoo und Friedrichshain, also rund um das Stadtzentrum, verteilt stehen. Die Roller werden über eine App gebucht. FlyKly hat den klassischen Tretroller mit einem Elektromotor versehen: Elf Kilogramm wiegt das kleine Gefährt und hat eine Reichweite von bis zu fünfzig Kilometern. Mitbewerber wie Scuddy, ein e-Scooter mit drei Rädern, bieten ihren Roller zum Falten und Mitnehmen an. Für den Scuddy gibt es sogar eine eigene Transporttasche.

Wie Mobilität nach dem Prinzip Glaskugel 3.0 funktioniert, zeigt der Fahrradverleih-Service Capital Bikeshare in Washington D.C. Das Unternehmen vermietet in der US-Hauptstadt sowie im benachbarten Arlington 2.500 Fahrräder an 300 Stationen. Capital Bikeshare nutzt 29 Faktoren, um vorherzusagen, wann innerhalb der nächsten 60 Minuten an einer Fahrradstation Räder benötigt werden oder überflüssig sind: Es sind Faktoren wie das Wetter, die Anzahl registrierter Nutzer im Umfeld einer Station sowie Vergangenheitsdaten (Anzahl der Ausleihen zur gleichen Zeit in der Vergangenheit). Die Transportfahrzeuge von Capital Bikeshare erhalten Anweisungen, an welche Stationen sie zu welcher Zeit Fahrräder bringen.

BlaBlaCar hat durch seine penetrante Radiowerbung Bekanntheit erlangt. Das Unternehmen hat die klassische Mitfahrzentrale, die Sie seit Jahren in den Städten finden, ins Internet verlegt.

BlaBlaCar

Was tut das Unternehmen?

Das französische Unternehmen ist Europas größter Anbieter für Mitfahrgelegenheiten. 2016 verzeichnet die Plattform 10 Millionen Reisende weltweit im Quartal. Nutzer geben Abfahrt- und Zielort sowie das Datum ein. Sie reservieren und bezahlen ihren Platz online. Die Profile der Fahrer sowie Bewertungen durch andere Nutzer sind online einsetzbar.

Was macht das Unternehmen disruptiv?

BlaBlaCar ersetzt die klassische Mitfahrzentrale. Die webbasierte Technologie gleicht die Schwächen bisheriger Angebote aus. Wie kann ich die Fahrt problemlos buchen? Mit wem fahre ich? Zugleich setzt das Unternehmen auf eine Monopolisierungsstrategie: Mitfahren soll europaweit zu einer Marke werden.

Branche

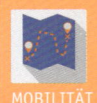

MOBILITÄT

Disruptionsprofil

★★★★☆
EFFIZIENZSTEIGERUNG

★★★★★
VERÄNDERUNG DER MARKTLOGIK

★★★☆☆
SCHAFFUNG NEUER MÄRKTE

Disruptionsprinzipien

CROWDIFICATION

ZENTRALISIERUNG DER KUNDENSCHNITTSTELLE

Blacklane macht es möglich, über eine App eine schwarze Limousine mit Fahrer zu buchen. Mittlerweile hat sich Daimler an dem Unternehmen beteiligt. Opel hingegen investiert in CarUnity, einem Unternehmen, das es Menschen möglich macht, ihre Privatautos zu vermieten. Die Vermietpreise richten sich nach dem Modell: Den Opel Adam in Berlin gibt es ab 28 Euro am Tag, den Ford Transit ab 86 Euro und für den Range Rover Sport werden 215 Euro fällig. Unternehmen wie Moovit oder das deutsche Start-up Ally zeigen alle Möglichkeiten, von A nach B zu kommen, in einer

App auf. Zielort eingeben – und sofort werden Preise und Zeiten aller Angebote aufgezeigt: von Bus und Bahn über Carsharing bis hin zum Taxi.

Die klassischen Hersteller suchen nach solchen Geschäftsmodellen. Daimler unterstützt Gründer mit Start-up Autobahn, einem Programm, das junge Unternehmen von der Idee bis zur Realisierung unterstützt. Der Stuttgarter Hersteller kooperiert dabei mit Unternehmen, die sich mit Cyber-Sicherheit rund um das Automobil auseinandersetzen oder die Entertainmentsysteme entwickeln, bei denen jeder Fahrgast sein persönliches Programm hört. Eltern atmen an dieser Stelle erleichtert auf: Nie wieder Rolf Zuckowski hören!

Mit der Zukunft der Mobilität setzen sich andere Institutionen auseinander. Welche Rolle spielt der ADAC in einer Zeit, in der es mehr Menschen in die Städte drängt, die die Auswahl zwischen Mobilitäts-App, autonomem Shuttle, E-Leihroller oder E-Tretroller haben? Heute bereits macht der ADAC Unternehmen wie BlaBlaCar Konkurrenz. Der ADAC-Mitfahrklub bietet kostenlose Mitfahrgelegenheiten an.

Für Unternehmen, die nicht in der Kategorie »Auto« oder »Fahrrad« denken, sondern in »Mobilität«, ergeben sich neue Geschäftsmodelle:

Unternehmen aus dem Bereich Tourismus werden zum Vermittler von Mobilität in der Region. So wie es die Hochschwarzwald Tourismus GmbH vormacht: 2015 eröffnet sie das erste touristische E-Charsharing mit rund 25 Elektroautos in der Tourismusregion.

Für Geschäftsmodelle mit dem E-Roller-Verleih eMio bieten sich die Urlauberzentren von Mallorca künftig vielleicht als Standort an: Mobilität als Teil eines Pakets, das über einen klassischen Reisevermittler gebucht wird.

Hotels mit autonomen Strand-, City- oder Airport-Shuttles oder Kooperationsverträgen mit Mobilitätsanbietern können einzigartige Services anbieten, die sie von Mitbewerbern abheben. Gäste haben bei der Buchung die Wahl: Zimmer ohne Mobilität oder Zimmer mit Mobilität.

Medienunternehmen können ihre Reichweiten monetarisieren, indem sie sich an lokalen oder regionalen Mobilitätslösungen beteiligen oder sogar eigene entwickeln. Über die vorhandenen Medien lässt sich für diese Angebote schnell das aufbauen, was klassische B2C-Geschäftsmodelle dringend brauchen: Reichweite.

Standpunkt

»Der digitale Wandel unserer Gesellschaft ist auch ein Wandel der persönlichen Mobilität von Menschen. Für den ADAC öffnet sich in dieser immer stärker vernetzten Welt eine Vielzahl an Chancen. Vom individuellen Mobilitätsbedürfnis des Mitglieds gedacht, bieten sich dem Dienstleister ADAC zahlreiche neue Möglichkeiten, den Menschen zuverlässiger Lotse, verlässlicher Helfer und kompetenter Sicherer in einer mobilen Welt zu sein. So können wir auch künftig den entscheidenden Mehrwert bieten. Voraussetzung ist, den digitalen Wandel nicht nur als Geschäfts- oder Technikmodell, sondern als kulturelle Herausforderung zu begreifen – schnell handeln und bedürfnisorientiert agieren.« [Marion Ebentheuer, Mitglied des Vorstands ADAC SE (ab 1. Januar 2017)]

Fazit: Mobilität wird vielfältiger

Das eigene Auto versus ÖPNV, das war über Jahrzehnte hinweg die Alternative. Und heute? Eigenes Auto besitzen, fremdes Auto nutzen. Carsharing, Fernbus oder digitale Mitfahrzentrale. Oder auf ganz andere Fortbewegungsmittel setzen: E-Roller, elektrischer Tretroller. Oder sich fahren lassen: Autonomes Shuttle, autonomer Zug ... Mobilität wird in Zukunft deutlich vielfältiger werden. Es ist nur noch eine Frage der Zeit, bis Unternehmen das Roboter-Pferd entwickeln, auf dem Sie morgens durch die Stadt zur Arbeit reiten. Ob es sich durchsetzen wird, steht auf einem anderen Blatt. Wahrscheinlich hängt es – wie viele digitale Innovationen – am Ende vom Design ab. Als Fazit zur digitalen Zukunft der Mobilität lassen sich drei Thesen formulieren:

Die größte Bedrohung für das klassische Geschäftsmodell der Automobilindustrie kommt nicht von Tesla, sondern von den vielen Alternativen, die aktuell entstehen. Das klassische Auto bleibt dabei ein Teil der Mobilitätskette. Doch wozu einen Parkplatz suchen, wenn Scuddy und Arma einen bequem von A nach B bringen?

Die digitale Disruption entsteht im Bereich der Geschäftsmodelle. Die Vernetzung macht es möglich, Autos nicht mehr tage-, sondern stundenweise zu buchen. Die Digitalisierung erlaubt es, andere Fortbewegungsmittel wie beispielsweise Fahrräder oder Elektroroller zu buchen und unabhängig von zentralen Verleihstationen zu nutzen. Die Automobilhersteller geben ihr klassisches Terrain nicht kampflos auf, sondern investieren in innovative Geschäftsmodelle.

Es entstehen aktuell zahlreiche neue Mobilitätsmärkte und -anbieter. Überall dort, wo zwischen Auto, Bus und Bahn in der Vergangenheit Lücken existierten, werden diese geschlossen. Autonom fahrende Fahrzeuge werden im ersten Schritt nicht zwingend den Taxi- oder Busfahrer ersetzen, sondern vielmehr dort zum Einsatz kommen, wo es sich bislang wirtschaftlich nicht rechnete, Mobilität anzubieten.

Auch der Kampf um die Kundenschnittstelle ist mittlerweile voll entbrannt. Unternehmen wie BlaBlaCar machen aus der ehemals fragmentierten Dienstleistung Mitfahrzentrale ein international einheitliches System. Darüber hinaus etablieren sich heute bereits Plattformen, die die Vielzahl der Mobilitätsangebote vereinen. Die Zukunft der Mobilität ist aus ihrer frühen Phase heraus. Langsam zeigt sich, wie sie aussehen wird.

Telekommunikation: Treiber oder Verlierer der digitalen Disruption?

In einem Konferenzraum von Vodafone in Düsseldorf treffen sich Menschen, die auf den ersten Blick wenig miteinander zu tun haben: Programmmacher mehrerer deutscher Radiostationen, Vertreter von Stadtwerken, Innovationsbeauftragte eines großen Verlagshauses, Hersteller von elektrischen Haushaltsgeräten, Vertreter von Finanzportalen. Sie treffen sich mit Datenspezialisten von Vodafone, Entwicklern innovativer Datenbanken und Herstellern von Internet-Sicherheitslösungen. Was treibt sie zusammen? So unterschiedlich ihre Branchen sind, alle haben ein gemeinsames Ziel: Neue Geschäftsmodelle für das Internet der Dinge zu entwickeln.

Zwei Jahre lang haben wir den Telekommunikationsanbieter beim Aufbau eines Open-Innovation-Programms unterstützt. Das Unternehmen entwickelt Innovationen gemeinsam mit Partnern unterschiedlichster Branchen. Warum? Weil Vodafone eine große Herausforderung hat: Das Unternehmen erhofft sich – wie alle anderen Telekommunikationsanbieter – neue Umsätze durch die Vernetzung von Alltagsgegenständen. Bereits heute ist es problemlos möglich, in einem Kühlschrank eine Kamera zu installieren und dem Joghurt beim Rechtsdrehen zuzugucken. Auch Ihr Toaster kann problemlos mit Ihrem VW-Käfer aus dem Jahr 1973 kommunizieren. Die wichtigste Frage jedoch lautet: Was bringt es?

Die Bauteile für die Vernetzung unterschiedlichster Gegenstände gibt es mittlerweile in jedem Elektronikfachgeschäft. Auf der Fachmesse CeBIT in Hannover finden sich Hallen voller Anbieter, die Sensoren und sogenannte M2M-Module anbieten, die in der Lage sind, Daten von Geräten in das Internet oder Mobilfunknetze zu übertragen. Vodafone hat in Düsseldorf ein Testzentrum, das ausschließlich der Entwicklung neuer Dienste dient. Intern werden die Testeinrichtungen gerne als großer Sandkasten bezeichnet. Was immer Sie entwickeln oder testen möchten, bei Vodafone können Sie Ihre neuen Entwicklungen unter realen Bedingungen in einem Fest- und Mobilfunknetz testen.

Wollen Sie ein vernetztes Krankenhaus bauen?

Nehmen wir an, Sie möchten das Sicherheitssystem eines Krankenhauses mithilfe von Mobilfunktechnologien drastisch verbessern. Über ihre Smartphones sollen Besucher identifiziert werden und Zugangsrechte erhalten. Sensoren entscheiden anhand ihrer erkannten Mobilfunkdaten, ob die Kinderstation für Sie offen oder gesperrt ist. Funktioniert so etwas technisch? Bei Vodafone in Düsseldorf dauert es nur wenige Tage und eine solche Umgebung ist eingerichtet. Sie möchten ein komplett neues Logistiknetzwerk aufbauen, bei dem alle Komponenten über das Mobilfunknetz miteinander verbunden sind? Die Techniker helfen Ihnen, die gesamte Anwendung zu simulieren, bevor Sie sie in der Realität umsetzen. In den ersten Wochen der Zusammenarbeit kam ich aus dem Staunen nicht mehr heraus, wie weit die technologischen Möglichkeiten sind und in welcher Geschwindigkeit innovative Anwendungen umgesetzt werden können.

Im Vodafone Innovation Park wurde beispielsweise das LTE-Netz, das heute wie selbstverständlich fast überall funktioniert, für den Konzern entwickelt. Die Komponenten wie Handys, Sendemasten, Leitungen und Server kommen von unterschiedlichen Anbietern. Daraus ein funktionierendes Netz zu entwickeln, ist Aufgabe der Techniker in Düsseldorf. Doch was hilft die beste Technologie, wenn die Anwendungsfälle fehlen? Es ist, als wenn Sie den besten Werkzeugkasten der Welt besitzen, aber nichts haben, woran Sie arbeiten können. Niemand klopft bei einem Telekommunikationsanbieter an die Tür und sagt: »Ich würde bei Ihnen gerne 100 Kilogramm Internet der Dinge kaufen.« Jede Anwendung ist speziell.

Wenn Radiomacher mit Datenspezialisten Innovationen entwickeln

Ein Beispiel von Innovationen, die durch die Methode Open Innovation in der Telekommunikation entstehen: Konzepte zur Vermarktung digitaler Radio Streams. Die Daten von Nutzern, die über das Internet Radio hören, können ausgewertet werden, im Gegensatz zu den Hörern, die analog hören. Technisch denkbar ist folgendes Szenario: Sie fahren an einem Sonnabendmorgen Richtung Innenstadt. Sie hören dabei ein Radioprogramm über das Internet. Der Mobilfunkanbieter registriert, dass Sie auf dem Weg in Richtung Stadt sind. Automatisch werden Ihnen sogenannte Premium Spots vorgespielt: Radiowerbung, die nur auf die Nutzer zugeschnitten ist, die sich jetzt gerade in Richtung Stadt bewegen. Eine weitere Innovation, die aus der Verbindung von Datentechnik und Radio entsteht, können Sie heute bereits im Verkehrsfunk hören. Die meisten Sender melden mittlerweile, wie lange Sie in einem Stau warten müssen. Woher kommen die Daten? Von Internet- und Telekommunikationsanbietern.

Die Zukunft der Telekommunikation

Die großen Telekommunikationsanbieter fragen sich aktuell: Welche Rolle spielen wir in der Zukunft? Die SIM-Karte, das Produkt, das Sie heute bei Abschluss eines Handyvertrages erhalten, wird zunehmend überflüssig. Telefone werden künftig so programmiert werden, dass Sie problemlos den Anbieter wechseln können. In der Branche geht der Begriff der »Bitpipe« um: Die Digitalisierung boomt und die Telekommunikationsanbieter verlieren. Wie schnell Einnahmequellen wegbrechen können, musste die Branche schmerzvoll erfahren, als der Renditebringer SMS durch die kostenlose Alternative WhatsApp abgelöst wurde. Aus Sicht der Konzerne grotesk: Die Telekommunikationsanbieter haben die Voraussetzungen dafür geschaffen, dass Kommunikation über WhatsApp möglich wurde, und übertragen die Daten durch ihre Netze – während ihnen genau das eine ihrer einträglichen Geschäftsquellen wegnimmt. Es ist ein bisschen wie der Titel eines bekannten Films: *Der Feind in meinem Bett.*

Deutsche Telekom AG

Was tut das Unternehmen?

Wie kaum ein anderes Unternehmen der Branche experimentiert die Deutsche Telekom mit neuen Technologien und Geschäftsmodellen. Das Hochgeschwindigkeitsnetz 5G, vernetztes Autofahren, Tracking-Systeme für den Sport, eine eigene Smart-Home-Plattform. Es gibt kaum einen Bereich, in dem das Unternehmen nicht aktiv ist.

Was macht das Unternehmen disruptiv?

Es ist weniger eine einzelne Innovation, sondern das Gesamtengagement. Vom neuen Vorstandsressort Technologie und Innovation mit mehreren Tausend Mitarbeitern über das Produkthaus in Darmstadt, die Forschungs- und Entwicklungseinheit Telekom Innovation Laboratories in Berlin bis hin zum Start-up-Inkubator Hubraum. Unterschiedliche Innovationen mit unterschiedlichen Innovationsgraden entstehen in unterschiedlichen Strukturen.

Branche
TELEKOMMUNIKATION

Disruptionsprofil

EFFIZIENZSTEIGERUNG ★★★★☆

VERÄNDERUNG DER MARKTLOGIK ★★★★☆

SCHAFFUNG NEUER MÄRKTE ★★★★☆

Disruptionsprinzipien

GLASKUGEL 3.0

CROWDIFICATION

ZIELGRUPPE EINS

KOMPETENZ-STANDARDISIERUNG

ZENTRALISIERUNG DER KUNDEN-SCHNITTSTELLE

RADIKALE EFFIZIENZ-STEIGERUNG

NUTZEN STATT KAUFEN

Das gleiche Szenario ist denkbar, wenn in Städten sowie im öffentlichen Raum flächendeckendes WLAN zur Verfügung gestellt wird. Schon heute telefonieren viele über Skype, WhatsApp oder Apple. Und zwar kostenlos. Wenn sich ein Handy in das nächstbeste verfügbare WLAN einwählt, wer braucht da noch ein Mobilfunknetz? Die Unternehmen reagieren, weil sie wissen: Wenn sie sich nicht selbst neu erfinden, werden sie – die ehemaligen Pioniere der Infrastruktur – in der nächsten Stufe der Digitalisierung zu den Verlierern. Wie sich die Branche neu erfindet, lässt sich sehr gut am Beispiel der Deutschen Telekom sehen. In Bonn, Darmstadt und Berlin arbeiten Teams rund um die Uhr daran, neue Geschäftsmodelle zu entwickeln.

Auf einer Fachkonferenz in München stellen die Konzernverantwortlichen für Smartphone-Zahlungen bereits 2011 stolz ihr neues Pilotprojekt vor. Sobald der Berliner Flughafen eröffnet wird, wird Bezahlen im Parkhaus über eine moderne Technologie erfolgen – bargeldloses Zahlen mit der Deutschen Telekom. Der Rest der Geschichte ist bekannt. Bei Eröffnung des neuen Großflughafens wird die damals bahnbrechende neue Technologie wahrscheinlich der Dinosaurier des Internets sein. Doch die Digitalisierung lässt sich nicht einmal vom Berliner Flughafen stoppen.

Mitte 2015 startet ein Pilotprojekt mit mehreren Handelsunternehmen und allen deutschen Mobilfunknetzbetreibern in Berlin. Ziel: Bargeldloses Zahlen so schnell wie möglich zu realisieren. Handy ans Terminal halten, Bezahlfunktion aktivieren, fertig. Die Beteiligten schätzen beim Auftakt, dass bis 2017 80 Prozent aller Terminals für mobiles Zahlen in Deutschland mit der notwendigen NFC-Technologie ausgestattet sind. Wahrscheinlich ist es zu

Standpunkt

»Alles, was digitalisiert werden kann, wird digitalisiert. Und alles, was vernetzt werden kann, wird vernetzt – Menschen, Maschinen und Produkte. Wer sich der Herausforderung der Digitalisierung nicht rechtzeitig und konsequent stellt, wird schon bald keine Rolle mehr im Markt spielen. Vielleicht noch nicht heute, ganz bestimmt aber morgen und übermorgen.« [Timotheus Höttges, Vorstandsvorsitzender Deutsche Telekom AG]

optimistisch gedacht, doch der Trend zeigt klar: Bis 2020 wird der Abschied vom Bargeld flächendeckend eingeleitet sein. Die Telekommunikationsanbieter sind daran beteiligt.

Die Telekommunikationsbranche ist aktuell so sehr im Wandel, dass sie in wenigen Jahren wahrscheinlich umbenannt werden muss. An einer Vielzahl disruptiver Geschäftsmodelle sind die Unternehmen direkt oder indirekt beteiligt. Das Zukunftsszenario der Branche zeichnet sich langsam ab:

Datengetriebene Geschäftsmodelle durch die Auswertung und Vermarktung anonymisierter Nutzungsdaten. Es könnten Beispiele wie ein individueller Premium-Verkehrsservice sein, bei dem Abonnenten präzisere Daten erhalten als Nicht-Abonnenten. Ein sehr eindrucksvolles Beispiel präsentierte uns im Open-Innovation-Programm einer der Datenanalysten von Vodafone: Werbewirksamkeitsmessung. Wenn ein Kaufhaus eine neue Dekoration im Schaufenster hat, kann ein Telekommunikationsanbieter in Echtzeit Reaktionen von Passanten aufzeigen: Wie viele Menschen haben aufgrund der Dekoration das Geschäft besucht? Wie ist der Vergleichswert im Gegensatz zu früheren Dekorationen beziehungsweise zur Konkurrenz?

Geschäftsmodelle, die sich durch die Kernkompetenz der Vernetzung ergeben. Heute bereits besteht die wesentliche Kompetenz von Telekommunikationsanbietern darin, Geräte und Anlagen unterschiedlichster Hersteller zu einem funktionierenden Netz zu verbinden. Denkbar ist auf Basis dieser Kompetenz beispielsweise die Integration von Sicherheitsanwendungen in bestehende Netze. Vor einigen Jahren war ich Mitglied der Jury bei der Auswahl zum Telekom-Innovationspreis. Eines der Unternehmen in der finalen Auswahl stellt mobile Sicherheitssysteme her, die beispielsweise innerhalb kürzester Zeit in Marktstände integriert werden können. So können die Standbesitzer eines Weihnachtsmarkts für eine kurze Zeit mobile Sicherheitssysteme installieren. Diese Systeme können entweder über das normale Internet verbunden werden oder aber direkt in ein Mobilfunknetz integriert sein. Wenn es beispielsweise darum geht, Autos miteinander zu vernetzen, erlaubt die Integration von Diensten in ein bestehendes Netz eine hochpräzise Positionierung.

Aufbau komplexer datengetriebener Infrastrukturen. Über das deutsche Mautsystem wurde lange Zeit gelacht. Mittlerweile hat es sich zu einer Erfolgsgeschichte entwickelt. Die Komplexität eines solchen Netzes ist gigantisch: Unterschiedlichste Geräte müssen miteinander kommunizieren, das System muss ständig und immer funktionieren. Stellen Sie sich eine 99,9-prozentige Funktion vor. Das würde bedeuten, dass eine von tausend Abrechnungen verkehrt wäre. Bei Millionen von Fahrten ein kaum zu bewältigender Aufwand. Ähnlich komplex und präzise muss die Infrastruktur um das vernetzte Auto funktionieren. Verschiedene Marken und Modelle kommunizieren mit unterschiedlichsten Teilen der Infrastruktur: Ampeln, Geschwindigkeitsanzeiger auf der Autobahn, intelligente Verkehrsschilder und Baustellenabsicherungen. Es gilt, Millionen möglicher Interaktionen zu planen und zu managen. Wann kommunizieren Autos direkt miteinander? Wann werden die Daten ins Rechenzentrum des Telekommunikationsunternehmens geleitet? Wann werden externe Services dazugeschaltet?

Die klassische Telekommunikationsbranche ist definitiv der Verlierer der digitalen Disruption. Telefonate und SMS, lange Zeit die Haupteinnahmequellen speziell der Mobilfunkbetreiber, sind Auslaufmodelle. Es wird sie weiterhin geben, aber sie werden mehr und mehr substituiert. Die künftige Telekommunikationsbranche hingegen gehört zu den Gewinnern und Gestaltern der digitalen Disruption.

»Hallo, ich bin Oscar.« Digitale Disruption in der Versicherungsbranche

Kennen Sie Oscar? In der Presse wird Oscar liebevoll »die Krankenversicherung für Hipster« genannt. Das amerikanische Unternehmen hat nichts Geringeres vor, als die erste voll digitalisierte Krankenversicherung einzuführen. Wenn Sie Hautprobleme haben, fragen Sie die Oscar-App. Oscar schlägt vor, dass der diensthabende Arzt zurückruft. Sie laden ein Foto Ihrer Hautprobleme hoch, der Arzt hilft.

Oscar ist keine Vision von Science-Fiction-Autoren. Mitte September 2015 investiert Google Capital 33 Millionen Dollar in das Unternehmen. Im Februar 2016 wird der Wert des Unternehmens mit 2,7 Milliarden Dollar angegeben. Das Prinzip: Zielgruppe eins. Der dahinterstehende Ansatz lautet »Pay as you live«. Nicht mehr Solidarität ist ausschlaggebend bei der Preisgestaltung, sondern das persönliche Risiko eines Menschen. Die Oscar-App zeichnet alle Arztbesuche und Verschreibungen auf, Patienten erhalten kostenlos einen Fitness-Tracker. Bei Oscar ist alles digital: Onlineantragstellung statt Versicherungsvertreter, Arztwahl, Patientensteuerung und Abrechnung, alles erledigt die App. Jeder Kunde kann den Beitrag selbst beeinflussen. Wer seine Bewegungsziele – beispielsweise zweitausend Schritte am Tag – erreicht, wird vom Unternehmen belohnt. Mit Amazon-Gutscheinen im Wert von einem Dollar täglich, bis maximal 240 Dollar pro Jahr. Die personalisierte Krankengeschichte, der personalisierte Tarif: Oscar setzt das Prinzip Zielgruppe eins konsequent um.

Standpunkt

»Das deutsche Krankenversicherungssystem steht seit Jahren vor großen Herausforderungen, um die anfallenden Kosten bewältigen zu können. Die demografische Entwicklung zeigt klar, dass wir immer älter werden und zugleich immer weniger Menschen in die Sozialsysteme einzahlen. Vor diesem Hintergrund wird natürlich stets auch die Effizienz des Gesundheitssystems diskutiert. Für mich bietet die Digitalisierung die große Chance, der Kostenexplosion Herr zu werden. Durch eine sichere Vernetzung des Systems können die Prozesse und Abrechnungssysteme, aber auch die Qualität der Versorgung für den Kunden verbessert werden. Eine große Chance werden hierbei auch zukünftige digitale Versorgungskonzepte haben.« [Franz-Helmut Gerhards, Mitglied der Geschäftsleitung DAK]

Ob Vertrieb, Produktgestaltung, Leistungserbringung oder Verwaltung: Die nächste Stufe der Digitalisierung wird Versicherungen in allen Bereichen betreffen. Entsprechend nervös sind die Vorstände. Anfang 2016 habe ich vier Tage mit Vorständen von Versicherungen verbracht. Es gibt kein Thema, das aktuell so hoch priorisiert wird wie die Digitalisierung.

Der digitale Versicherungsmakler

Die erste Erschütterung des Versicherungsmarkts waren Vergleichsportale. Statt zum Versicherungsmakler des Vertrauens zu gehen und sich beraten zu lassen, vergleichen Kunden heute über *check24.de* und andere Portale. Wie sehr die Macht, mit der sich Vergleichsportale durchgesetzt haben, die Branche erschüttert, beschreibe ich im Abschnitt über die Zentralisierung der Kundenschnittstelle (ab Seite 66). Die Portale haben die Versicherungsbranche an einer empfindlichen Stelle getroffen: Vergleiche waren für Kunden zuvor extrem aufwendig, der Makler besaß praktisch ein Herrschaftswissen.

Mittlerweile sind die ehemaligen Disruptoren selbst Ziel von Angriffen. Ist Check24 wirklich so transparent wie das Unternehmen behauptet? Der Bundesverband Deutscher Versicherungskaufleute wirft Check24 eine Irreführung der Verbraucher vor, weil das Portal Provisionen kassiere und damit wie ein Makler arbeite. Im Juli 2016 bestätigt das Landgericht München in einem Urteil den Vorwurf teilweise. Dieser Fall zeigt, mit welcher Härte der Kampf um die Kundenschnittstelle geführt wird.

Neue digitale Versicherungsprodukte

Was ist eigentlich eine Versicherung? Im Prinzip ist es eine Wette. Ich zahle einen kleinen Betrag, um mich vor größeren Schäden zu schützen. Der Versicherer hat Statistiken vorliegen, die darauf schließen lassen, mit welcher Wahrscheinlichkeit der Schaden eintritt. Anders gesagt: Ich wette auf Schaden. Der Versicherer dagegen. Wird mein Fahrrad gestohlen, habe ich die Wette gewonnen. Wird es nicht gestohlen, gewinnt die Versicherung. Dieses Verständnis wandelt sich.

Anfang 2015 und 2016 führen wir mit unserer Open-Innovation-Plattform zwei Ideenwettbewerbe für innovative Versicherungsprodukte durch. 2015 sind es Versicherungsprodukte und -angebote für Wohngebäudeversicherungen, 2016 innovative Rechtsschutzdienstleistungen. Die Beiträge der Nutzer zeigen klar, welche versteckten Bedürfnisse Kunden haben und in welchen Bereichen sich für Versicherer Chancen für neue Produkte und Dienstleistungen ergeben. Ein Versicherer kann eine Deckung gegen Hacker-Angriffe anbieten oder Services, die diese Angriffe verhindern. Zum eigenen Vorteil: weniger Angriffe = weniger Schäden. Der Gedanke der Gesundheitsprävention übertragen auf den Bereich der Cyber-Deckungen.

In der Branche entstehen durch die Digitalisierung komplett neue Versicherungsprodukte: beispielsweise Kurzzeit-Versicherungen, die sich über das Smartphone buchen lassen.

In ihrer disruptivsten Form würde eine Versicherung, wie wir sie heute kennen, nicht mehr existieren. Nicht mehr Haftpflicht-, Rechtsschutz-, Unfall- und Lebensversicherung nach heutigem

Appsichern.de

Was tut das Unternehmen?

Appsichern verkauft Kurzzeitversicherungen über das Smartphone. Den Stadionschutz gegen Unfälle, den Fußballfans kurz vor dem Spiel abschließen können. Oder den DrittfahrerSchutz, falls das eigene Auto von einer Person gefahren wird, die laut Vertrag nicht fahren darf. Das Unternehmen versichert konkrete Fälle mit einer Laufzeit zwischen wenigen Stunden und mehreren Wochen.

Was macht das Unternehmen disruptiv?

Appsichern.de hat ein innovatives Marktsegment aufgebaut. Bislang überboten sich Versicherer darin, viele Leistungen in Gesamtpaketen zu bündeln. Vieles davon war für den einzelnen Kunden überflüssig. Und genau das, was jemand im Schadensfall benötigt, wird nicht bezahlt. Durch das Prinzip der Kurzzeitversicherung kann ein Kunde genau das Risiko versichern, das er versichern möchte.

Branche

VERSICHERUNGEN

Disruptionsprofil

★★★★☆ EFFIZIENZSTEIGERUNG

★★★★☆ VERÄNDERUNG DER MARKTLOGIK

★★★★☆ SCHAFFUNG NEUER MÄRKTE

Disruptionsprinzip

ZIELGRUPPE EINS

Muster, sondern – wie es einer der Vorstände auf der bereits erwähnten Tagung ausdrückte – »Underwriting 1«: die Berechnung eines individuellen Lebensrisikos für jeden Menschen. Wird diese Art der Versicherung kommen? Es gibt sie bereits.

Wenn Sie Klavierspieler sind und auf das Funktionieren Ihrer Hand angewiesen sind, damit Sie eine weltweite Tournee durchführen können, wird Ihre Hand individuell versichert. Auch im Gewerbebereich gibt es individuelle Risiken, die versichert werden. Bislang war die Absicherung individueller Risiken jedoch teuer und aufwendig. Sie war nur in Einzelfällen möglich. Digital zu denken, heißt, diese früher nur einzeln gedachten Geschäftsmodelle in die Breite zu bringen. Individualisierung für alle. Die Telematiktarife in der Automobilindustrie gehen bereits in diese Richtung: Berechnung des individuellen Fahrverhaltens, darauf basierend eine Einstufung in entsprechende Tarife.

Die Zukunft von Stromberg & Co.
»Jetzt schimmelt mir langsam die Geduld weg.« Seit der Fernsehserie Stromberg ist Versicherung in den Augen von Fernsehzuschauern die Abteilung Schadensregulierung der Capitol-Versicherung. Dort führt Stromberg sein Fürstentum mit Sprüchen wie diesen: »Was ihm an Grips fehlt, gleicht er durch Blödheit aus.« Strombergs Abteilung wird in den nächsten Jahren Schritt für Schritt kleiner.

Nur wenige Berufsgruppen trifft das Prinzip der radikalen Effizienzsteigerung so sehr wie den klassischen Sachbearbeiter einer Versicherung. Nehmen Sie meine private Krankenversicherung. Die Tätigkeit der Verwaltung besteht darin, meine auf Papier eingereichten Belege zu digitalisieren, die Positionen in ein Abrechnungsprogramm einzugeben, meine eingereichten Ansprüche zu prüfen und eine Mitteilung zu schreiben, wie viel Prozent der Leistungen ich vertragsgemäß erstattet bekomme. Diese Art der Tätigkeit – das habe ich im Prinzip der radikalen Effizienzsteigerung (ab Seite 74) beschrieben – wird in den kommenden Jahren mehr und mehr überflüssig. Dazu braucht es nicht einmal neue Entwicklungen im Bereich der künstlichen Intelligenz. Die technologischen Voraussetzungen sind heute bereits gegeben.

- Schnittstellen, die die Leistung des Arztes direkt in das System übertragen.
- Regelwerke, die automatisch prüfen, ob ein Leistungsanspruch besteht.

Stromberg & Co. werden in den nächsten Jahren ein Symbol für die negativen Auswirkungen der Digitalisierung sein. Versicherer reduzieren ihre Verwaltung heute bereits drastisch. Die Schlagzeilen, die unter dem Stichwort »Stellenabbau« beim Internetportal versicherungsbote.de zu lesen sind, zeigen den Trend klar:

- »Ergo Stellenabbau – 1.800 Leute gehen, 18 Standorte schließen«
- »Wie FinTechs Versicherungsjobs den Garaus machen«
- »Talanx streicht jede dritte Stelle im HDI-Vertrieb«
- »Allianz-Chef Oliver Bäte rechnet mit dem Wegfall von Stellen«
- »Generali will bis 2018 rund 1.000 Stellen abbauen«
- »Stellenabbau: Jeder vierte Arbeitsplatz in der Versicherungsbranche bedroht«

Fazit: Jede Branche ist betroffen

Auch wenn in diesem Kapitel nicht alle Branchen beschrieben werden: Ich hoffe, dass ich Ihnen aufzeigen konnte, wie sehr digitale Disruption Branchen verändert, die bis vor wenigen Jahren dachten, dass es sie niemals treffen könnte. Und wie sehr sich in vielen Bereichen traditionelle Wertschöpfungsmodelle komplett verändern: Produkthersteller werden zu Serviceunternehmen, die Rolle von Produzenten und Kunden verändert sich, Roboter übernehmen Aufgaben von Menschen, die Entwicklung digitaler Schnittstellen verbindet Systeme miteinander und schafft von heute auf morgen eine bislang undenkbare Effizienz. Ich hätte die Auflistung der Branchen fast unendlich fortsetzen können. Aber das ist nicht das Ziel dieses Buchs. Mir ist es wichtig, dass Sie den Blick über den Tellerrand bekommen und parallele Muster zu Ihrer Branche erkennen. So lassen sich beispielsweise die Entwicklungen aus der Landwirtschaft und der Logistik problemlos auf den Maschinenbau übertragen. Und die Entwicklungen aus der Telekommunikation sind nicht weit weg von denen, die ich in der Energiebranche erlebe. Mir ist es wichtig, dass Sie diese Parallelen analysieren und die dahinterstehenden Muster für die Entwicklung Ihrer disruptiven Strategien nutzen. Wie Sie diese Strategien entwickeln können, beschreibt das nächste Kapitel.

Die Umsetzung digitaler Disruption

3

Digital ist in. Digital ist hip. Und digital ist irgendwie auch Lifestyle. Kaum ein Konzernvorstand, der in den vergangenen Monaten nicht ins Silicon Valley gepilgert ist. Oder, wenn das Budget dafür nicht ausreicht, sich wenigstens Start-up-Schmieden in Berlin angesehen hat. Praktisch kaum ein Unternehmen hat nicht mindestens schon zwei Workshops zum Thema Digitalisierung durchgeführt oder sogar eine eigene Digitalisierungsabteilung. Spricht man mit Verantwortlichen, bekommt man schnell den Eindruck, die Digitalisierungsstrategie sei auf gutem Kurs und praktisch abgeschlossen. Bei genauerem Hinsehen ist das anders.

Standpunkt

»Die Digitalisierung von Produkten, Dienstleistungen und Prozessen befindet sich in vielen Branchen noch ganz am Anfang. Dass ihr Veränderungspotenzal in Bezug auf die Art und Weise, wie wir unser berufliches und persönliches Umfeld gestalten, immens ist, sehen wir bereits an vielen prominenten Stellen. Einige Geschäftsmodelle wird man anpassen können, andere werden radikal herausgefordert und müssen neu erfunden werden. Hierin liegen riesige Chancen für Menschen und Organisationen, die gelernt haben, flexibel auf Veränderungen zu reagieren.« [Sebastian Seitz, Geschäftsführer CIDEON Systems GmbH & CO. KG]

Warum Konzerne beim Gründerpitch durchfallen

Kennen Sie die »Höhle der Löwen«? In dieser TV-Show bei Vox pitchen Unternehmensgründer um Startkapital von Investoren. Die fünf Juroren fühlen den Kandidaten auf den Zahn: Stimmt die Geschäftsidee? Überzeugt der Businessplan? Sowohl die Deutsche Bank als auch Siemens haben angekündigt, wieder mehr wie Start-ups agieren zu wollen: schneller, unbürokratischer, innovativer. Kann das funktionieren? Stellen wir uns dazu eine Sondersendung vor: die Top-Manager der beiden Dax-Konzerne in der »Höhle der Löwen«! Hochglanz-Intro, dramatische Musik. »Jürgen gegen Joe – wer überlebt die härteste Jury der Welt?«

Jürgen Fitschen und Joe Kaeser betreten das Set. Beide wirken etwas unsicher. Zähnefletschende Aufsichtsräte, nörgelnde Analysten, streitlustige Betriebsräte – das ist gewohntes Terrain. Aber das hier? »Fünf millionenschwere Investoren gehen gemeinsam auf die Suche nach den besten Geschäftsideen«, verkündet der Trailer. Werden sie einen von ihnen überzeugen können? Oder werden die Juroren am Ende sagen: »Hört auf!«? Das Format ist heute anders als sonst: »Zwei Dinosaurier, ein Ziel!«, verkündet eine Stimme aus dem Off: »Überleben.«

Für die TV-Macher ist das Thema der Sendung dramaturgisch gut gewählt. Beide Unternehmen stehen mit dem Rücken zur Wand. Die Deutsche Bank hatte in den letzten Jahren so viele Skandale, dass es für gefühlte 23 Folgen *Tatort Frankfurt Taunusanlage* reichen würde: Peanuts, Kirch, Victory, Prozessbetrug – hinter jedes dieser Worte kann man den Begriff »Skandal« setzen – und schon ist die Assoziation »Deutsche Bank« da. Und jetzt auch noch die FinTechs.

Schon bald wird Großmutter von den guten alten Zeiten erzählen, als Geld noch per IBAN und BIC überwiesen wurde, Geld wird dann längst über Messaging Services verschickt. Und falls Cash einmal knapp wird, vergeben Crowdinvestoren Kredite. So könnte die schöne neue Finanzwelt aussehen, in der es an nichts fehlt, außer – den traditionellen Banken.

So weit will es die Deutsche Bank nicht kommen lassen. Co-Chef Jürgen Fitschen hat jüngst per Interview verkündet: »Wir werden den FinTechs jetzt verstärkt Konkurrenz machen!«

Auftritt Jürgen Fitschen in der »Höhle der Löwen«. Laute Musik dröhnt, das Publikum johlt. »Jürgen, was hast du uns mitgebracht?«, fragt Juror Jochen Schweizer.

»Wir wollen das Banking revolutionieren«, antwortet Kandidat Jürgen.
»Wer seid ihr?«
»Ein schon etwas gereifteres, aber sehr innovatives Unternehmen mit fast 100.000 Mitarbeitern.«
»Und was wollt ihr?«
»Den FinTechs Konkurrenz machen. Die Zukunft des Bankings erfinden. Aus langweiligen Finanzen eine packende User Experience machen!«
Juror Frank Thelen hakt kritisch nach: »Na ja, wenn ihr 100.000 seid, warum habt ihr das nicht schon lange gemacht?«

Jürgen, etwas unsicher: »Sagen wir mal so, wir waren ein bisschen mit uns selbst beschäftigt ...«

Der Scheinwerfer schwenkt auf Joe Kaeser.

Auch für den Industriegiganten Siemens wandelt sich das Marktumfeld gerade radikal. Konkurrenten wie General Electric haben bereits räuberische Aktionäre am Hals, die auf die Aufspaltung der Mischkonzerne drängen und daraus Profit schlagen wollen. Aber auch aggressive chinesische Unternehmen wie Huawei sitzen den Münchnern im Nacken. Themen wie Industrie 4.0 entwickeln sich exponentiell – nachdem lange darüber geredet wurde, kommen neue Lösungen jetzt sehr schnell auf den Markt. Der ehemalige Innovationskonzern droht zum Innosaurier zu werden – ein Unternehmenstyp, der zwar das Bestehende optimiert, aber radikale Durchbrüche verschläft.

Jurorin Judith Williams lächelt: »Joe, erzähle uns deine Idee.«
Joe: »Wir werden die Voraussetzungen dafür schaffen, dass die Ideen unserer klugen Köpfe innerhalb und außerhalb unseres Unternehmens auch schnell und unkompliziert umgesetzt werden können.«
Williams: »Das klingt ungefähr so verbindlich wie Hillary Clinton im Wahlkampf 2016.«
Joe: »Siemens ist Innovation. Und weil wir das sind, gründen wir jetzt die Innovation AG. Wir gründen neue Forschungszentren, setzen einen Mitarbeiter-Innovationsfonds im Wert von 100 Millionen Euro auf und wollen mit 300 Mitarbeitern in China an neuen Digitalisierungslösungen arbeiten.«

Juror Frank hakt nach: »Sag mal, Joe, ich hatte mal ein schickes Siemens-Handy, aber dann habt ihr das nicht hingekriegt. Warum?«

Joe: »Wir waren zu langsam. Zu bürokratisch. Aber das ändert sich jetzt. Wir werden jetzt richtig schnell und innovativ.«

Juror Jochen hakt nach: »Ich verstehe das nicht. Warum wird man so träge?«

Joe: »Ich glaube, wir waren einfach zu erfolgreich.«

Sowohl die Deutsche Bank als auch Siemens haben eine Mammutaufgabe vor sich, die sich alleine durch eine neue Innovationsinitiative kaum bewältigen lässt. Das Forschungs- und Entwicklungsbudget zu erhöhen, das Wort »Innovation« in jede zweite Präsentation zu schreiben und in Start-ups zu investieren, sind gute PR-Maßnahmen. Aus wissenschaftlicher Sicht hat es maximal homöopathische Wirkung: Was hilft es, wenn Tüftler und Entrepreneure innovative Geschäftsmodelle entwickeln, diese dann aber später von Konzernstrukturen erdrückt werden? Drei Beispiele, die die Mammutaufgabe verdeutlichen:

Wer macht in einem Konzern Karriere? Schon vor dreißig Jahren beschrieb der Psychologe Michael Kirton, dass es auf den vielen Entscheidungsebenen fast ausschließlich Adaptoren – und nur wenige Innovatoren gibt. Gegen allzu neue Ideen entwickeln Konzerne daher ein gesundes Immunsystem.

Was wird in einem Konzern belohnt? Anreizsysteme für Mitarbeiter und Führungskräfte belohnen das »Mehr«, nicht das »Anders«. Ausprobieren, Scheitern und wieder Aufstehen – das Grundelexier jeder Innovation – wird in Konzernen eher ungern gesehen.

Welches Managementverständnis herrscht in Konzernen vor? Alles ist durch Prozesse regelbar. Und so gibt es selbst für Innovation Vorschriften, die penibel einzuhalten sind. Innovatoren sind vom Grundverständnis her aber eher Regelbrecher als Regelbefolger.

Damit dieses Buch nicht als allgemeine Konzernschelte abgetan wird: Genau das sind die Faktoren, die in der Vergangenheit zum Erfolg von Konzernen beitragen haben. Ihr System ist auf Effizienz und Skalierung ausgerichtet – aber eben nicht auf Innovation. Innovation braucht Menschen, die Bestehendes hinterfragen – statt es einfach nur weiter auszubauen. Innovation braucht den Mut zum Scheitern – und keine sicherheitsorientierten Karrierestrategien. Und letztlich braucht Innovation Vertrauen – eine Währung, in die weder die Deutsche Bank noch Siemens in den vergangenen Jahren übermäßig viel investiert haben.

Hinter vorgehaltener Hand hat mir ein Strategiechef der Finanzbranche vor einigen Monaten verraten: »Das Schlimmste, was uns passieren kann, ist, dass eines der jungen Unternehmen, mit denen wir gerade kooperieren, Erfolg hat. Dann müssen wir unsere gesamte Organisation verändern.« Diese Aussage unterstreicht ein Grunddilemma: So attraktiv es für Vorstände ist, sich mit jungen Gründern zu umgeben und Innovationswettbewerbe zu veranstalten: Zu Hause wartet der schnöde Alltag. Es gilt, Marktpositionen zu halten, Umstrukturierungen durchzusetzen, Kosten zu optimieren und fast nebenbei viermal im Jahr die Erwartungen der Aktionäre glanzvoll zu übertreffen.

Das große Finale: Selten war Fernsehen so dramatisch. Jürgen gegen Joe. Deal oder kein Deal? Wie wird die Jury entscheiden? Wer wird den härtesten Pitch der Welt als Überlebender verlassen? (Fernsehmacher hätten diese Fragen noch minutenlang ausgedehnt und zwei Werbeblöcke eingespielt, diesen Teil überspringen wir.)

Juror Carsten Maschmeyer lehnt sich zurück. Jürgen Fitschen setzt ein verschmitztes Mark-Zuckerberg-Lächeln auf. Joe Kaeser kommt verspätet aus der Garderobe. Er hatte kurz überlegt, sich Jeans und einen schwarzen Rollkragenpullover anzuziehen, sein Pressesprecher konnte ihn im letzten Moment davon abhalten.

Maschmeyer lehnt sich nach vorne: »Ich bin raus.«
Jochen Schweizer nickt: »Geht nach Hause.«
Jürgen und Joe verstehen die Welt nicht mehr. Mit dem Geld des einen und den Ingenieuren des anderen könnten sie die Alpen an die Nordsee versetzen. Und hier fallen sie auf einmal durch?
Frank erklärt väterlich: »Ich finde eure Ansätze gut. Aber ich weiß nicht, ob ihr das umsetzen könnt. Hier mein Angebot: Kommt in einem Jahr wieder und zeigt uns, dass ihr die Trägheit besiegt habt.«
Die beiden Kandidaten verlassen das Studio. Jochen sagt: »Jetzt haben wir keinen Gewinner, schlecht für die Quote.« Frank antwortet: »Lass uns Aleksandra nehmen. Die mit den Bomberjacken für Hunde.«
»Deal.« »Deal.« »Deal.«

Dieses Gedankenspiel zeigt eines auf: Die Entwicklung vor allem disruptiver digitaler Geschäftsmodelle widerspricht den Werten und Praktiken von 80 Prozent aller Unternehmen. Erfolgreiche digitale Innovation erfordert ein vollkommen neues Verständnis der Unternehmenskultur und den Willen, das eigene bisherige Geschäftsmodell mit neuen Blickwinkeln zu betrachten. Es erfordert schnelle, flexible und veränderungsfähige Strukturen. Digitale Innovationen – entwickelt in den starren Strukturen eines Konzerns oder eines mittelständischen Unternehmens – sind praktisch zur Erfolglosigkeit verdammt. In diesem Kapitel lernen Sie Denkansätze kennen, die Sie dabei unterstützen, digitale Disruption zu entwickeln und mitzugestalten.

Drei Aussagen, die Sie mit Vorsicht genießen sollten

Quer durch alle Branchen finden sich Sätze, die Sie im Zusammenhang mit der Digitalisierung immer wieder hören. Nicht immer sind sie ein Ausdruck von Fortschritt – auch wenn sie so klingen.

»Wir machen jetzt was mit Start-ups.«

Erinnern Sie sich an die Neunzigerjahre? Da studierte man »was mit Medien«. Das hieß soviel wie: »Ich weiß nicht, was ich mit meinem Leben anstellen soll, aber cool und hip muss es sein.« Heute machen Unternehmen »was mit Start-ups«. Im November 2015 verkündet Deutsche Bank Co-Chef Jürgen Fitschen: »Wir werden den FinTechs jetzt verstärkt Konkurrenz machen.« Das Bankhaus eröffnet sein Innovation-Lab in Berlin. Im April 2016 folgt ein Innovation-Lab im Silicon Valley. Die Commerzbank hatte vorgelegt: Der main incubator (»Die Nr. 1 für Visionäre im Banking«) unterstützt Unternehmensgründer im Bereich der Finanzwirtschaft dabei, ihre Projekte voranzutreiben. Im hauseigenen Magazin *Pictures of the Future* stellt Siemens Ende 2015 den Ansatz der »Siemens Innovative Ventures« vor: eine Brücke zwischen Start-ups und Siemens. Die erste Begegnung zwischen Siemens und Toru, einem innovativen Roboter, hätte Hollywood nicht schöner beschreiben können: Claudia-Camilla Malcher, Siemens-Expertin für Start-ups, lernt die Gründer 2014 in einer Warteschlange vor einem Currywurst-Stand kennen.

Die Liste von Unternehmen, die was mit Start-ups machen, ist lang: Die Lufthansa unterhält in Berlin den Innovation-Hub, die AXA-Versicherung den AXA-Innovation-Campus, der Axel-Springer-Verlag hat das Konzept des Plug-and-Play-Inkubators aus dem Silicon Valley abgeschaut, Georg von Holtzbrinck beteiligt sich mit Holtzbrinck Ventures an Start-ups. »Was mit Start-ups« zu machen, hat drei positive Effekte:

Unternehmen lernen, wie innovative Gründer ihre Produkte entwickeln. Innerhalb weniger Wochen von der Idee zum ersten Prototypen – statt langer Abstimmungsmeetings und theoretischer Präsentationen. Schnelle Markttests, schnelles Feedback von Kunden, schnelle Änderungen an Produkten und Angeboten.

Unternehmen erhalten Anregungen für neue Geschäftsmodelle und Angebote. Viele Mechanismen lassen sich auf mehrere Branchen anwenden. Was im E-Commerce funktioniert, kann mit leichten Änderungen durchaus auf den Bereich Gesundheit übertragen werden. Anwendungen aus dem Kundenservice einer Versicherung sind – mit leichten Abstrichen – auch auf den Kundenservice von Elektrogeräteherstellern übertragbar.

Unternehmen erhalten ein Netzwerk zu Programmierern, Designern und Entwicklern digitaler Geschäftsmodelle. Mindestens 90 Prozent aller Start-ups scheitern. Nicht weil die Macher schlecht sind, sondern weil ihre Angebote vom Kunden nicht angenommen wurden, sie ihre Lösungen zu früh auf den Markt brachten oder schlichtweg zu viel Konkurrenz hatten. Für viele junge Talente ist die Arbeit in einem Start-up – auch von gescheiterten – eine Ausbildung unter Hochdruck.

Und doch gilt es, die Erwartungen nicht zu hoch zu schrauben. Kein Unternehmensgründer tritt mit der Vision an, der Deutschen Bank bei Innovation zu helfen. Im Gegenteil: Die Geschäftsmodelle traditioneller Unternehmen sind häufig das Angriffsziel. Beteiligt sich ein Unternehmen an diesen Start-ups, ist das möglicherweise sinnvoll. Nur hilft es nicht im operativen Geschäft. Wenn »was mit Start-ups« zu machen der Kern der Innovationsstrategie ist, gibt es praktisch keine Innovationsstrategie. Der kurzfristigen Aufmerksamkeit in der Branchenpresse folgt häufig schnell Ernüchterung.

»Wir haben den Business Case durchgerechnet, er sieht sehr gut aus.«

Thomas Andrae gehört zu den erfahrensten Risikokapitalgebern im deutschsprachigen Raum. Unter anderem ist er Investor für 3M New Ventures. Ich treffe ihn an einem Sommerabend in Berlin. »Wir haben in den letzten Jahren viel Lehrgeld gezahlt«, offenbart er mir. »Wir haben zu sehr an die Businesspläne junger

Gründer geglaubt.« Heute achtet Thomas Andrae viel mehr auf die Persönlichkeitsstruktur der Gründer und ist damit sehr erfolgreich. In der Tat lässt sich mit mathematischem und analytischem Geschick fast jeder Businessplan hochrechnen. Ein Steinverleih im Internet? Multiplizieren Sie die Zahl der Dekorationssteine in deutschen Gärten mit der Häufigkeit von Gartenrenovierungen und den Entsorgungskosten für Steine. Finden Sie Mikrotrends, die Ihnen bestätigen, dass Naturbauen einer der größten Wachstumsmärkte der Zukunft ist. Rechnen Sie die durchschnittlichen Anschaffungskosten für Naturgranitsteine in einem durchschnittlichen Garten aus. Fertig ist der Business Case.

Dass das im Markt noch keiner macht, begründen Sie nicht damit, dass die Idee möglicherweise vollkommen idiotisch ist. Sondern Sie präsentieren sich selbstbewusst als »First Mover im Naturwachstumsmarkt der Zukunft«. Jetzt kombinieren Sie das Ganze mit einem »Hockey Stick«. Das ist der Fachbegriff für eine Wachstumskurve, mit der Unternehmen in den ersten zwei Jahren hohe Verluste erklären (genau den Kapitalbedarf, den sie wünschen) und dann von einem exponentiellen – also überdurchschnittlich hohem – Wachstum schwärmen. Wie selbstverständlich nehmen Sie dabei europäische Märkte wie Frankreich, England, Italien und Spanien ein. Mittlerweile gibt es Disziplinen wie »Businessplan-Tuning« – die Kunst, einen Businessplan so lange mit Zahlen aufzupumpen, bis die gewünschten Ergebnisse drinstehen.

Businesspläne zeigen auf, dass sich jemand ernsthaft Gedanken darüber gemacht hat, ob es einen Markt gibt. Doch wie nützlich sind sie wirklich? In einer schwedischen Studie von Thomas Karlsson und Benson Honig heißt es: »Die Nützlichkeit von Businessplänen für die Gründung eines neuen Unternehmens wird heute als genauso natürlich angesehen wie vor fünfhundert Jahren die Tatsache, dass die Erde eine Scheibe ist.« Keines der von Karlsson und Honig untersuchten Unternehmen hat sich an den eigenen Businessplan gehalten. Gerade digitale Märkte verändern sich so schnell, dass eine konkrete Planung über sechs Monate hinaus komplett unrealistisch ist.

Worauf achten Investoren zunehmend? Auf die Persönlichkeit der Gründer. Es geht dabei um Fragen wie: Wie reagiert das Gründungsteam, wenn die Hochglanzpläne an der Realität scheitern? Geben sie auf? Oder versuchen sie alles, um ihrem jungen Geschäftsmodell zum Erfolg zu verhelfen? Träumen sie vom schnellen Geld und einem Exit in wenigen Jahren? Oder wollen sie nachhaltige unternehmerische Verantwortung tragen? Auch wenn der schnelle Exit aus Sicht von Investoren zunächst attraktiv erscheinen mag – an der Spitze der erfolgreichsten digitalen amerikanischen Disruptoren stehen bis heute die Gründer. Jeff Bezos von Amazon hat sein Unternehmen genauso wenig verkauft, wie Sergey Brin und Larry Page von Google. Glauben Sie keinem Businessplan!

»Das machen wir schon.«

Workshop mit einem der großen Stadtwerke in Deutschland. Es geht um das Thema »Digitale Geschäftsmodelle für Energieversorger«. Nach kurzer Zeit erhält der Workshop eine merkwürdige Dynamik. Egal, welches Stichwort fällt, die Verantwortlichen sagen: »Machen wir schon.« Digitalisierung des Kundenservice? »Machen wir schon. Wir nutzen jetzt Skype for Business.« Provisionsbasierte Vermittlung von Handwerkern? »Machen wir schon. Wir haben ein Handwerkerportal auf unserer Homepage.« Nutzung der bestehenden Kundenbasis für neue Geschäftsmodelle? »Machen wir schon. Wir haben gerade eine App für unsere Kunden mit Angeboten aus der Region herausgebracht.« Dem Machen-wir-schon-Phänomen begegne ich fast täglich. Das Gespräch ist an dieser Stelle meistens beendet. »Machen wir schon« heißt so viel wie: »Alles läuft, wir sind zufrieden.« Doch Zufriedenheit ist die schlimmste Eigenschaft für angehende digitale Innovatoren. Denn alles, was Unternehmen tun, kann schon morgen kopiert werden. Der einzige Wettbewerbsvorteil ist die ständige Weiterentwicklung. »Machen wir schon« ist nicht gleichzusetzen mit »machen wir gut«.

In großen Unternehmen stehen traditionell viele Themen auf der Agenda und werden durch Verantwortliche vorangetrieben. Einige dieser Projekte erreichen sogar Prototypenstatus: Es gibt eine animierte Präsentation oder sogar eine Website mit Funktionalitäten zum Ansehen. Darüber hinaus wird die Luft dünn. Aus unseren Studien, die wir in zahlreichen Unternehmen durchgeführt haben, geht klar hervor: Nur die wenigsten Unternehmen schaffen den Sprung vom ersten Prototypen bis zum ausgereiften digitalen Geschäftsmodell. Warum? Weil das der schwierigste Teil ist. Mithilfe von Animationen und Grafiken zu beweisen, dass theoretisch etwas funktionieren würde, sich hierzu positives Kundenfeedback einzuholen und möglicherweise eine Machbarkeitsstudie durchzuführen, das ist der einfachste Teil. Was dann folgt, ist monatelanges, kräftezehrendes Entwickeln, immer wieder Hinterfragen, immer wieder Korrigieren und mit zahllosen sogenannten »Bugs« umgehen: Funktionen, die einfach nicht das tun, was sie sollen.

»Machen wir schon« gehört zu den Sätzen, die digitale Disruptoren niemals verwenden würden. Warum? Irgendjemand macht immer etwas besser als man selbst. Irgendjemand hat immer die kreativeren Ideen und ein Problem besser gelöst. Digitale Disruptoren sind neugierig. Und hungrig auf Lösungen und Ideen, die möglicherweise besser sind als ihre eigenen.

Die Entwicklung der digitalen Innovationsfähigkeit

Warum tun sich Unternehmen mit der Entwicklung disruptiver digitaler Geschäftsmodelle so schwer? Warum bremsen sie sich selbst aus, obwohl sie wissen, dass Geschwindigkeit im Entwicklungsprozess der entscheidende Faktor ist? Warum investieren sie in radikale Innovation und erhalten dennoch nur eine etwas modernisierte Version des Bestehenden? Seit Mitte der 90er Jahre beschäftigt sich die Wissenschaft intensiv mit dieser Frage. Die Antwort: Weil die Unternehmenskultur und die Strukturen nicht auf die Entwicklung disruptiver Geschäftsmodelle ausgerichtet sind. Denn die Entwicklung radikaler digitaler Innovationen unterscheidet sich grundlegend von der Umsetzung digitaler Transformationsstrategien.

In der digitalen Zukunft zählt vor allem eines: Geschwindigkeit!

Stellen Sie sich zwei verschiedene Unternehmen vor: die Blau GmbH und die Rot GmbH. Beide Unternehmen entwickeln neue digitale Servicekonzepte für Geschäftskunden. Die Blau GmbH braucht dafür knapp 60 Arbeitstage und beschäftigt drei Mitarbeiter. Die Rot GmbH braucht viermal solange: 240 Arbeitstage und fünf Mitarbeiter. Das hat wirtschaftliche Folgen: Die internen Kosten betragen bei der Blau GmbH (je nach Gehalt der Mitarbeiter) 30.000 bis 50.000 Euro, bei der Rot GmbH weit über 200.000 Euro.

Eine Analyse der einzelnen Stufen des Innovationsprozesses bringt es an den Tag: Die Blau GmbH bewältigt alle Schritte schneller und zügiger: Ideen werden in einem Viertel der Zeit gegenüber der Rot GmbH entwickelt. Die Konzeptentwicklung, die Prototypengestaltung, die Akzeptanztests und die Maßnahmen der Markteinführungen gehen deutlich schneller.

Dieser Unterschied hat für die Innovationsleistung der beiden Unternehmen dramatische Folgen: die Blau GmbH bringt vier digitale Serviceinnovationen pro Jahr auf den Markt, die Rot GmbH nur eine. Geht man davon aus, dass nur jede vierte Innovation

IDEENENTWICKLUNG
56 PERSONENTAGE — ROT AG
11 — BLAU AG

BUSINESS PLANNING
68 PERSONENTAGE
15

ENTWICKLUNGSPROZESS
79 PERSONENTAGE
21

MARKTEINFÜHRUNG
87 PERSONENTAGE
18

eine wirkliche Durchbruchsinnovation ist – also überdurchschnittlich hohe Umsätze und Gewinne erzielt werden können – gelingt der Blau GmbH jedes Jahr eine Durchbruchsinnovation, der Rot GmbH nur alle vier Jahre.

Was ist digitale Innovationsfähigkeit?

Digitale Innovationsfähigkeit beantwortet drei wichtige Fragen: Wie viele Ideen für innovative digitale Geschäftsmodelle entstehen im Unternehmen? Wie schnell kommen Teams von der ersten Idee bis zur erfolgreichen Umsetzung? Und wie schnell kann das digitale Geschäftsmodell wieder angepasst und verändert werden?

Unternehmen mit einer hohen digitalen Innovationsfähigkeit berücksichtigen alle relevanten Faktoren, die zum Erfolg beziehungsweise Misserfolg bei der Entwicklung und Umsetzung digitaler Innovationsprojekte beitragen. Dazu zählen Fragen wie:

- Haben Mitarbeiter die Bedeutung der digitalen Vision verstanden? Richten sie ihr Handeln danach aus?
- Fördern Führungskräfte die Entstehung und Umsetzung innovativer Ideen für die Digitalisierung von Arbeitsabläufen und Produkten?
- Wie werden bei einem Konflikt zwischen dem operativen Tagesgeschäft und Innovationsprojekten die Prioritäten gesetzt?
- Wie kreativitätsfördernd ist die Zusammensetzung von Teams?
- Entstehen genügend Ideen, um Hindernisse bei der Umsetzung zu überwinden oder werden Hindernisse als gegeben angesehen?

Die zunehmende Auseinandersetzung mit der digitalen Innovationsfähigkeit hat einfache Ursachen: In kaum einem Bereich werden so viele Fehlinvestitionen betrieben wie bei digitalen Innovationen. Selbst wenn Unternehmen Millionen in innovative Start-ups investieren, bedeutet das nicht zwingend, dass sie innovativer werden. Wenn innerhalb eines Unternehmens eine Kultur existiert, die wirklich neues Denken unterdrückt, wird das Unternehmen in den seltensten Fällen Durchbruchsinnovationen erzielen – egal wie viel das Top-Management beispielsweise mit Start-ups kooperiert.

Digitale Innovationsfähigkeit ist mess-, analysier- und steuerbar

Faktoren wie beispielsweise das Verständnis der Digitalisierungsstrategie, das Anreizsystem innerhalb eines Unternehmens oder das Maß an Risikobereitschaft können mithilfe wissenschaftlich abgesicherter Methoden gemessen werden. Die Analyse der digitalen Innovationsfähigkeit lässt fundierte Rückschlüsse darauf zu, welche Arten digitaler Innovationen ein Unternehmen beziehungsweise eine Geschäftseinheit in den kommenden zwei bis drei Jahren entwickeln wird.

Die Logik dahinter ist einfach: Wenn heute keine neuen Ideen für digitale Services entstehen, ist morgen nichts da, was zu fundierten Prototypen weiterentwickelt werden kann. Wo morgen keine Prototypen entstehen, ist übermorgen nichts vorhanden, was konsequent entwickelt, getestet und in den Markt gebracht werden kann. Wo heute das eigene Geschäftsmodell nicht konsequent angegriffen wird, entstehen morgen keine disruptiven Innovationen. Je besser die Rahmenbedingungen für digitale Innovationen sind, desto schneller und einfacher können aus ersten Ideen markt- beziehungsweise einführungsreife Innovationen werden.

Sind Sie der richtige Innovationstyp?

Warum schlagen kleine Start-ups mit wenig Geld große Unternehmen in Innovation? Warum setzen manche Unternehmen Innovationen mühelos um, andere tun sich ausgesprochen schwer? Wieso setzen manche Unternehmen Trends, andere hinken beständig hinterher? Die Antwort liegt tief in der DNA dieser Unternehmen: Nicht ihre Strukturen und Prozesse sind entscheidend, sondern ihr Innovationstyp. In meinem wissenschaftlichen Buch *Die Innovationsfähigkeit von Unternehmen* habe ich auf Basis von knapp dreihundert internationalen Studien aufgezeigt: Genau wie bei Menschen gibt es auch bei Unternehmen verschiedene Typen – die einen sind vorsichtiger und zaghaft, die anderen mutig und draufgängerisch. Der Innovationstyp eines Unternehmens entscheidet maßgeblich darüber, zu welchen Innovationen es fähig ist. Die nachfolgenden vier Beschreibungen helfen Ihnen, sich und Ihr Unternehmen einzuordnen.

Innovationstyp 1: Operative Innovatoren

In Ihrem Unternehmen wird viel über Innovation gesprochen – gemeint ist damit vor allem die Verbesserung operativer Abläufe und Prozesse. Sie sind weitgehend auf das Tagesgeschäft ausgerichtet, kreative Ideen werden nur insoweit akzeptiert, wie sie der Verbesserung des Bestehenden dienen. Visionäre, die Ihre Branche verändern wollen, haben es bei Ihnen eher schwer: Allzu große Veränderungen stehen bei Ihnen nicht im strategischen Fokus.

Haben Sie sich und Ihr Unternehmen wiedererkannt? Dann sind Sie ein operativer Innovator. Dieser Innovationstyp verfolgt keine ambitionierten visionären Ziele, sondern ist primär auf Effizienz ausgerichtet. Unternehmen mit einer solchen Innovationskultur sind vielfach sehr erfolgreich darin, ihr derzeitiges Geschäftsmodell zu sichern. Die Kehrseite dieser auf Effizienz ausgerichteten Unternehmen tritt erst zutage, wenn Innovationen vorangetrieben werden sollen. Operative Innovatoren tun sich häufig schon mit der Umsetzung geringer Innovationsgrade – wie beispielsweise der Entwicklung neuer Produkte – sehr schwer. Weitreichende Innovationen, die den Markt oder sogar ganze Branchen verändern, kommen nur in äußersten Ausnahmesituationen von diesem Innovationstyp.

Innovationstyp 2: Innovative Optimierer

Sie hören auf Ihre Kunden, entwickeln Ihre Produkte und Angebote beständig weiter, ab und zu überraschen Sie die Märkte mit neuen Dingen. Innovation wird bei Ihnen primär über Prozesse vorangetrieben. Ihr Innovationsmanagement hat die Aufgabe, den Erfolg der Innovationsprojekte durch festgeschriebene Kennzahlen zu kontrollieren. Sie sind fast schon ein Routine-Innovator.

Haben Sie sich und Ihr Unternehmen wiedererkannt? Dann sind Sie ein innovativer Optimierer. Dieser Innovationstyp ist vor allem auf die Adaption des Bestehenden ausgerichtet: neue Produktmerkmale, die Erweiterung von Produktlinien, die Erfüllung neuer konkreter Kundenanforderungen. Innovative Optimierer verfügen häufig über ein breites Angebotsportfolio, das aus vielen Varianten eines Ursprungsprodukts beziehungsweise einer ursprünglichen Kernkompetenz besteht. Durch die beständige Optimierung haben diese Unternehmen häufig eine sehr hohe Qualität und eine entsprechende Marktposition erreicht. Die Kehrseite: Die Philosophie des innovativen Optimierens ist häufig so sehr im Unternehmen verankert, dass kaum oder nur sehr wenig nach Alternativen zum Bestehenden gesucht wird. Die Herausforderungen für innovative Optimierer bestehen einerseits in der Steigerung der Innovationseffizienz und damit – Geschwindigkeit, anderseits im Management höherer Innovationsgrade. Darauf ist die Kultur häufig nicht ausgerichtet.

Innovationstyp 3: Strategischer Innovator
Ihr Top-Management hat ein strategisches Innovationsziel definiert, das durch klare Vorgaben von oben erreicht werden soll. Fachübergreifende Innovationsteams werden gegründet, ambitionierte Projektpläne geschrieben und mutige Deadlines definiert. Ihr Wertesystem ist nicht auf den Erhalt des Bestehenden, sondern auf die Entdeckung des Neuen ausgerichtet: Auch mutige kreative Ideen werden wertgeschätzt, Vorgesetzte sehen ihre Hauptrolle darin, Innovationsbarrieren aus dem Weg zu räumen, innerhalb des Unternehmens haben sich zahlreiche informelle Netzwerke gebildet.

Erkennen Sie Ihr Unternehmen wieder? Dann sind Sie ein strategischer Innovator. Dieser Innovationstyp ist beispielsweise eine neu gegründete Business-Unit, die mit einer neuen Dienstleistung ein verändertes Geschäftsmodell umsetzen soll. Oder ein mittelständisches Unternehmen, das seine Entwicklungen stark vorantreibt. Strategische Innovatoren sind stark durch Hierarchien getrieben: Innovation stammt häufig top-down vom Management und wird durch Führungskräfte und Mitarbeiter umgesetzt. Die Kehrseite:

Strategische Innovatoren sind sehr erfolgreich, solange sie sich in stabile sicheren Märkten bewegen. Ist das Marktumfeld durch zahlreiche neue Mitbewerber und eine hohe Veränderungsgeschwindigkeit geprägt, sind strategische Innovatoren mitunter zu langsam. Genau das passiert in den Märkten, in denen digitale Disruptoren angreifen. Zudem besteht immer die Gefahr, dass das oberste Management falsche strategische Vorgaben macht. Im Gegensatz zu proaktiven Innovatoren fällt es strategischen Innovatoren schwer, eine einmal eingeschlagene Richtung zu ändern.

Innovationstyp 4: Proaktive Innovatoren

Bei Ihnen dreht sich alles um Innovation. Mitarbeiter haben viele Ideen und starten zahlreiche Projekte selbst. Innerhalb des Unternehmens wird aktiv für diese Projekte geworben, es bilden sich Netzwerke um Innovatoren herum, die diese unterstützen. Fehlschläge werden nicht wirklich als Fehlschläge betrachtet, solange es das Ziel ist, daraus neues Wissen zu generieren. Es gilt, eine große Vision zu erreichen. Die Konzentration auf kleinteilige Fehler wirkt dabei nur störend. Auch Führungskräften kommt eine ganz besondere Rolle zu: Ihre Hauptaufgabe besteht darin, kreative Ideen zu fördern und ihre Entwicklung aktiv voranzutreiben.

Haben Sie sich und Ihr Unternehmen wiedererkannt? Dann sind Sie ein proaktiver Innovator. Diese Unternehmen beziehungsweise Unternehmenseinheiten sind darauf ausgerichtet, möglichst weitreichende Innovationen zu entwickeln und erfolgreich in die Märkte zu bringen. Sie sind kompromisslos dem Neuen verschrieben. Diese Unternehmenskultur ist die, in der disruptive digitale Innovationen umgesetzt werden.

Welche Innovationskultur brauchen Unternehmen, die den digitalen Wandel erfolgreich gestalten wollen? Beide: Eine auf die Weiterentwicklung des bestehenden Geschäfts ausgerichtete Kultur. Parallel dazu Geschäftseinheiten, die die Merkmale proaktiver Innovatoren aufweisen. Mitunter führt es dazu, dass eine Geschäftseinheit damit beauftragt ist, ein bestehendes Geschäftsmodell zu erhalten. Die andere tut alles, um genau dieses Geschäftsmodell zu zerstören. Es entstehen Strategien, die schizophren anmuten.

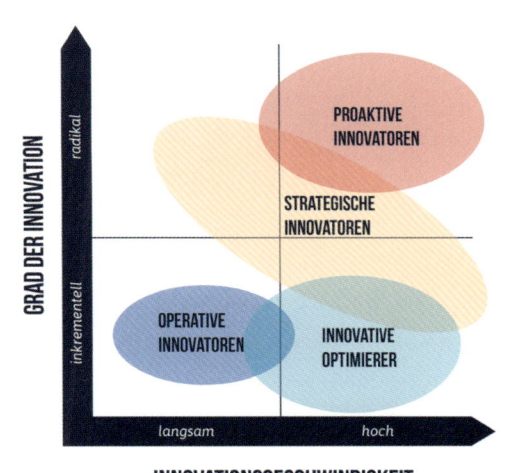

Die Analyse der Rahmenbedingungen, innerhalb derer Innovation umgesetzt wird, ist häufig wirksamer als die Optimierung von Innovationsprozessen oder die Einführung neuer Methoden. Sie hilft Unternehmen, teure Fehlinvestitionen zu vermeiden, weil die angestrebten Innovationsziele und die Innovationskultur nicht zusammenpassen. Mehr Informationen über die vier Innovationstypen, den praktischen und wissenschaftlichen Hintergrund sowie eine kostenlose Analyse des eigenen Innovationstypus erhalten Sie auf der Website *www.innovationsfaehigkeit.de*.

Die nachfolgenden Abschnitte stellen Ihnen wichtige Stellhebel für die Entwicklung Ihrer Unternehmensstrategie und Ihrer Unternehmenskultur vor. Beides zusammen sind die Bausteine der digitalen Innovationsfähigkeit Ihres Unternehmens beziehungsweise Ihrer Abteilung. Die Stellhebel sind nicht vollständig. Insgesamt habe ich im Rahmen meiner wissenschaftlichen Arbeit knapp fünfzig identifiziert. Sie finden sie unter anderem auf der Website, im Buch *Die Innovationsfähigkeit von Unternehmen* und in unserer Studie *Innovationsmanagement weiter denken* – ebenfalls im Verlag BusinessVillage erschienen.

Entwickeln Sie schizophrene Strategien!

Es ist eines der Merkmale von Märkten im Umbruch, dass sowohl die Verteidiger des Status quo wie auch die Angreifer aus der Fülle der vielen Informationen ihre eigene Wahrheit bilden können. »Print ist tot«, heißt es seit knapp fünfzehn Jahren in der Medienbranche. Und gerade als die Meinung, Print sei tot, mehrheitsfähig wird, erscheint das Magazin *Landlust*. Bis heute hat die Zeitschrift regelmäßig über eine Million Leser. »Der Einzelhandel ist tot, die Zukunft gehört dem E-Commerce.« Und während die Branche zittert, expandieren Flagship-Stores und Factory-Outlets. »Das klassische Banken-Filialgeschäft ist tot«, heißt es in der Finanzbranche. Nicht nur die Deutsche Bank schließt Filialen, auch andere Institute wie die Hypo-Vereinsbank oder die Bank Austria. Und mitten herein platzt die Nachricht: Die Targobank investiert gegen den Trend und eröffnet eine neue Filiale in Straubing. Die Kasseler Bank hat zwanzig Monate an einer neuen Zweigstelle gebaut. Und die CreditPlus Bank hat ihre Filiale Hämergasse in Köln modernisiert und vergrößert.

Diese Liste ließe sich beliebig fortsetzen. Wer liegt richtig? Wer liegt falsch? Einfache Antworten gibt es nicht – gerade in Märkten, die von radikalen Umbrüchen betroffen sind, ausgelöst durch Trends wie die Digitalisierung. Die Suche nach der richtigen Handlungsstrategie würde dem Versuch gleichkommen, heute bereits das Wetter vom 1. Juni 2025 vorhersagen zu wollen. Was heißt das für die Strategieentwicklung? Die Strategie eines Unternehmens oder einer Unternehmenseinheit ist der Grundstein digitaler Disruption. Was das Top-Management eines Unternehmens nicht will, wird niemals geschehen. Ein wichtiger Teil einer solchen Strategie besteht darin, dass das Management sie durch eigene Aktivitäten unterlegt. Digitale Transformation lässt sich delegieren, digitale Disruption nicht. Wofür sich das Top-Management eines Unternehmens engagiert, hat Leitwirkung. Doch können Unternehmen zwei unterschiedliche Strategien gleichzeitig verfolgen? Sie müssen es: Vorstände und Geschäftsführer verfolgen heute mehr und mehr Strategien, die scheinbar schizophren sind: Das Bestehende durch fortwährende Innovationen so lange wie möglich erhalten und es durch radikale neue Entwicklungen zugleich ersetzen. Gleichzeitig bewahren und bekämpfen.

Auf den ersten Blick ein Widerspruch: Das Unternehmen als Bewahrer und radikaler Erneuerer zugleich. Auf den zweiten Blick wegweisend: Während Kodak Schritt für Schritt Richtung Insolvenz ging, schaffte es CeWe Color, im neuen Geschäftsfeld zu wachsen. Das Dilemma zwischen der Bewahrung des Bestehenden und der

CeWe Color

Was tut das Unternehmen?

Das Geschäftsmodell des Unternehmens CeWe Color aus Oldenburg bestand traditionell in der Entwicklung von Fotofilmen. Heute ist aus dem ehemaligen Großlabor ein digitales Unternehmen geworden: Innovationen wie die Software für das Design der CeWe-Fotobücher und die Infrastruktur, um täglich tausende von Aufträgen anzunehmen und abzuwickeln, wurden dort entwickelt.

Was macht das Unternehmen disruptiv?

Unter dem Druck der Digitalisierung entschloss sich der Vorstand zu einem radikalen Schritt. Ein Teil des Unternehmens verfolgte die Strategie, das bestehende Geschäftsmodell weiter zu optimieren. Auf dem gleichen Gelände in Oldenburg wurde die CeWe Digital gegründet: Eine Einheit, die den Auftrag hatte, das alte Geschäft durch Neuentwicklungen zu zerstören.

Branche

FOTO — INTERNET

Disruptionsprofil

★★★★☆ EFFIZIENZSTEIGERUNG

★★★★★ VERÄNDERUNG DER MARKTLOGIK

★★★★☆ SCHAFFUNG NEUER MÄRKTE

Disruptionsprinzipien

ZIELGRUPPE EINS — RADIKALE EFFIZIENZSTEIGERUNG

Erneuerung nennt die Wissenschaft »Ambidextrie«. Es ist die Fähigkeit, unterschiedliche Strategien gleichzeitig zu verfolgen.

Dazu braucht es kulturell unterschiedlich ausgerichtete Unternehmensteile. Der eine arbeitet daran, Fotos so effizient wie möglich zu entwickeln, der andere macht die klassische Fotoentwicklung überflüssig. Der eine Teil versucht, die Bankfiliale so attraktiv wie möglich zu machen, der andere versucht, sie zu ersetzen. Der

Standpunkt »Die Digitalisierung hat die Fotografie- und Filmwelt die letzten fünfzehn Jahre massiv verändert. Einst bekannte Firmen wie AGFA, Kodak oder Konica sind vom Fotomarkt verschwunden. CeWe ging als einer der Gewinner des digitalen Wandels hervor und ist heute führender europäischer Fotofinisher sowie eine der innovativsten Onlinedruckereien. Der Erfolg ist kein Zufall, sondern Ergebnis eines rechtzeitig vom Top-Management initiieren Transformationsprozesses.« [Dr. Reiner Fageth, CTO, CeWe Stiftung & Co. KGaA]

eine Unternehmensteil entwickelt neue Zeitschriftenkonzepte, der andere versucht, die Zeitschrift vom Markt zu fegen. In Ansätzen geschieht dies bereits in vielen Unternehmen. Häufig jedoch halbherzig: Weil nur wenige an den Fortbestand des Alten glauben, werden neue Konzepte für das bestehende Geschäft nicht mit dem notwendigen Pioniergeist entwickelt. Und weil man dem angestammten Geschäftsmodell auch nicht zu sehr wehtun möchte, wird in die Entwicklung des bahnbrechend Neuen ebenfalls nicht die volle Energie gesteckt. Die Folge: halbherzige Innovationen sowohl im Bestehenden wie auch im Neuen.

Sie leiten ein Unternehmen? Machen Sie Schizophrenie zur offiziellen Strategie!

Erklären Sie Mitarbeitern und Führungskräften die Ambiguität radikaler Marktumbrüche. Zeigen Sie auf, dass es sowohl für den Erhalt des Bestehenden wie auch für die Ablösung des Bestehenden sehr gute Argumente und zahlreiche Fallbeispiele gibt. Erklären Sie, dass das Unternehmen beides braucht.

Verfolgen Sie beide Ziele mit Innovationsgeist. Stecken Sie Ihre volle Leidenschaft in Projekte, von denen Ihnen Berater und Spitzenvertreter Ihrer Branche möglicherweise sagen, sie seien schon lange tot. Seien Sie aber zugleich radikal, wenn es um die Substituierung des Bestehenden durch etwas Neues geht. Fordern Sie nichts Geringeres als die Kannibalisierung Ihres bestehenden Geschäftsmodells.

Behandeln Sie beide Ziele mindestens drei bis fünf Jahre lang mit gleicher Priorität. Sie werden erstaunt sein, dass selbst totgesagte Geschäftsmodelle in zehn Jahren noch existieren – und durch kluge Innovationen sogar höchst profitabel sein können. Gleichzeitig ändert es nichts daran, dass das Bestehende irgendwann durch etwas komplett Neues ersetzt wird. Das ist der normale Lauf der Dinge.

Kompromissstrategien, die ein bisschen Transformation und ein bisschen Disruption vorsehen, funktionieren nur selten.

Willst du Pirat sein? Das Wertesystem digitaler Disruptoren

Der verstorbene Apple-Chef Steve Jobs brachte es auf den Punkt: »Willst du Pirat sein oder der Navy beitreten?« Digitale Disruptoren sind Piraten. Ähnlich wie die einstigen Schrecken der Weltmeere ist es der Reiz des Unbekannten, der sie antreibt. Kein Tag verläuft wie der andere, es gibt scheinbar unüberwindbare Hürden zu meistern, neue Chancen entstehen und werden wieder verworfen. Neugier, ein hohes Maß an Kreativität und der ständige

Wille zur Veränderung gehören zum festen Wertekorsett digitaler Disruptoren.

Braucht digitale Transformation das Gleiche? Nein. Es ist sogar schädlich. Die Aufgabe der digitalen Transformation ist es, Geschäftsmodelle so lange wie möglich zu erhalten. Bestehende Strukturen werden nicht ersetzt, sondern optimiert. Kreativität in begrenztem Ausmaß ist erwünscht. Doch mehr nicht. Evolution statt Revolution.

Vertragen sich Piraten mit klassischen Unternehmensstrukturen? Ja, solange sie nicht Pirat nach Vorschrift sein müssen. »Der Pirat hat nach neuen Chancen zu suchen und sie wahrzunehmen, jedoch erst nach ausführlicher Beratung mit einem Arbeitskreis, der Einbeziehung aller Verantwortlichen und einer exakten Risikoanalyse.« Konzerne neigen dazu, sich Piratenschiffe anzuschaffen, die Mannschaft aber dem Wertekorsett der Navy unterzuordnen.

Damit digitale Disruption und Transformation gleichermaßen gelingen, müssen Piraten Piraten bleiben und Navy-Angehörige Navy-Angehörige. Es ist die Herausforderung moderner Unternehmensführung, zwei unterschiedliche Wertesysteme nebeneinander existieren zu lassen und allen daran Beteiligten das Gefühl zu geben, dass sie in ihrer Aufgabe wichtig sind.

Kann man digitale Disruption verwalten? – Strukturen und Prozesse

2008 arbeite ich das erste Mal mit einem großen deutschen Telekommunikations- und Internetkonzern zusammen. Das Ziel: Ideen zu entwickeln, um ein bestehendes Musikportal auf die nächste Stufe zu bringen. Der Konzern möchte einen Teil des wachsenden digitalen Musikmarkts für sich besetzen. Die klassische Musikindustrie, die in den Achtziger- und Neunzigerjahren das Monopol über neue Veröffentlichungen hatte, war in den Jahren zuvor ein erstes Opfer digitaler Disruptoren geworden. Prof. Dr. Karlheinz Brandenburg (TU Ilmenau) und sein Team hatten ein Verfahren entwickelt, das es möglich macht, Musikdateien zu komprimieren. Dieses Format heißt MP3.

Ich treffe Brandenburg regelmäßig auf Kongressen. Seine Geschichte klingt aus heutiger Sicht unglaublich: Als er seine Technologie der Musikindustrie vorstellt, können die verantwortlichen Manager damit nichts anfangen. Für sie macht es keinen Sinn, mithilfe eines kleineren Dateiformats 200 bis 300 Titel auf eine CD zu pressen. Dass diese Erfindung das Potenzial hat, die Grundlage ihres Geschäftsmodells zu zerstören, ahnen sie nicht. MP3 machte es möglich, Musik über das Internet zu veröffentlichen und zu vermarkten.

Der größte Feind des digitalen Innovators: das eigene Unternehmen

Der Konzern, mit dem ich 2008 arbeite, hat früh ein eigenes Musikportal gestartet und steht in direkter Konkurrenz zu Apple und Google. »Was können wir neu und anders machen?« »Wie können wir unsere Konkurrenz durch neue Features eine neue Nasenlänge voraus sein?« Das ist die Aufgabenstellung der Workshopserie. Am Ende stehen eine Reihe vielversprechender Konzepte:

- Eine neuartige Form der Suche. Statt den Namen eines Interpreten oder eines Titels korrekt zu schreiben, soll es künftig genügen, Textfragmente einzugeben, um einen bestimmten Song zu finden.
- Eine Veränderung des Geschäftsmodells: Musik mieten statt kaufen. So soll es beispielsweise möglich sein, Musiklisten für Partys oder besondere Anlässe einfach für ein paar Stunden auszuleihen, statt alle Titel zu kaufen.

Nachdem im Konzern neue Ideen entwickelt werden, gibt es eine große Hürde zu nehmen: Businesspläne müssen verfasst werden. So sieht es der Innovationsprozess vor. Erst wenn diese Businesspläne von einem internen Gremium genehmigt werden, dürfen die Mitarbeiter starten.

Am Abend eines Workshops kommt der Geschäftsführer des Musikportals zu mir. Er blickt mir ernst in die Augen und sagt: »Vergiss es, wir sind sowieso tot.« Verwundert schaue ich ihn an. »Warum?« »Der Konzern managt uns zu Tode.« Ich schaue ihn erstaunt an. Er sagt: »Wir sollen gegen Apple und Google ankommen, aber wir verwalten unsere Ideen und Konzepte in einem langsamen und behäbigen Prozess. Ich bin mir sicher: Das, was wir heute entwickelt haben, wird von unseren Mitbewerbern in den nächsten Monaten auf den Markt gebracht werden, während wir noch dabei sind, die Businesspläne zu berechnen.«

Vier Wochen nach diesem Gespräch bringt YouTube eine neue Funktion auf den Markt: die fehlertolerante Suche. Wenn man sich verschreibt, wird trotzdem das richtige Ergebnis anzeigt. Gibt jemand ein Textfragment aus einem Songtext ein, wird das Lied trotzdem gefunden. Im Oktober 2008 bietet ein junges bis dahin unbekanntes Unternehmen eine neue App an: Spotify. Die Ideen, die wir im Workshop entwickelt hatten, werden von anderen gerade umgesetzt. Die Teams des Konzerns sind währenddessen noch immer dabei, die Businesspläne zu rechnen. Die Konzerntochter wird 2014 – wie es im Konzerndeutsch heißt – »abgemanagt.« Wegen fehlender Innovationen hatte das Unternehmen gegen Mitbewerber wie iTunes oder Amazon keine Chance mehr.

Es erinnert an das alte Zitat von Wernher von Braun, einem der Urväter des Apollo-Programms: »Bei der Eroberung des Weltraums sind zwei Probleme zu lösen: die Schwerkraft und der Papierkrieg. Mit der Schwerkraft wären wir fertig geworden.« Klassische Innovationsprozesse, die sich für die Weiterentwicklung eines Mechanikteils in der Automobilindustrie eignen, stehen der Entwicklung radikaler digitaler Innovationen im Weg.

Genau wie klassische Unternehmensstrukturen. Sie wurden nicht entwickelt, um Innovationen voranzutreiben. Warum gibt es unterschiedliche Abteilungen? Warum gibt es klar voneinander getrennte Funktionen wie Marketing und Vertrieb oder technische Entwicklung? Weil diese Strukturen dazu ausgelegt sind, das operative Geschäft möglichst effizient – das heißt kostengünstig – voranzutreiben. Digitale Transformation kann in solchen Strukturen umgesetzt werden – digitale Disruption nicht.

In meinem Buch *Radikale Innovation* habe ich 2012 das Modell der Innovation Greenhouses vorgestellt: Eine vom Tagesgeschäft separierte Einheit, die primär das Ziel hat, radikal anders und neu zu denken. Und die vor allem – deshalb das Bild des Gewächshauses – unabhängig von den Herausforderungen des Tagesgeschäfts agieren kann. Egal, ob es im operativen Geschäft gerade stürmt oder die Umsatzzahlen verhagelt werden, im Innovation Greenhouse geht die Arbeit voran. Die Mitarbeiter, die dort die Zukunft entwickeln, haben andere Ziele und andere Strukturen als die im operativen Geschäft. Und sie arbeiten mit anderen Methoden.

Klassisches Projektmanagement ist untauglich!
Während klassische Großprojekte mithilfe eines Gantt-Charts auf Monate hinweg im Voraus geplant werden, sind die Methoden beim Management digitaler Disruption agil. Vorausgeplant wird selten länger als wenige Wochen. Eine Methode, die das Management digitaler Disruption unterstützt, ist beispielsweise Scrum. Scrum kennt sogenannte Sprints, in denen ein Team zuvor definierte Teilschritte erreicht. Während der Sprints organisieren sich die Teams selbst und dürfen nicht durch neue Anforderungen gestört werden. Erst nach dem Sprint, der wenige Wochen dauert, können neue Anforderungen gegeben werden, die Richtung der Entwicklung kann verändert oder bestimmte Neuentwicklungen priorisiert werden.

Obwohl Scrum ursprünglich aus der Softwareentwicklung stammt, findet sich die Philosophie mittlerweile auch im klassischen Projektmanagement. Innovation Greenhouses, die mit solch agilen Methoden arbeiten, sind in der Entwicklung disruptiver Innovationen großer Organisationen mit starren Strukturen und Methoden deutlich überlegen.

Führungskräfte müssen stören! Wie Sie Mitarbeiter zu digitalen Innovationen führen

»Wenn wir unser Unternehmen heute als digitales Start-up konzipieren würden, wie würden wir es aufbauen?« »Wenn Sie unser Mitbewerber wären und unser Unternehmen angreifen würden, wie würden Sie unser Geschäftsmodell zerstören?« »Wie können wir unser Geschäft durch Algorithmen zu 80 Prozent automatisieren?«

Sie sind Führungskraft? Stellen Sie solche Fragen täglich? Wenn ja, werden Sie eines feststellen: Sie gehen Ihren Mitarbeitern auf die Nerven. Genau das ist es, was Führungskräfte im digitalen Wandel tun: Alles infrage stellen, frische Impulse statt Routine verlangen und sich niemals mit dem Normalen zufriedengeben. Das stört. Und soll es auch. Führungskräfte, die Mitarbeiter zu neuen Ideen führen wollen, sind professionelle Störer. Es sind vor allem drei Eigenschaften, die diese »Störer« auszeichnen:

Definieren Sie störende Ziele!

»Das ist unmöglich!« Wenn Mitarbeiter auf Zielvorgaben so reagieren, haben Sie als Störer Ihr erstes Ziel bereits erreicht. Digitale Disruption wird durch visionäre, scheinbar unerreichbare Ziele getrieben: Ziele, von denen weder Führungskräfte noch Mitarbeiter im ersten Moment wissen, wie sie genau zu erreichen sind. Ziele, die nur durch Kreativität, Ideen und Ausdauer wirklich zu erreichen sind. Und Ziele, die von vielen als zu mutig betrachtet werden. Wenn Sie als Führungskraft das Normale fordern, werden Sie das Normale erhalten.

Drei Tipps, damit verstörende Ziele keine verstörten, sondern motivierte Mitarbeiter zurücklassen:

Erwecken Sie Visionen und wagemutige Ziele in den Köpfen Ihrer Mitarbeiter zum Leben! Verbieten Sie in Ihren Gesprächen und Meetings das Wort »ob«. Tauschen Sie es gegen das Wort »wie«. Die Frage ist nicht, ob die Ziele erreicht werden können, sondern wie sie erreicht werden können. Erarbeiten Sie mit Mitarbeitern gemeinsam potenzielle Wege, um das Ziel zu erreichen. Machen Sie Ihren Mitarbeitern klar: Es gibt nicht einen Weg, sondern mehrere mögliche Wege.

Definieren Sie Ziele als sportliche Herausforderung! Machen Sie Mitarbeitern deutlich, dass es nicht darum geht, einen verkrampften Zielsetzungsprozess zu etablieren, sondern dass Sie eher eine Fußballmannschaft sind, die gemeinsam aus der zweiten in die erste Liga aufsteigen möchte. Wählen Sie nicht die klassische Managementrhetorik. Sprechen Sie nicht von KPIs, von Zielvorgaben oder zu erreichenden Quoten. Fragen Sie, ob heute bereits genügend Tore geschossen wurden. Oder ob es neue Ideen für die Angriffsstrategie gibt? Natürlich müssen Sie nicht das Bild des Fußballs wählen, es eigenen sich auch andere rhetorische Bilder.

Belohnen Sie Ideen, die nicht zu gebrauchen sind! Rechnen Sie »kreative Kollateralschäden« mit ein. Machen Sie deutlich, dass Sie häufig erst schlechte Ideen entwickeln müssen, um zu guten zu kommen. Schlechte Ideen machen deutlich, wo Sie nicht hin möchten! Zudem entpuppt sich manche Idee erst beim zweiten, dritten oder vierten Betrachten als Perle. Beim amerikanischen Apollo-Programm galt die Idee einer separaten Mondlandekapsel über mehrere Jahre hinweg als absurd. Erst als alle anderen »passenden« Lösungen versagten, wandte man sich der abgelehnten Idee zu. Wie die Geschichte belegt: mit Erfolg.

Geben Sie störende Impulse!

Halten Sie die Augen offen! Sammeln Sie Impulse! Bei Mitbewerbern, bei innovativen Start-ups, bei Unternehmen in anderen Branchen: Was machen diese Unternehmen anders? Welche Ideen gibt es dort? Was lässt sich möglicherweise in das eigene Unternehmen übertragen? Konfrontieren Sie Ihre Manager und Teamleiter immer wieder mit erfolgreichen Ideen, die andere umgesetzt haben. Präsentieren Sie Ideen und fragen Sie: »Was können wir von dieser Idee lernen?« »Wie können wir diese Idee bei uns nutzen?« Oder Sie fragen mit der Mentalität eines Autoschrotthändlers: »Wie können wir diese Idee ausschlachten, das Beste herausnehmen und mit dem, was wir bereits haben, kombinieren?«

Machen Sie aus Ihrem Team einen Bienenschwarm! Sorgen Sie dafür, dass alle Mitarbeiter regelmäßig ausschwärmen und nach neuen Nektarquellen Ausschau halten. Und es den Bienen gleichzutun: Wer etwas gefunden hat, kehrt zurück und sagt den anderen Bescheid. Hierzu gibt es verschiedene Möglichkeiten: Gemeinsame Diskussionsveranstaltungen mit Studenten oder kreativen Unternehmern, ein Teammeeting nicht in den eigenen Räumen, sondern zum Beispiel bei einem Geschäftspartner durchzuführen oder Mitarbeitern sogenannte Inspirationstage zu gewähren, bei denen diese Kenntnisse in anderen Unternehmen sammeln und diese dann beim nächsten Teammeeting präsentieren.

Stellen Sie störende Fragen!
Fragen, die die Kreativität Ihrer Mitarbeiter anregen, beginnen selten mit einem K. »Kann man das tun?« »Können unsere Kunden das brauchen?« »Können Sie sich das vorstellen?« Fragen werden anders formuliert. Vor jede Frage kommt das Wort »Wie«.

Zu den weiteren Waffen innovativer Störer gehört die Kombination aus »Warum?« und »Warum eigentlich …?«: »Warum glauben wir, dass Kunden mit uns zufrieden sind?«, »Warum eigentlich fragen wir sie nicht, was sie an uns stört?« oder »Warum präsentieren wir unseren Kunden nicht die Lösungen innovativer Mitbewerber?« Die Antwort wird sehr schnell lauten: »Wir sind doch nicht wahnsinnig und zeigen Kunden, was uns andere Unternehmen an Innovationskraft voraushaben.« Doch genau das ist falsch gedacht! Es ist wie der Hase, der in der Ecke hockt und hofft, dass ihn der Fuchs nicht findet. Wenn Sie innovative Lösungen aus anderen Bereichen präsentieren, spüren Sie, wie Ihre Kunden darauf reagieren. Genau das kann Ihrem Team oder sogar Ihrem gesamten

Unternehmen wertvolle neue Innovationsimpulse geben. Warum eigentlich nicht?

Auch Szenarienfragen gehören zum Handwerkszeug von Störern: »Nehmen wir an, Amazon würde unser Unternehmen führen, was wäre anders?« »Stellen Sie sich vor, unsere Kunden würden die Produkte von heute nicht mehr wollen. Was würden wir ihnen anderes anbieten?« »Nehmen wir an, ein Kunde ruft an und fragt, ob wir zu unseren Produkten auch Dienstleistungen anbieten, was könnten wir entwickeln, um ihn schnell glücklich zu machen?«

Mitarbeiter zu Ideen führen ist widersprüchlich

Die Rolle von Führungskräften beschränkt sich nicht nur auf das Stören. Stören dient vor allem der Ermutigung zum neuen außergewöhnlichen Denken. Dann allerdings müssen diese Ideen auch umgesetzt werden. Jetzt wird der Störer zum Coach: Helfen Sie Mitarbeitern, Wege für die Umsetzung von Ideen zu finden. Öffnen Sie Türen in andere Unternehmensbereiche, geben Sie Ressourcen wie Budgets und Zeit frei, ermutigen Sie Ihre Mitarbeiter zu Experimenten und nehmen Sie auch das Risiko in Kauf, dass diese scheitern. Bestrafen Sie nicht das Scheitern, belohnen Sie den Mut!

Die widersprüchlichste Rolle ist die letzte: die des Richters. Es kann passieren, dass digitale Innovationsprojekte trotz aller ernsthaften Bemühungen nicht zum Erfolg führen. Sie waren zu früh, die theoretischen Annahmen haben sich in der Praxis nicht bewährt oder sie waren zu spät. In der letzten Rolle ist es die Aufgabe von Führungskräften, das gescheiterte oder sich nicht optimal entwickelnde Projekt zu stoppen. Beerdigen Sie das Projekt nicht stillschweigend, sondern werten Sie es im gesamten Team aus. Was lief gut und sollte bei künftigen Projekten wiederholt werden? Welche falschen Annahmen wurden getroffen und wie lässt sich dies in Zukunft vermeiden? Welche Erkenntnisse aus dem Innovationsprojekt lassen sich dazu nutzen, die Routinearbeit zu verbessern? Letzteres ist nicht zu unterschätzen. Nicht jedes Innovationsprojekt ist ein Erfolg. Doch jedes Innovationsprojekt birgt die Chance, das zu erlangen, was der amerikanische Erfinder Thomas Edison einmal als das »absolute Wissen« bezeichnete: Das Wissen, das generiert wird, wenn man bereit ist, aus Fehlern zu lernen.

Klauen Sie, aber richtig!

Innovatoren sind häufig nicht die genialen Tüftler und Erfinder, die man sich in romantischen Fantasien vorstellt. Ihre Hauptfähigkeit besteht darin, das Beste zu stehlen, was es gibt, und daraus etwas Neues zu machen. Der wahrscheinlich bekannteste Dieb war Thomas Alva Edison, der Erfinder des elektrischen Lichtsystems. Und er gab es auch noch offen zu: »Ich bin ein guter Schwamm, denn ich sauge Ideen auf und mache sie dann nutzbar.« Edison setzte noch einen drauf: »Ideen müssen nur in Bezug auf das zu lösende Problem neu sein.« Nicht einmal das Konzept der Glühbirne, mit der Edison heute assoziiert wird, stammte von ihm. Wilhelm Göbel, ein deutscher Einwanderer, hatte schon mehr als zwei Jahrzehnte vor Edison an der Glühbirne gearbeitet. Obwohl es rechtlich nie einwandfrei geklärt wurde, gehen Historiker heute davon aus, dass Edison das Konzept einfach geklaut hat.

Auch der verstorbene Apple-Chef Steve Jobs war stolz darauf, ein Dieb zu sein: »Gute Künstler kopieren, großartige Künstler stehlen«, zitierte er Picasso in einem Interview. »Bei Apple haben wir stets schamlos Ideen gestohlen.« Das Silicon Valley ist ohnehin ein Ort, an dem an jeder Ecke Ideendiebe lauern. Als die meisten Computer noch aus grüner Schrift bestanden, hatte Xerox das Konzept eines grafischen Desktops entwickelt. Apple klaute das Konzept bei Xerox. Microsoft rächte sich und klaute bei Apple. Der Rest der Geschichte ist bekannt.

Harvard Professor Clayton M. Christensen beschrieb 2009 im Harvard Business Review sechs sogenannte »Entdeckerfähigkeiten« erfolgreicher Innovatoren. Raten Sie, was auf Platz 1 steht? Assoziieren – die Fähigkeit, Fragen, Probleme und Ideen aus unterschiedlichen Bereichen miteinander zu verbinden. Man könnte es anders sagen: Klauen.

Hinter vorgehaltener Hand werden Sie an dieser Stelle vielleicht sagen: »Hüstel, hüstel. Das tun wir auch ab und zu.« Aber klauen Sie auch richtig? Klauen Sie das Beste, was der Markt zu bieten hat? Oder geben Sie sich mit dem zufrieden, was Sie gerade zufällig sehen?

Das Problem im Management ist nicht, dass zu wenig geklaut wird. Sondern nicht gut genug!

Wie in vielen Disziplinen gibt es auch in der Kategorie Ideendiebstahl die Amateure und die Spieler in der Champions League. Drei Dinge unterscheiden den Amateur vom professionellen Ideendieb: Profis sind ständig auf Beutezug. Den Ideendieb der Champions League finden Sie überall: in Gesprächen mit Start-ups und anderen innovativen Managern, auf branchenfremden Kongressen oder auf Internetportalen, die nur mit viel Fantasie etwas mit dem eigenen Geschäftsmodell zu tun haben. Sie scannen ihr Umfeld – immer auf der Suche nach einem neuen Puzzlestück, das sie mit ihren eigenen Entwicklungen verknüpfen können. Und sie suchen dort, wo andere nicht suchen. Amateurdiebe hingegen sind wie Gelegenheitseinbrecher: Brauchen sie neue Ideen, suchen sie nach der nächstmöglichen Gelegenheit, die sie ohne viel Aufwand erschließen können – aber nicht nach der besten und lukrativsten.

Profis wollen verstehen, was sie mitnehmen. Echten Ideendieben genügt es nicht, fremde Ideen zu kopieren. Sie möchten wissen, welche Wege die Entwickler genommen haben, auf welche Hürden sie gestoßen sind und wie sie sie überwunden haben. Sie wollen verstehen, was funktioniert und was gescheitert ist. Und sie haben den Drang herauszufinden, welche Art von Menschen es braucht, damit die Idee nachhaltig funktioniert. Gelegenheitsdiebe hingegen betrachten nur das Offensichtliche. Sie kopieren Ideen, ohne sie durchdrungen zu haben – und wundern sich, dass die Kopie nicht so gut funktioniert wie das Original.

Profis nehmen nur das Tafelsilber. Warum alles stehlen, wenn nur ein Bruchteil wertvoll ist? Professionelle Ideendiebe schlachten Ideen aus wie ein Auto auf dem Schrottplatz, nehmen das Beste und setzen es mit dem Tafelsilber aus anderen Beutezügen neu zusammen. Das sichert eine hohe Qualität: Klauen und die Fehler der anderen weglassen.

Ob man es moralisch für gut befindet oder nicht: Klauen ist erlaubt. Schaut man sich die Rechtslage an, stellt man ernüchtert fest: Ideen genießen erst dann einen Schutz, wenn sie einen gewissen Reifegrad erreicht haben und beispielsweise patentierfähig sind. Oder, wenn Markenschutz beziehungsweise ein Geschmacksmuster angemeldet wurde. Doch selbst das hat Ideendiebe wie Edison nicht abgeschreckt. Er war Spezialist in einer Disziplin, die in Fachkreisen »Design Around« genannt wird: Technische Innovationen haarscharf um die bestehende Patentlage herum entwickeln. Man könnte den professionellen Ideendieben demnach noch eine weitere Eigenschaft hinzufügen: Sie klauen schlauer als die anderen.

Sitzt vor Ihnen der nächste Mark Zuckerberg? Wie Sie erfolgreiche digitale Innovationsteams zusammenstellen

Wie findet man Mitarbeiter, die digitale Disruption vorantreiben? Durch ein abgeschlossenes Studium im Bereich Innovationsmanagement? Durch gute Abschlussnoten in der Schule und ein Einser-Abitur? Oder durch besonders kreativ gestaltete Bewerbungsunterlagen? Leider nein. Beim Thema Innovation versagen die üblichen Methoden der Personalauswahl und -förderung. Innovative Mitarbeiter lassen sich in kein Schema pressen: Jung ist nicht automatisch besser als alt, Mann nicht besser als Frau, Absolvent nicht besser als Studienabbrecher, analytische Denker nicht besser als intuitive, Erfolgreiche nicht besser als Gescheiterte.

Und genau hier beginnt das Dilemma: Fünfhundert Bewerbungen lassen sich zwar standardisiert nach Schlüsseln wie Abschlüssen, Noten und Fachkenntnissen sortieren, doch Innovatoren in dieser Masse zu finden gleicht der Suche nach der berühmten Stecknadel im Heuhaufen. Möglicherweise ist die branchenfremde Bewerberin mit abgebrochenem Studium für die Aufgabe, wirklich innovative digitale Geschäftsmodelle zu entwickeln, deutlich besser geeignet als der Branchenexperte mit den guten Zeugnissen. Schließlich geht es ja nicht darum, dass Bestehende fortzuführen, sondern das Neue zu erfinden und umzusetzen.

Die schwierigste Frage: Wonach suchen Sie eigentlich?

Ich habe im Laufe der letzten zehn Jahre so viele unterschiedliche Menschen kennengelernt, die Innovationsprojekte vorangetrieben haben, dass es beinahe unmöglich ist, ein einheitliches Profil zu erstellen. Trotzdem lassen sich einige gemeinsame Merkmale finden: Innovatoren haben ein Gespür für Probleme und Verbesserungsmöglichkeiten. Sie legen den Finger dort in die Wunde, wo sich andere mit dem Status quo bereits abgefunden haben. Sie stellen das Bestehende gerne infrage, es ist fast ein Hobby. In einer unserer Studien beschrieb es mir ein Teilnehmer so: »Ich kann gar nicht anders. Ich sehe überall Verbesserungspotenzial.« Nun werden Sie möglicherweise sagen: »Von diesen Meckerern haben wir schon genug.«

Genau hier unterscheiden sich Innovatoren. Sie entwickeln Ideen, um Probleme zu lösen. Sie kapitulieren nicht vor dem Bestehenden, sie wollen die besseren Lösungen erfinden. Mehr noch: Konzepte genügen ihnen nicht. Sie wollen das Neue entwickeln, ausprobieren und es schließlich umsetzen. Häufig fangen sie

Projekte aus eigenem Antrieb heraus an. Ihr Prinzip: Lieber um Verzeihung bitten als um Genehmigung. Dabei laufen sie Gefahr, zu scheitern. Für Innovatoren ist dies kein Hindernis, sondern Ansporn.

Und noch etwas unterscheidet Innovatoren an dieser Stelle: Sie verfügen über eine überdurchschnittlich hohe Frustrationstoleranz. Sie geben nicht auf, nur weil die Dinge nicht beim ersten Mal funktionieren. Sie nehmen einen neuen Anlauf, versuchen es anders, entwickeln Ideen, um Hindernisse zu überwinden, sind zwischendurch am Boden zerstört und machen am nächsten Tag trotzdem weiter.

Im Tagesgeschäft gelten Innovatoren übrigens manchmal als unzuverlässig. Sie halten vorgeschriebene Prozesse und Abläufe nicht ein und bringen sorgsam erarbeitete Projektpläne durcheinander, weil sie noch auf der Suche nach der optimalen Lösung sind. Das ist die Kehrseite der eingangs beschriebenen Innovatoren-Eigenschaften. Wer ständig Ideen hat, schafft es selten, den Kopf an der vermeintlich richtigen Stelle abzuschalten. Und wer bestehende Strukturen gerne infrage stellt, hat naturgemäß größere Schwierigkeiten damit, vorgegebene Abläufe zu akzeptieren.

Es gibt kein innovatives Unternehmen ohne innovative Mitarbeiter!

Mitarbeiter, die disruptive digitale Geschäftsmodelle entwickeln sollen, müssen rekrutiert, ausgewählt und eingestellt werden, ihre innovative Tätigkeit muss genauso angesehen und belohnt werden wie die von operativen Einheiten, die deutlich schneller Gewinn abwerfen. Innovationstätigkeit muss selbst dann noch belohnt werden, wenn sie zu vermeintlichen Fehlschlägen geführt hat. Innovative Mitarbeiter müssen ihre Fähigkeiten kontinuierlich ausbauen und entwickeln. Nicht in klassischen Seminaren, sondern in innovativen Formaten wie Innovation Bootcamps, internen Ideenwettbewerben oder Veranstaltungen mit Innovatoren aus anderen Branchen. Innovatoren brauchen Führungskräfte, die ihr Potenzial erkennen, sie entsprechend einsetzen und führen, die ihre Schwächen im operativen Geschäft nicht als Makel ansehen, den es zu bekämpfen gilt, sondern als Teil eines komplexen Charakterprofils, der kompensierbar ist: So kann einem hochkreativen Mitarbeiter, der dafür berüchtigt ist, Deadlines zu verpassen, ein pragmatischer Projektmanager an die Seite gestellt werden. Die Rolle der Personalabteilung wird in Unternehmen, die digitale Innovationen vorantreiben wollen, deutlich wichtiger werden: Durch die Auswahl der richtigen Menschen kann HR zum Innovationstreiber im Unternehmen werden.

Nehmen Sie Innovatoren das Geld weg! Ressourcen richtig einsetzen

Mitte 2015 begleite ich ein mittelständisches Textilunternehmen bei der Entwicklung innovativer Geschäftsmodelle. Eines der Konzepte: Durch die Verknüpfung von Textilien mit Sensoren Daten zu erheben, die Produkte zu sogenannten Smart Textile Solutions weiterzuentwickeln und innovative Geschäftsmodelle rund um diese Produkte zu entwickeln. Sieben Mitarbeiter sind sechs Wochen lang freigestellt und quartieren sich in einem Konferenzraum 20 Kilometer vom Unternehmenssitz entfernt ein. Sie erhalten ein Budget von 10.000 Euro, über das sie frei verfügen können. Flug zu einem Forschungsinstitut im Ausland? Einfach machen. Einen Grafiker engagieren? Einfach anrufen. Experten Honorare zahlen? Kein Problem. Sechs Wochen lang arbeiten die Teams unter Hochdruck. Ihre Ideen und Konzepte durchlaufen mehrere Stufen und werden immer wieder überarbeitet – bis am Ende drei Favoriten vom Vorstand angenommen und in die Umsetzung gegeben werden. Eines der Konzepte ist bereits prototypisch umgesetzt: Durch eine Webseite, die nur noch aktiviert werden muss. Mit ihrem Budget kommen die Mitarbeiter problemlos aus. Mehr noch: Sie geben knapp 8.000 Euro zurück. Die Konzepte des Textilherstellers sind nicht wegen, sondern trotz des Budgets entstanden.

Not macht erfinderisch, Überfluss lähmt

Zu hohe Budgets fördern Kreativität nicht, sie verhindern sie. Was wäre passiert, wenn das Team nicht 10.000, sondern 100.000 Euro zur Verfügung gehabt hätte? Das erste Treffen wäre ein Budget-Meeting gewesen und kein kreativer Workshop. Hätte man das Team gezwungen, die 100.000 Euro voll und ganz auszugeben, wäre an Kreativität überhaupt nicht mehr zu denken gewesen: Die Frage, wie man 100.000 Euro in sechs Wochen sinnvoll ausgibt, hätte den gesamten Prozess dominiert.

Wichtiger als Geld ist Zeit. Das Team des digitalen Textil-Inkubators war erfolgreich, weil Mitarbeiter sechs Wochen lang aus dem Tagesgeschäft herausgenommen wurden und die Zeit hatten, sich ohne Störung von außen mit digitalen Innovationen auseinanderzusetzen. Die amerikanische Wissenschaftlerin Teresa Amabile entwickelte bereits in den Neunzigerjahren das Modell der Time-Creativity-Matrix:

- Kreative Durchbrüche werden in einem Modus erzielt, den sie »Mission« nennt: Fokussierte Arbeit unter hohem Zeitdruck. Letzteres ist wichtig: Ohne Zeitdruck werden zwar in Ruhe Ideen durchdacht, aber zumeist ohne große Sprünge.
- Sogenanntes fragmentiertes Arbeiten – die Arbeit in der klassischen Tretmühle mit hohem Termindruck und vielen Ablenkungen – ist Gift für Kreativität. Digitale Disruption als eine von 220 Aufgaben auf der täglichen To-do-Liste ist unmöglich.

Digitale Disruption zu managen, ist ein Fulltime-Job, der es erfordert, sich aus dem Tagesgeschäft zurückzuziehen und die nächsten Schritte in Ruhe zu planen. Doch die meisten Unternehmen scheuen sich, Zeit zu investieren. Die besten und engagiertesten Mitarbeiter (also genau die, die Sie in jedem Projekt dringend benötigen ...) werden für einige Wochen aus dem Unternehmen herausgelöst. Und auch später – in der Phase der Umsetzung einer Innovation – fehlen Ihnen im operativen Geschäft die Macher. Die, die Dinge vorantreiben. Die pragmatisch nach Lösungen suchen. Die nicht aufgeben. Die andere motivieren.

Und doch ist Zeit – gerade zu Beginn – zehnmal wichtiger als Geld. Investieren Sie 10.000 Euro in ein Team mit fünf guten Mitarbeitern – das Ergebnis wird deutlich besser werden als 100.000 Euro in ein Team mit fünfzig mittelmäßigen.

Willkommen auf dem Innovationsfriedhof! – Lernen Sie zu scheitern!

Auf einer Sitzung erklärt der Vorstand: »Mithilfe eines auf die Marktsituation unseres Unternehmens abgestimmten Prozesses haben wir die wichtigsten Schlüsseltrends für die kommenden Jahre identifiziert, die potenzialträchtigsten Zukunftsfelder analysiert und digitale Innovationsprojekte initiiert. Durch einen klar strukturierten Prozess und eine kontinuierliche Risikoanalyse stellen wir sicher, dass die Erfolg versprechendsten digitalen Innovationsprojekte systematisch zur Marktreife weiterentwickelt werden.« Was sagen Sie? Klingt gut, oder? Eine Aussage, der man fast bedingungslos zustimmen möchte. Solide. Durchdacht. Sicher.

Vorsicht! Trügerische Sicherheit!

Stellen Sie sich einen Fußballverein vor, der einen Prozess zur Vermeidung von Fehlschüssen aufsetzt. Vor jedem Sturm auf das gegnerische Tor müssen Spieler einen Antrag schreiben und begründen, warum die gewählte Taktik mit hoher Wahrscheinlichkeit zum Erfolg führt. Die Folgen sind absehbar: Während sich die Spieler in Abstimmungsprozessen aufhalten, spielt die gegnerische Mannschaft einfach weiter und zieht vorbei. Der gut gemeinte Prozess wird zur größten Barriere auf dem Weg zum Erfolg.

In Unternehmen existieren zahlreiche solcher Innovationsbarrieren: Von strukturellen Barrieren – beispielsweise langsame Prozesse oder Entscheidungsmechanismen – über Anreizbarrieren – verkehrt ausgerichtete Anreizsysteme – bis hin zu Kommunikationsbarrieren – der mangelnden Vernetzung von Innovatoren im Unternehmen. Jede dieser Barrieren wirkt wie Sand im Getriebe des Innovationsprozesses und führt dazu, dass Unternehmen für jeden Schritt deutlich länger benötigen als ihre Mitbewerber.

Die scheinbar sichere Innovationsstrategie kann gefährlicher sein als die scheinbar risikoreiche. Ein vermiedener Fehlschlag kann schlechter sein als ein ehrlicher Misserfolg. In einem Strategiemeeting, das wir mit dem Vorstand der Thomas Cook AG durchgeführt haben, fragte CEO Peter Fankhauser: »Wo ist eigentlich unser Innovationsfriedhof? ... Welche Innovationsprojekte haben wir, die gescheitert sind, weil wir zu mutig waren?« Eine kontroverse, aber wichtige Aussage, die Fankhauser in unserer Studie *Innolytics – Innovationsmanagement weiter denken* detailliert erläutert hat. Es geht nicht darum zu scheitern, sondern immer wieder die Grenzen des Machbaren auszuloten.

Alles bunt und lustig? Klischee und Wahrheit

Das Meeting im großen Strandkorb, der Besprechungsraum als TV-Studio, ein riesiges Aquarienzimmer zum Entspannen. Kaum ein Unternehmen hat das Klischee der digitalen Arbeitswelt in den vergangenen Jahren so geprägt wie Google. Das Arbeitsumfeld als Freizeitpark. Entsprechend beginnen Verantwortliche von Unternehmen, die digitale neue Geschäftsmodelle entwickeln sollen, häufig zunächst damit, Räume umzugestalten. Als eine große deutsche Bank Zukunftslabore einrichtet, geht das Team in den ersten Tagen zu Ikea. Stolz berichtet die Verantwortliche: »Das hier ist nicht mehr die normale Bank. Wir haben uns alles neu gestaltet.«

Warum bunt? Warum anders?

Google verfolgt mit der Gestaltung seiner Arbeitswelt zwei Ziele: Zum einen ist es interne Kommunikation. Jedem Mitarbeiter soll rund um die Uhr vermittelt werden, dass in diesem Unternehmen andere Ziele verfolgt werden, als es in anderen Unternehmen der Fall ist. Ein zweiter Effekt ist aber noch viel wichtiger. Es ist der gleiche Effekt, den der Gründer des Kölner Startplatzes, einer Start-up-Schmiede in Köln und die Gründer des Beta-Hauses in Berlin im Kopf hatten. Sie wollen möglichst viele Plätze für ungeplanten Austausch schaffen. Sie folgen damit dem, was die amerikanischen Wissenschaftler A. G. Robinson und S. Stern in ihrem Buch *Corporate Creativity* bereits Mitte der Neunzigerjahre forderten: Plätze zu schaffen, an denen möglichst viele Menschen aufeinanderstoßen, die Ideen verfolgen.

In der Praxis sieht das so aus: Wer eine vage Idee von einem neuen digitalen Geschäftsmodell hat, verlegt seinen Arbeitsplatz vom Heimbüro ins Beta-Haus. Der Laptop wird hochgeklappt, plötzlich setzt sich jemand neben einen, der erkennbar ein Nerd ist. Der Laptop geht ebenfalls auf. Anschließend beginnt der Nachbar, Code-Zeilen zu schreiben. Ein Programmierer. Man kommt ins Gespräch. Schnell entsteht die Idee: Lass uns eine Idee gemeinsam als Prototyp entwickeln. Wer noch fehlt, ist der Grafiker. Zufällig sitzt drei Tische weiter jemand, der gerade mit Photoshop hantiert. Die Drei experimentieren herum, wenige Tage später ist das, was sie zuvor nur im Kopf hatten, ein erster Prototyp. Am Nachmittag findet eine Veranstaltung zum Thema Risikokapital statt.

Und zwei Wochen später findet eine Veranstaltung statt: Ein Pitching, bei dem Unternehmensgründer um Kapital werben.

Robinson und Stern nennen dies »ungeplante kreative Handlungen«. Die Einrichtung eines Unternehmens mit Kommunikationsecken und Orten, an denen man sich gerne trifft, ist ein Mittel, um interne Kommunikationsstrukturen zu schaffen. Deshalb hat Microsoft in München neben der Kantine zwei Coffee Bars. Und deshalb gibt es im High-Tech-Campus Eindhoven (Niederlande) die Regel, dass keines der dort ansässigen Unternehmen eine eigene Kantine haben darf. In Eindhoven wird das Prinzip Open Innovation offen gelebt. Mehr als hundert Unternehmen haben sich rund um das Gelände der ehemaligen Phillips Labore angesiedelt. Sie alle verbindet nicht nur ein gemeinsamer Standort, sondern sie nutzen eine eigene Infrastruktur. Kern des High-Tech-Campus ist »The Strip«. Ähnlich wie die Geschäftszeile in einem großen Ferienklub finden sich hier Restaurants, Cafés und Shops. Regelmäßig finden Aktivitäten wie ein gemeinsames Picknick statt, zu dem alle Mitarbeiter der verschiedenen Unternehmen eingeladen sind.

Wie die Arbeitsumgebung digitale Disruption fördert

Wie entstehen Ideen? Rein biologisch betrachtet ist eine Idee das Ergebnis der Vernetzung unterschiedlicher Eindrücke und Fakten im Gehirn. Wer eine neue Technologie nicht kennt, kann unmöglich eine Idee entwickeln, die auf dieser Technologie basiert. Wer verschiedene Modelle der Unternehmensfinanzierung nicht diskutiert hat, ist schlecht in der Lage, eine kreative Idee zur Finanzierung des eigenen Unternehmenswachstums zu entwickeln. Der Aufbau eines großen Netzwerks, der ständige Austausch mit anderen Innovatoren gehört zur Entwicklung kreativer Konzepte zwingend dazu. Hier unterscheiden sich digitale Transformatoren und Innovatoren. Zur digitalen Transformation genügt es häufig, die örtliche Internetagentur mit einem Briefing zu beauftragen und die eigene Homepage mit neuen Funktionalitäten zu versehen. Je disruptiver das Vorhaben, desto breiter das Netzwerk.

Reset! Denktechnik für die digitale Disruption

Ich möchte Ihnen zum Abschluss eine der wichtigsten disruptiven Denktechniken vorstellen: »Reset!« Alles zurück auf null.

Bevor Sie die digitale Zukunft entwickeln, gehen Sie zurück in die Vergangenheit Ihres Unternehmens und Ihrer Branche. Sie analysieren die Rahmenbedingungen, unter denen Ihr Unternehmen und Ihre Branche entstanden sind. Sie fragen sich: Welches Grundproblem haben wir gelöst, als unser Unternehmen und unsere Branche entstanden? Fragen Sie sich dann: Lösen wir dieses Problem eigentlich noch immer? Wenn Sie feststellen, dass jemand anders das ursprüngliche Problem, das die Grundlage Ihres Geschäftsmodells ist, besser löst als Sie, fehlt Ihnen das Fundament für die Zukunft. Und Disruptoren werden Sie früher oder später zu Fall bringen.

Gefangen in den Denkmustern von gestern

In den seltensten Fällen merken Sie früh genug, dass die Grundlagen des Geschäfts verschwinden. Wir neigen dazu, Denkmuster aus der Vergangenheit in die Zukunft zu übertragen. Aus diesen alten Denkmustern heraus betrachtet erscheinen neue Technologien wie eine Fortführung des Bestehenden unter optimierten Bedingungen. Innerhalb dieses Bereichs sind traditionelle Unternehmen innovativ. Sie nutzen neue Technologien, um das Bestehende zu optimieren. Disruptive Veränderungen, die außerhalb des Bestehenden entstehen, werden von traditionellen Marktteilnehmern häufig übersehen.

Das birgt eine Gefahr: Nur wenigen in der Branche fällt auf, dass sich Unternehmen mit ihren Innovationsstrategien im Kreis drehen. Vom Selbstverständnis her sind alle Marktteilnehmer innovativ – allerdings nur im Rahmen der jahrelang trainierten Denkmuster. Michael Kirton hat dies in seiner Adaptoren-Innovatoren-Theorie beschrieben: Entlang der Entscheidungskette finden sich zahlreiche Führungskräfte, die auf Basis gemeinsamer Grundannahmen das Bestehende variieren, jedoch praktisch keine, die die Grundannahmen infrage stellen. Genau das ist das Problem: In Zeiten digitaler Disruption müssen die Grundannahmen, auf denen Unternehmen beruhen, radikal infrage gestellt werden. Genau das tun Sie mithilfe der Reset!-Denktechnik.

Stellen Sie Ihr Unternehmen radikal infrage!

Am 5. Juli 1841 setzte ein 32-jähriger Prediger aus Großbritannien eine revolutionäre Idee um: Er überredete das Management der neugegründeten Midland County Railway, ihm 540 Fahrkarten für die Teilnehmer einer Demonstration gegen Alkoholkonsum zum Sonderpreis von einem Schilling zu verkaufen – er selbst organisierte die Reise von Leicester ins elf Meilen entfernte Loughborough. Vier Jahre später weitete er sein Geschäft aus und organisierte neben dem Transport auch die Übernachtung. Die

Pauschalreise war geboren. Der Name ihres Erfinders – Thomas Cook – findet sich bis heute in einem der führenden Touristikkonzerne der Welt wieder.

Um zu verstehen, wie die digitale Revolution klassische Branchen neu definiert, ist es sinnvoll, auf die Stunde null einer Branche zurückzugehen. Was waren die Rahmenbedingungen, unter denen Thomas Cook sein Unternehmen gegründet hat?

- Das Bedürfnis für private Vergnügungsreisen war noch nicht vorhanden, Cook weckte es. Ab 1860 brachte Cook Touristen aus England in die Schweiz, nach Italien, nach Ägypten und sogar in die USA.
- Die Buchung einer Reise war kompliziert: Kunden hatten nur einen sehr eingeschränkten Zugang zu Transport- und Hotelanbietern.
- Transport- und Hotelanbieter, aber auch andere Tourismus-Dienstleister, suchten nach Vermarktungskanälen und gaben Rabatte, um möglichst viele Plätze gebündelt zu verkaufen.
- Kunden waren reiseunerfahren und suchten Sicherheit in Form eines vertrauten Begleiters.
- Es herrschte fehlende Transparenz im Markt: Kunden suchten nach jemandem, der gute Angebote empfehlen konnte.

Von den Voraussetzungen, unter denen Cook sein Unternehmen gründete, ist heute praktisch keine mehr in ihrer reinen Form vorhanden. Fernreisen sind zur Routine geworden, die Buchung ist dank Internet einfach und durch Empfehlungsportale wie Holidaycheck und Tripadvisor ist die Transparenz so groß wie nie. Dienstleister aus Urlaubsregionen finden ihren Weg zum Kunden heute auch ohne Veranstalter. Selbst der Preisvorteil ist obsolet: Ein Urlaub mit dem Billigflieger plus Hotelbuchung per Internet kann durchaus günstiger sein als die klassische Pauschalreise. Dieses Beispiel soll Ihnen aufzeigen, wie Sie sich selbst mithilfe eines Reset! radikal infrage stellen können.

Denken Sie über Ihre Branche hinaus!

Traditionelle Manager neigen dazu, sich innerhalb der Grenzen ihrer Branche zu bewegen: Sie lesen die einschlägigen Fachmedien, besuchen Branchenkongresse und haben ihre festen Plätze in den Verbänden. Für disruptiv denkende Unternehmer existiert die Grenze einer Branche häufig gar nicht. Mehr noch: Aufgrund von Zugangsbeschränkungen zu vielen Branchen sind sie geradezu gezwungen, die Branche neu zu definieren: Keine Überwindung der Branchengrenzen – kein neuer Markt!

In der Einleitung habe ich Ihnen das Beispiel mytaxi kurz vorgestellt. Mit dem Siegeszug der Smartphones war es möglich, ein Taxi direkt über eine App zu bestellen – statt telefonisch. Für etablierte Taxizentralen zunächst kein Grund zur Sorge: Die technologische Innovation schien nicht mehr als ein neuer Bestellweg zu sein. Doch die Betreiber der App mytaxi hatten überhaupt nicht vor, diesen neuen Bestellweg für Taxizentralen zu erschließen. Sie dachten die Technologie weiter und überlegten, wie Taxizentralen überflüssig werden. Der Nutzen ist eine nie da gewesene Transparenz für den Kunden: Wo steht welcher Fahrer bereit? Wie lang ist seine Strecke und wie sieht die Verkehrssituation auf dem Weg zum Kunden aus? Für den Taxifahrer bedeutet es, Fahrgäste zu bekommen, ohne sich einer Zentrale anschließen zu müssen. Und für beide wickelt mytaxi die Zahlungen bequem ab.

Doch Innovationen wie mytaxi sind erst der Anfang. Unternehmen, die Mobilität neu definieren wollen, geht es um nichts Geringeres als die Revolution des Individualtransports: Jeder freie Platz im Auto eines anderen ist eine potenzielle Mitfahrgelegenheit, die genutzt werden kann. Taxis stehen dabei nur im Weg.

Wieder hilft die Strategie des Reset! Warum eigentlich gibt es die Taxibranche?

- Informationen darüber, wer zu welchem Zeitpunkt wohin wollte und wer diese Strecke fuhr, waren früher schwer zusammenzubringen.
- Wie in der Reisebranche hatten Anbieter von Mitfahrgelegenheiten nur eingeschränkten Zugang zu Kunden und umgekehrt.
- Die Abrechnung der Dienstleistung, jemanden von A nach B zu transportieren, war nicht geregelt und musste vereinheitlicht werden.
- Die Qualität der Dienstleistung musste gesichert werden.

Wer diese Grundprobleme, auf denen die Taxibranche beruht, mithilfe neuer digitaler Technologien aus Sicht des Kunden besser löst, definiert die Branche neu. Oder lässt sie verschwinden. So wie die Branche der Telegrafie dem Telefon wich, die Kolonialwarenhändler dem Supermarkt und der Hufschmied dem Reifenhersteller. Und so wie möglicherweise in einigen Jahren die Branche für Fernseher und Stereoanlagen, Kauf- und Warenhäuser, die Festplatten- und die Fotoindustrie durch andere ersetzt werden, die auf den digitalen Technologien beruhen, die heute entstehen.

Wo steht Ihr Unternehmen?

Nicht immer sind Unternehmen von disruptiven technologischen Veränderungen unmittelbar bedroht. Reset! zeigt schonungslos die eigenen Schwächen auf – dabei werden verschiedene Zeitspannen deutlich.

Kurzfristige Gefährdung: Die ursprünglichen Rahmenbedingungen sind weg. Unternehmen und Branchen existieren auf Basis veralteter Grundannahmen. Sie sind letztlich nur aus Gewohnheit am Markt – langfristig halten sie ihre dominierende Position nicht. Die Entwicklungen sind absehbar, die Medien berichten darüber, Mitbewerber sind im fortgeschrittenen Stadium im Massenmarkt angekommen und nehmen sukzessive Marktanteile weg. In diesem Stadium ist ein radikaler Schnitt mit dem Bestehenden erforderlich.

Mittelfristiger Gefährdungsgrad: Die Rahmenbedingungen werden mit hoher Wahrscheinlichkeit in den kommenden Jahren wegfallen. Disruptoren sind noch nicht als solche erkennbar: Potenzielle Mitbewerber sind im Embryonalstadium und gewinnen erste Kunden, stellen jedoch noch keine Bedrohung dar. Ihr Weg ist noch nicht vorgezeichnet: Angreifer verändern ihre Geschäftsmodelle, einige werden vom Markt nicht angenommen, was von Etablierten als Beleg gesehen wird, dass das alles nicht funktioniert. In diesem Stadium macht es Sinn, ein Unternehmen mit dem Auftrag zu gründen, das bestehende Geschäft zu zerstören und gleichzeitig das alte Geschäft weiter zu optimieren.

Langfristiger Gefährdungsgrad: Die Rahmenbedingungen sind in Veränderung, noch ist nicht klar, ob sie gänzlich wegfallen werden. Es ist Zeit zum Abwarten und Beobachten und auf Veränderungen schrittweise einzugehen. Unternehmen, die in diesem Stadium reagieren, haben die größten Chancen, weil sie nicht nur ihr Geschäftsmodell und ihre Produkte, sondern auch ihre gesamte Organisation Schritt für Schritt verändern können. In diesem Stadium ist es sinnvoll, Zukunftstrends genau zu beobachten und potenzielle Disruptoren frühzeitig zu erkennen – idealerweise so frühzeitig, dass das etablierte Unternehmen ein Teil der Disruption wird.

Reset! Die Strategie

Mit einem Reset! tun Sie das, was jemand tut, der Ihr Unternehmen und Ihre Branche angreift: Die Grundlagen, auf denen Sie jahrelang erfolgreich waren, infrage zu stellen. Versetzen Sie sich in die Lage Ihrer schlimmsten Angreifer. Nicht in die Lage der Unternehmen, die langsam auf dem Weg in die digitale Transformation sind, sondern in die Lage der Unternehmen, die keine Rücksicht auf bestehende Strukturen nehmen und die disruptive Technologien disruptiv nutzen. Fragen Sie sich aus dieser Perspektive heraus:

- Wie würden Sie Ihr eigenes Unternehmen heute angreifen?
- Nehmen wir an, Sie könnten Ihr Unternehmen auf der grünen Wiese mit den heutigen Technologien noch einmal neu aufbauen. Wie würde es aussehen?
- Wie würden Sie Ihre Produkte heute entwickeln, wenn Sie sie von vornherein digital denken würden?

- Wie würden Sie Ihr Geschäftsmodell mithilfe neuester Technologien gestalten, um den größtmöglichen Kundennutzen zu generieren?
- Wie würden Sie Ihr Unternehmen organisieren, wenn Sie keine Rücksicht auf bestehende Strukturen nehmen müssten?
- Welche Prozesse und Abläufe würden Sie auf Basis disruptiver Technologien heute anders entwickeln?
- Welche Mitarbeiter würden Sie heute einstellen? Wie würden Sie sie auswählen und incentivieren?

Reset! liefert erstaunliche Ergebnisse. Aber auch brutale. Die Erkenntnis, dass Sie möglicherweise einen digitalen Dinosaurier als Geschäftsgrundlage haben, tut weh. Doch sie zeigt auch, welche neuen Wege für Sie und Ihr Unternehmen denkbar sind.

Fazit: Digitale Disruption ist machbar

Es gibt viele Beispiele von Unternehmen, die sich – zum Teil innerhalb weniger Monate – komplett geändert haben. Eine meiner prägendsten Erfahrungen war die Zusammenarbeit mit dem Vorstand von CeWe Color, dem Vodafone Innovation Park und dem digitalen Innovationsteam von Bosch Siemens Hausgeräte – alle Unternehmen haben Sie bereits kennengelernt. Die Unternehmen hatten sich entschlossen, die digitale Zukunft ihrer Branche aktiv zu gestalten. Ohne Kompromisse. Ohne Wenn und Aber. Es gibt keinen Grund, dass Sie es nicht schaffen können.

Orientieren Sie sich nicht nur an den Branchenriesen wie Google oder Amazon. Schauen Sie, welche innovativen Strategien Unternehmen in Ihrer Region entwickeln. Blicken Sie nicht nur neidisch auf die Berliner Start-up-Szene. Dort wird zwar viel entwickelt, aber vieles davon ist letztlich der Traum vom Milliardengeschäft. Innovationen, die von Risikokapital-Investoren gefördert werden, brauchen die Aussicht massiver Skalierung.

Im Zuge der Digitalisierung werden sich aber nicht nur die neuen Googles oder Amazons entwickeln. Es wird einen digitalen Mittelstand geben: Lösungen, die klug durchdacht sind, ohne deshalb gleich einen globalen Wachstumsmarkt zu adressieren. Es sind Unternehmen wie die Firma Zollsoft aus Jena. Die Chance, dass Sie noch nie etwas von dem Unternehmen gehört haben, ist ziemlich groß. Im nächsten Kapitel werde ich es detaillierter vorstellen. Von solchen Unternehmen zu lernen macht mehr Mut, als nur ins Silicon Valley zu blicken.

Das Wichtigste für Sie ist jetzt vor allem eines: Starten Sie! Jetzt! Nicht in drei Monaten, nicht erst nach dem übernächsten Arbeitskreis-Meeting. Sondern jetzt. Ziehen Sie sich an einem Sonntagnachmittag zurück und überlegen Sie, welche disruptiven digitalen Innovationen Sie entwickeln wollen. Skizzieren Sie. Entwickeln Sie. Und nehmen Sie sich vor, dass Sie bis Freitag nächster Woche von einem Grafiker die ersten visuellen Prototypen haben möchten. Werden das die finalen Entwürfe sein? Nein. Ich hoffe, dass ich Ihnen das in diesem Buch vermitteln konnte. Natürlich nicht. Aber es ist der erste Schritt. Dann kommt der zweite, der zwanzigste, der zwanzigtausendste … Sie werden scheitern. Und wieder aufstehen. Es ist ein bisschen wie beim Bergsteigen. Irgendwann drehen Sie sich um und denken sich: »Wow! Bin ich schon weit gekommen!« Es gibt nicht einen einzigen Grund, warum Sie nicht heute starten sollten.

Ausblick: Die digitale Disruption der Gesellschaft

4

Es wäre nicht weit genug gedacht, dieses Buch ausschließlich auf die Wirtschaft zu beschränken und schnelle Lösungen zu präsentieren. Nach dem Motto: Digitale Geschäftsmodelle entwickeln, umsetzen, zack, fertig! Währenddessen geht es in der Gesellschaft weiter wie bisher. Die Lehrpläne in der Schule bleiben die gleichen, Universitäten lehren wie bisher, die Politik beschäftigt sich mit den üblichen Debatten und in der Gesellschaft werden alle dankbar die Segnungen der Digitalisierung annehmen.

Doch genau das wird nicht passieren. Die nächste Stufe der Digitalisierung ist die mit Abstand radikalste Veränderung unserer Gesellschaft seit Ende des zweiten Weltkriegs. Was uns in den nächsten Jahren bevorsteht, ist nichts Geringeres als das, was in der industriellen Revolution geschah: Ein kompletter Umbruch des Wirtschaftssystems und der Gesellschaft. Der Unterschied: Die industrielle Revolution zog sich über mehr als hundert Jahre hin, die Umbrüche durch die nächste Stufe der Digitalisierung werden bis 2025 weitgehend abgeschlossen sein. Wir werden anders lernen, anders arbeiten und anders leben. Doch wie? Und wie schaffen wir es, als Gesellschaft wettbewerbsfähig zu bleiben?

Die internationale Konkurrenz wird schneller, besser und innovativer

»Vorsicht! Da kommen Chinesen mit Fotoapparaten. Alles wegschließen!« Auf Ausstellungen wie der Hannover Messe wurden Unternehmen in der Vergangenheit nervös, wenn chinesische Besucher allzu viel von der Technologie wissen möchten. Vorurteil: »Die klauen.« Der Mythos hält sich hartnäckig: In Deutschland wird gedacht und getüftelt, in China kopiert. Doch das ist ein Irrglaube. Läuft die Entwicklung so weiter wie aktuell, könnte es künftig auch umgekehrt sein. Und auf chinesischen Leitmessen könnte es heißen: »Vorsicht! Die Deutschen kommen! Die sind schlimmer als die Raben!« Denn der Innovationsstandort Deutschland hat mit stark wachsender Konkurrenz zu kämpfen.

Indien und China gewinnen als Innovationsstandorte an Bedeutung

Die Städte mit den meisten Forschungs- und Entwicklungszentren befinden sich heute nicht in Europa oder den USA – sondern in asiatischen Ländern. Das GLORAD-Institut hat auf der ISPIM-Innovationskonferenz in Budapest 2015 Zahlen vorgestellt: Die Zahl der Forschungs- und Entwicklungszentren ist in Schwellenländern in den letzten fünfzehn Jahren um 1.048 angestiegen, in den sogenannten entwickelten Ländern waren es 813. China ist weltweit führend in der Zahl der Patentanmeldungen: Die Anzahl ist in den letzten zehn Jahren um das Fünffache angestiegen. Besonders beeindruckt hat mich in Budapest der Wissenschaftler Chien-Che Chiu von der National Chung Hsing University in Taiwan. Für seine wissenschaftliche Arbeit hat er mehr als 4,5 Millionen Patente weltweit analysiert. Seine Forschungsfrage: Welche Staaten melden ihre Patente weltweit an? Wahrscheinlich wundert es Sie nicht: China hat mit deutlichem Abstand die höchste Anzahl internationaler Patente und setzt auf eine klare Internationalisierungsstrategie.

Vielleicht kennen Sie sogenannte Defining Moments – Gespräche oder Ereignisse, die Meinungen und Ansichten nachhaltig verändern. Ich hatte 2013 und 2014 mehrere solcher Momente.

Mein Unternehmen Digital Markets baute damals im Auftrag von Vodafone Deutschland ein Open-Innovation-Programm für Geschäftsmodelle der vernetzten Zukunft auf. Durch das Programm kam ich in Kontakt mit praktisch allen Verantwortlichen, die für den Aufbau der LTE-Netze verantwortlich waren: Vom technischen Geschäftsführer bis zu hin zu den Projektteams, die die Sende- und Empfangsanlagen aufbauten und das Vodafone-Netz fit für die digitale Zukunft machten. Ich hörte immer wieder einen Namen, den ich bis dahin nur als Smartphone-Marke kannte: Huawei.

Warum Huawei deutsche Mobilfunknetze ausrüstet

Das chinesische Unternehmen mit einem Jahresumsatz von mehr als 60 Milliarden US-Dollar im Jahr 2015 gehört zu den führenden Unternehmen in der Netzwerktechnologie. Für die meisten Menschen ist Netzwerktechnologie ein abstrakter Begriff. Dahinter verbirgt sich alles, was in einem Mobilfunknetz notwendig ist, damit Sie von unterwegs aus telefonieren und während einer Zugfahrt Videos schauen können: Sende- und Empfangsanlagen, Schaltstellen, Router et cetera. Früher war diese Infrastruktur fest in europäischer Hand. Siemens, Nokia, Ericsson, Alcatel-Lucent. Siemens und Nokia hatten 2007 den Netzwerkausrüster Nokia Siemens Networks gegründet – mit dem Gedanken, durch die Bündelung ihrer Kräfte Unternehmen wie Huawei die Stirn zu bieten. Doch als das LTE-Netz gebaut wird, kommt die chinesische Technologie zum Einsatz.

Immer wieder stelle ich die gleichen Fragen: »Warum die Chinesen? Waren die billiger?« Und immer wieder erhalte ich hinter vorgehaltener Hand die gleiche Antwort. »Nein, sie sind besser.« An einem Abend in einer Bar platzt es irgendwann aus einer Gruppe Techniker heraus. »Bei uns gibt es einen Witz. Was kommt heraus, wenn sich ein arroganter Finne und ein lahmarschiger Deutscher zusammentun? Nokia Siemens Networks.« Alles lacht. Als ich frage, welches Unternehmen aus ihrer Sicht innovativer ist, ist die Antwort eindeutig: Huawei. »Wenn es ein Problem gibt, rufen wir in China an. Dann setzen sich zehn Techniker hin und entwickeln eine innovative Lösung. Innerhalb weniger Tage kommen die neuen Teile mit Air China. Wenn wir Siemens anrufen, haben wir einen Ingenieur an der Leitung, der überlegt, ob er zuständig ist, sich auf interne Regularien und schwerfällige Prozesse beruft und vielleicht einen Arbeitskreis einberuft.«

Wird Deutschland im technologischen Wettbewerb abgehängt?

Das mag ungerecht sein. Konzerne wie Siemens vollbringen immer wieder High-Tech-Durchbrüche. Beispielsweise auf der ICE-Bahnstrecke Leipzig – Erfurt, die seit Dezember 2015 erstmals komplett ohne Signale auskommt. Die Züge werden zu 100 Prozent digital gesteuert und überwacht. Doch es zeigt, dass der Wettbewerb um innovative Technologien eine neue Dimension bekommt. Nicht nur bei Fernsehern und Handys laufen deutsche Produkte ständig Gefahr, von schnelleren und innovativeren internationalen Unternehmen abgehängt zu werden, sondern selbst bei der Entwicklung hochkomplexer Lösungen wie der Netzwerktechnologie.

Als Volkswirtschaft laufen wir Gefahr, im technologischen Wettbewerb abgehängt zu werden. Diese Gefahr gilt übrigens nicht nur für Deutschland. In Zeiten des globalen technologischen Wettbewerbs läuft jedes Land dauerhaft Gefahr, zu unterliegen. Was das für Unternehmen bedeutet, habe ich in Kapitel 3 (ab Seite 199) erläutert. Doch es bedeutet mehr: Bildung und Politik müssen ihren Teil zur digitalen Disruption unserer Gesellschaft beitragen – ob sie wollen oder nicht.

Schule muss neue Kompetenzen vermitteln!

7. Oktober 2010. Ich bin zu einer Podiumsdiskussion bei den Salemer Gesprächen am Bodensee eingeladen. Vor rund 800 Gästen diskutiere ich mit Prof. Dr. Andreas Pinkwart, dem Rektor der Handelshochschule Leipzig, Marianne Janik, heute die Leiterin von Microsoft in der Schweiz und Ernst-Dieter Rossmann, dem damaligen bildungspolitischen Sprecher der SPD-Bundestagsfraktion. Die Veranstaltung zum Thema »Zukunft Bildung – eine kreative Revolution« findet auf Initiative der Wirtschaftsjunioren Bodensee-Oberschwaben statt. In der Einladung heißt es: »Als reiner Produktionsstandort kann Deutschland gegenüber Ländern wie zum Beispiel China und Indien künftig nicht mehr bestehen. Umso wichtiger ist es aus Sicht der Wirtschaftsjunioren, Bildung und Schulsystem in Deutschland auf die Anforderungen der neuen Kreativ- und Informationsgesellschaft hin zu überdenken.«

Fazit der Podiumsdiskussion: Das Schulsystem ist den Anforderungen der künftigen Wirtschaft in weiten Teilen nicht mehr gewachsen. Ob man soweit gehen muss, wie es *SPIEGEL*-Korrespondentin Astrid Maier aus Palo Alto berichtet, kann man durchaus kontrovers diskutieren. Dort lernte Maiers Tochter Malina bereits mit fünf Jahren die Grundzüge der Programmiersprache Java. Und ihr größter Traum mit sechs Jahren war, etwas richtig Cooles zu erfinden.

> **Standpunkt** »Die digitale Welt ist leider noch nicht in allen Klassenzimmern angekommen. Dabei ist es eine große Chance für unsere Jüngsten, wenn sie in der Schule auf die Chancen von digitalen Medien vorbereitet werden, denn im Arbeitsalltag der Gegenwart – und noch viel mehr der Zukunft – werden wir mit Computer, Tablet und Co. arbeiten und nicht mit Heft und Füllfeder. Deswegen haben wir mit Schuljahr 2016/17 erstmals flächendeckend Schulbücher als E-Books zur Verfügung gestellt. Jedes zweite Schulbuch in der Oberstufe wird ab Herbst ein E-Book sein. Das ist ein großer Schritt von der Kreidezeit in das digitale Zeitalter!« [Dr. Sophie Karmasin, Bundesministerin für Familien und Jugend Österreich]

Doch wir müssen die Frage stellen: Lernen unsere Kinder heute das, was künftig relevant ist? Wissen ist auf Knopfdruck verfügbar. Braucht man es dann überhaupt noch zu lehren? Es ist ein altes Dilemma der Innovation: Ist Kartenlehre im Zeitalter des Navigationsgeräts genauso wichtig wie früher, etwas weniger wichtig, gar nicht mehr wichtig oder anders wichtig? Und wenn anders: Wie anders?

Kompetenzen, die Schule stärken muss

Macht es wirklich Sinn, dass Schüler die Ordnungen in der Biologie auswendig lernen und ihre Leistungen primär danach beurteilt werden, dass sie in einer Klassenarbeit den Klippschliefer korrekt der Ordnung der Schlieftiere zuordnen? Bildet Schule hier wirklich die richtigen Kompetenzen aus? Reine Wissensvermittlung wird künftig nicht mehr genügen. Um den Anforderungen der Gesellschaft gewachsen zu sein, braucht es neue Fähigkeiten.

Wissensrecherche: Die Fähigkeit, mit Hilfe unterschiedlicher Suchstrategien aus einer Vielzahl von Quellen die für eine Fragestellung passenden Antworten zu finden. Bloße Fakten lassen sich über eine einfache Recherche bei Google finden. Doch eine Antwort auf die Frage »Welche unterschiedlichen Methoden der Klassifizierung von Tierarten gibt es?« zu finden, erfordert komplexe Suchstrategien.

Wissensbewertung: Die Fähigkeit, Wissensquellen zu hinterfragen, Fakten zu verifizieren und Widersprüche zu klären. Was passiert, wenn sich Quellen widersprechen? Wie kann man zu einer Bewertung kommen, wenn es keine eindeutigen Quellen gibt?

Wissensvernetzung: Die Fähigkeit, unterschiedlichste Fachgebiete miteinander zu vernetzen und auf Basis dieser Vernetzung neue Ideen und Lösungen zu entwickeln. In diesem Buch haben Sie die Zukunft verschiedener Branchen kennengelernt: Der Anwalt, der das Geschäftsmodell der Zukunft entwickeln möchte, braucht neben juristischem Know-how Kenntnisse über Internet-Technologien, digitale Geschäftsmodelle und digitales Marketing.

Wissensaufbau: Die Fähigkeit, vorhandenes Wissen in Frage zu stellen und neues Wissen zu schaffen. In den kommenden Jahren wird die Wirtschaft von Innovation geprägt werden – dies geht nicht ohne Menschen, die es gelernt haben, Vorhandenes radikal infrage zu stellen.

Wissenspräsentation: Die Fähigkeit, Wissen in unterschiedlicher Art und Weise darzustellen. Haben Sie einmal versucht, mit einem Marketingexperten und einem Software-Programmierer den gleichen Sachverhalt zu diskutieren? Sie werden erstaunt sein, wie schwer Ihnen das fällt, wenn Sie nicht gelernt haben, dass jeder das Gesagte anders versteht.

Schüler von heute werden morgen mehr und mehr in Projekten arbeiten, die genau diese Fähigkeiten erfordern. Es ist fast schon ironisch, dass meine Kinder heute gute Noten dafür bekommen, dass sie das vom Lehrer vorgegebene Wissen auswendig lernen und wiedergeben, während in der Wirtschaft gerade diese Art von Tätigkeiten durch Algorithmen ersetzt wird.

Die Digitalisierung als Job-Killer?

Im Juli 2016 titelt *Spiegel Online*: »Die Jobfresser kommen« und stellt die Frage: »Drohen Massenarbeitslosigkeit, Massenarmut und soziale Verwerfungen? Oder bricht eine Ära an, in der der Mensch endlich ganz Mensch sein kann, weil immer weniger Zeit für den Lebensunterhalt draufgeht – und immer mehr Zeit für die Selbstentfaltung bleibt?«

Es gibt unterschiedlichste Szenarien. Die negativen sprechen von noch tieferen sozialen Spaltungen und einem neuen digitalen Prekariat: Menschen, die in der Vergangenheit eine – wie sie dachten – solide Ausbildung als Facharbeiter, Speditionskaufmann oder Versicherungssachbearbeiter hatten und deren Jobs digitalisiert wurden. Die positiven sehen eher ein neues Verhältnis zur Arbeit: Neue Arbeitsmodelle, mehr Teilzeit, mehr Flexibilität statt eines eintönigen Achtstundenjobs. Die negativen Szenarien besagen: Es werden mehr Jobs vernichtet als geschaffen. Die positiven sehen neue Jobs, die entstehen.

Wahrscheinlich liegt die Wahrheit in der Mitte. Fakt ist: Einen Großteil der Berufe, wie wir sie heute kennen, wird es nach der Digitalisierung nicht mehr geben. Einfache Arbeiten für Menschen mit geringem Qualifikationen werden mehr und mehr durch Maschinen ersetzt. Und selbst gut ausgebildete Facharbeiter werden vielfach nicht mehr benötigt. Als ich 2016 eine neue Fabrik für medizinische Spezialprodukte besuche, bin ich beeindruckt und nachdenklich zugleich: Die gesamte Produktion braucht heute noch fünf Personen je Schicht. Und das für ein Produkt, das weltweit exportiert wird und in seiner Nische Marktführer ist.

Was passiert, wenn Hunderttausende Jobs digitalisiert werden?

Überlegen Sie, was von einem Unternehmen mit hohem Verwaltungsaufwand übrig bleibt, wenn der klassische Sachbearbeiter durch künstliche Intelligenz ersetzt wird. Hier sind es nicht nur die Arbeitsplätze von gering qualifizierten Menschen, die wegfallen. Es sind die von gut ausgebildeten Angestellten, die heute den großen Teil unserer Mittelschicht stellen. Denken Sie darüber nach, welche Auswirkungen autonomes Fahren auf unsere Gesellschaft hat: Wenn nicht nur das Autos überall hin per App gerufen werden kann und damit die Notwendigkeit für Besitz weiter sinkt. Wenn autonome Autos, Lkws und Züge innerhalb der nächsten Jahre auch nur jeden fünften Arbeitsplatz von Taxifahrern, Lastwagenfahrern und Lokführern ersetzen, wird es zahlreiche Verlierer geben – Menschen, deren Arbeitskraft aus wirtschaftlicher Sicht nicht mehr gebraucht wird. Es gibt prominente Vertreter, die ein bedingungsloses Grundeinkommen für alle fordern. Es sind keine Träumer oder Sozialromantiker, sondern Menschen wie Telekom-Chef Thimotheus Höttges im Dezember 2015 in der *ZEIT*.

Es gibt eine andere Seite: Die Notwendigkeit, 40 Stunden in der Woche in einem Büro zu sitzen, sinkt. 2016 machen meine Familie und ich Urlaub auf den Lofoten, einer norwegischen Inselgruppe 200 Kilometer nördlich des Polarkreises. Auf der südlichen Insel gibt es nur zwei kleine Supermärkte und ein Taxi. Und an den Stränden tummeln sich in der Hauptsaison fünf Gäste. Ich beschreibe das, damit Sie verstehen, wie weit weg die Inselgruppe von der Zivilisation entfernt scheint. Doch dank Flatrate habe ich ein LTE-Netz, das deutlich schneller ist als der Internetanschluss in vielen deutschen Kleinstädten. Aus mehr als 2.000 Kilometer Entfernung verfolge ich die Aktivitäten auf unseren Internetplattformen in Echtzeit. Die Fischerhütte neben uns hat der IT-Verantwortliche eines Tabakkonzerns gekauft. Er kann von dort aus problemlos arbeiten – über LTE kann er sich jederzeit einwählen und alle notwendigen Arbeiten durchführen. Mein Studienkollege Malte Clavin aus Berlin lebt dank Digitalisierung seinen Traum. In seinem ersten Leben leitet er Projekte zur Entwicklung digitaler Geschäftsmodelle bei der Deutschen Telekom. In seinem zweiten ist er Fotograf und Weltreisender. Unter *http://weltreise-mit-kind.de* können Sie sehen, was er tut, wenn er sein zweites Leben lebt.

Arbeit wird neu definiert

Arbeitsformen wie Clickworking sind Segen und Fluch zugleich: Über Portale wie Crowdguru erhalten freie Mitarbeiter Aufträge für Übersetzungen oder Websitebeschreibungen. Wo und wann sie die Aufträge abarbeiten, bleibt ihnen überlassen: Ob in der Zweizimmerwohnung in Berlin Kreuzberg oder nach dem Surfen am Strand von Spanien. Ein Segen für die, die um die Welt reisen und dabei Geld verdienen wollen. Ein Segen für die, die feste Arbeitszeiten hassen und neue Lebensmodelle suchen. Ein Fluch für die, die vorher für die gleiche Tätigkeit eine Festanstellung hatten.

Wird es zu Massenentlassungen kommen? Zum Teil. Schon heute – siehe das Kapitel über die Zukunft der Versicherungsbranche (ab Seite 190) – findet Jobabbau statt. Doch der große Teil von Verwaltungsangestellten wird wahrscheinlich nicht auf einen Schlag entlassen werden. Die meisten, deren Jobs digitalisiert werden, gehen ohnehin in einigen Jahren in Rente. Der häufig beschriebene Fachkräftemangel, den wir heute häufig als demografisches Problem ansehen, fällt – ein glücklicher Zufall der Geschichte – weitgehend zusammen mit den Möglichkeiten der Digitalisierung. Unternehmen, die heute Schwierigkeiten haben, Fachkräfte zu finden, werden diese Stellen in einigen Jahren möglicherweise gar nicht mehr ausschreiben. Anders ausgedrückt: Die Stelle des heutigen Sachbearbeiters wird nicht mehr besetzt. Das allerdings birgt neue Herausforderungen. Das Rentensystem ist auf der Annahme aufgebaut, dass es von künftigen Rentenzahlern finanziert wird. Wenn aber die Fabrik fast autonom produziert, in der Landwirtschaft und auf dem Bau deutlich weniger Menschen benötigt und Verwaltungsapparate durch intelligente Regelwerke und Technologien der künstlichen Intelligenz ersetzt werden, wer zahlt dann in die Rentenkasse ein?

Um dem Verlust von Arbeitsplätzen entgegenzuwirken, gilt es, in den kommenden Jahren neue Unternehmen und neue Wirtschaftszweige zu erfinden. Die künftige Finanzierung unseres Gesellschaftsmodells hängt davon ab, wie viele dieser neuen Jobs wir erfinden werden. Noch sind die Auswirkungen der digitalen Disruption noch nicht einmal ansatzweise in den Köpfen der Politik verankert.

Standpunkt

»Wer sich wirklich noch vorstellen kann, wie er heute ohne mobiles Telefon leben sollte und wer weiß, dass sich technische Revolutionen exponentiell beschleunigen, der kann vielleicht ermessen, wie stark sich die Welt in den kommenden zehn Jahren verändern wird. Da die Technik weiter attraktiv sein wird, wird sie auch in Zukunft schnell verbreitet. Die Gesetzgeber werden gut beraten sein, sich nicht mit den einfachen Dingen wie Frequenzen oder Roaming-Preisen aufzuhalten, sondern eiligst Grundlagen zu legen: Ethik-Codex für Entscheidungen durch künstliche Intelligenz, Eigentum an anonymisierbaren Daten (zum Beispiel aus car-to-car-Communication) oder unbedingter Zugriff von Sicherheitsbehörden auf verschlüsselte Daten. Das wird unsere Debatten prägen.« [Roland Koch, Ministerpräsident a. D., Aufsichtsrat Vodafone Deutschland]

Quelle: www.roland-koch.de, Foto: Gaby Gerster

Wichtig! Ein digitaler Mittelstand mit hoher Innovationskraft!

Die Stärke unserer Wirtschaft sind nicht nur große Konzerne – es sind Tausende kleiner und mittlerer Unternehmen. In der Vergangenheit haben sie Teile für die Automobilindustrie angefertigt, waren Zulieferer für den Maschinenbau oder haben innovative Produkte wie Bionade entwickelt. In Zukunft werden es genau diese kleinen und mittleren Unternehmen sein, die innovative digitale Lösungen für unterschiedlichste Branchen entwickeln. Ich bin immer wieder erstaunt, mit wie vielen Ideen heute bereits ein neuer digitaler Mittelstand entsteht.

Im Juli 2016 besuche ich mit einer Gruppe von Betriebsärzten die Firma Zollsoft in Jena. Sie haben noch nie von diesem Unternehmen gehört? Zollsoft ist so etwas wie die digitale Version eines Hidden Champion: Ein Unternehmen, das außer seinen Kunden niemand kennt. Es stellt Praxis-Software für Ärzte her, die lieber mit Apple als mit Windows arbeiten. Die Gründer des Unternehmens hatten die Software ursprünglich für ihre Eltern entwickelt, die nach innovativen Lösungen gesucht haben. Heute läuft die Software in mehr als fünfhundert Praxen.

Braucht es dafür mehr Fördermittel oder mehr Risikokapital? Sicherlich auch. Doch viel wichtiger für innovative Unternehmen sind innovative Kunden und ein innovatives Umfeld. Dazu gehört eine Politik, die Modellregionen für digitale Pilotprojekte fördert. Im Digital Economy and Society Index (DESI) der EU belegt Deutschland 2016 nur Platz 9. Dort werden unter anderem die Qualität der Internetverbindung, die tatsächliche Internetnutzung, die Integration digitaler Technologien und digitale Verwaltungsangebote gemessen. Zwei Plätze vor Deutschland liegt Estland. Das kleine Land hat zum Teil disruptive Angebote für die öffentliche Verwaltung geschaffen: Seit 2014 können Sie dort unter anderem eine digitale Staatsbürgerschaft beantragen, von jedem Ort der Welt aus ein estnisches Unternehmen gründen und Dokumente digital signieren. Auch das Steuerwesen ist digital. Platz eins belegt übrigens Dänemark. »Join the Future. Think Denmark« wirbt die Webseite *stateofgreen.com*. Die Hauptstadt Kopenhagen hat sich viel vorgenommen: Bis 2025 möchte sie CO_2-neutral sein, unter anderem mit Hilfe digitaler Innovatoren. Unter der Webadresse *http://data.kk.dk* öffnet die Stadt Schnittstellen zu ihren Daten.

Digitale Disruption: Gefahr oder Chance?

Der bekannte Ökonom Joseph Schumpeter prägte den Begriff der »schöpferischen Zerstörung«. Danach baut die gesamte ökonomische Entwicklung darauf auf, dass das Bestehende kreativ zerstört wurde. Die ersten Fabriken zerstörten die Existenz von Manufakturen, Automobile zerstörten die Existenz von Pferdedroschken, elektrisches Licht zerstörte die Hersteller von Gaslampen, der Computer zerstörte die Schreib- und die Rechenmaschine. Diese Auflistung lässt sich unendlich fortsetzen.

Jede schöpferische oder kreative Zerstörung bringt Verlierer mit sich. Wenn Sie heute Sachbearbeiter einer Versicherung sind und Ihre Tätigkeiten nach und nach durch Schnittstellen, Algorithmen und künstliche Intelligenz ersetzt werden, sind Sie zunächst einmal Verlierer. Wenn Sie eine Abteilung oder ein Unternehmen leiten, dessen Geschäftsmodell heute von digitalen Disruptoren pulverisiert wird, dürften Sie sich wahrscheinlich ähnlich fühlen wie der Versicherungssachbearbeiter. Und doch unterscheidet sich digitale Disruption in einem wichtigen Punkt: Ob Mitarbeiter oder Unternehmen – Sie sind der Digitalisierung nicht wehrlos ausgeliefert. Sie können mitgestalten. Und Sie können heute damit beginnen.

Fragen Sie sich: Wie würden Sie sich selbst ersetzen?

In meinen früheren Büchern haben Sie in meiner Biografie Begriffe wie diese gefunden: »Trainer« oder »Berater von Unternehmen«. Heute finden Sie andere Begriffe: »Softwarearchitekt« und »Internet-Unternehmer«.

2013 haben wir in unseren Unternehmen eine wichtige strategische Entscheidung getroffen. Meine Unternehmen haben damals (im Kapitel über die Zukunft der Beratung ab Seite 118 habe ich es bereits kurz angedeutet) Geld damit verdient, dass sie Unternehmen in komplexen Entwicklungsprozessen für Innovationen begleitet haben. Dazu haben wir unter anderem zahlreiche Ideen- und Innovations-Workshops durchgeführt. Dann haben wir uns eine Frage gestellt: Was wäre, wenn jemand unsere Beratungsleistungen digitalisieren würde? Was würde passieren, wenn Unternehmen Innovationsworkshops durch Internetplattformen ersetzen? Und was würde passieren, wenn plötzlich nicht mehr Berater für die Entwicklung einer Innovationskultur engagiert werden, sondern ein Tool diese Aufgabe übernehmen würde? Wir haben uns gefragt: Wie würden wir uns selbst angreifen? Und dann haben wir eine Entscheidung getroffen: Sämtliche Überschüsse aus dem operative Geschäft gehen in die Entwicklung der digitalen Zukunft. Wir kannibalisieren unser eigenes Geschäftsmodell!

Die Anfänge waren nicht wirklich ermutigend: Unsere erste Entwicklung – die Plattform zur Ideenentwicklung – haben wir vor zwei Jahren eingestampft. Sie funktionierte gut, aber sie war viel zu unflexibel für das, was unsere Kunden brauchen. Wir haben alles von Grund auf neu programmiert – und aus den Erfahrungen des ersten Fehlschlags gelernt. 2016 haben wir uns in mehreren Pitchings gegen Mitbewerber durchgesetzt – zum einen, weil wir eine sehr innovative Technologie entwickelt haben, zum anderen, weil uns unsere Erfahrung aus der Innovationsberatung hilft, Kunden zu verstehen und das zu entwickeln, was sie wirklich benötigen. Es ist nicht so, dass Ihr heutiges Know-how als Unternehmen oder Mitarbeiter ersetzt wird. Es kommt nur auf anderen Wegen zum Kunden.

Der abschließende Rat ist kurz: Lernen Sie, Ihr Unternehmen, Ihre Abteilung und Ihren eigenen Job radikal digital zu denken. Digitalisieren Sie sich selbst – bevor es andere tun! Und starten Sie damit jetzt!

Anhang

5

Der Autor

Internet-Unternehmer, Innovationsexperte, Vortragsredner

Der *Harvard Business manager* beschreibt Dr. Jens-Uwe Meyer anerkennend als den »Top-Management Berater für Innovationskultur und disruptive Innovation«. Er ist Autor von zehn Büchern und gehört zur exklusiven Riege der Meinungsmacher beim *manager magazin*. Mit seinem Unternehmen Innolytics entwickelt er zudem Software für Innovation, Kollaboration und Zukunftsmarktforschung.

Ein bemerkenswerter Lebenslauf

So ungewöhnlich wie seine Denkweise ist auch sein Lebenslauf. Er war Polizeikommissar in Hamburg, wo er unter anderem auf der Hamburger Davidwache und bei der Rauschgiftfahndung im Einsatz war. Später wechselte er zum Fernsehen: Er war ProSieben-Studioleiter in Jerusalem und Washington. Als Chefreporter berichtete er live aus mehr als 25 Ländern. Managementerfahrung sammelte er als Chefredakteur der Jugendwelle MDR JUMP und als Programmdirektor beim privaten Radiosender Antenne Thüringen.

Wissenschaftliche Expertise

Dr. Jens-Uwe Meyer promovierte an der Leipzig Graduate School of Management über die Innovationsfähigkeit von Unternehmen. In seiner Arbeit untersuchte er die Rahmenbedingungen, die Unternehmen für die Umsetzung erfolgreicher Innovationen benötigen.

Kontakt zum Autor: www.jens-uwe-meyer.de
Mail: kontakt@jens-uwe-meyer.de

Literaturquellen

Hier finden Sie Buchempfehlungen und Literaturhinweise zu den Themen Digitalisierung, Innovation, Innovative Unternehmenskulturen und Disruptives Management. Aufgrund der Fülle verfügbarer Quellen stellen die genannten Fundstellen nur einen Auszug des verwendeten Materials dar.

Weitere Literaturquellen, insbesondere Studien, finden Sie auf der Webseite zum Buch. Die Webseite *www.digitale-disruption.de* und die XING-Gruppe bieten zudem die Möglichkeiten, die ein Buch nicht bietet: Austausch.

Eigene Publikationen

Meyer, Jens-Uwe (2016): Kreativ trotz Krawatte. Vom Manager zum Katalysator – Wie Sie eine Innovationskultur aufbauen. 3. Auflage. BusinessVillage, Göttingen.

Meyer, Jens-Uwe (2016): Radikale Innovation – das Handbuch für Marktrevolutionäre. 2. Auflage. BusinessVillage, Göttingen.

Meyer, Jens-Uwe (2015): Die Innovationsfähigkeit von Unternehmen. Messen, analysieren und steigern. BusinessVillage, Göttingen.

Meyer, Jens-Uwe (2014): Innolytics® – Innovationsmanagement weiter denken. Überarbeitete Neuauflage der Studie Erfolgsfaktor Innovationskultur. BusinessVillage, Göttingen.

Meyer, Jens-Uwe (2014): Strengthening Innovation Capacity through Different Types of Innovation Cultures. In: Technology Innovation Management Review.

Meyer, Jens-Uwe (2011): Erfolgsfaktor Innovationskultur – das Innovationsmanagement der Zukunft. BusinessVillage, Göttingen.

Meyer, Jens-Uwe (2008): Das Edison-Prinzip – der genial einfache Weg zu erfolgreichen Ideen. Campus, Frankfurt am Main.

Meyer, Jens-Uwe; Henryk Mioskowski (2016): Genial ist kein Zufall – die Toolbox der erfolgreichsten Ideenentwickler. 2. Auflage. BusinessVillage, Göttingen.

Fremde Publikationen

Assink, Marnix (2006): Inhibitors of Disruptive Innovation Capability: A Conceptual Model. In: European Journal of Innovation Management (2), S. 215–233.

Australian Government Productivity Commission (2016): Digital Disruption: What do governments need to do?

Birkinshaw, Julian; Cristina Gibson (2004): Building Ambidexterity Into an Organization. In: MIT Sloan Management Review, Summer, S. 47–55.

BITKOM (2015): Big Data und Geschäftsmodell-Innovationen in der Praxis (Leitfaden).

Broy, Manfred; Eva Geisberger (2012): agendaCPS – Integrierte Forschungsagenda Cyber-Physical Systems, Springer, München.

Bysted, Rune (2013): Innovative Employee Behaviour: The Moderating Effects of Mental Involvement and Job Satisfaction on Contextual Variables. In: European Journal of Innovation Management (3), S. 268–284.

Cantarello, Silvia; Antonella Martini; Anna Nosella (2012): A Multi-Level Mode for Organizational Ambidexterity in the Search Phase of the Innovation Process. In: Creativity and Innovation Management (1), S. 28–45.

Chang, Yuan-Chieh; Huo-Tsan Chang; Hui-Ru Chi; Ming-Huei Chen; Li-Ling Deng (2012): How Do Established Firms Improve Radical Innovation Performance? The Organizational Capabilities View. In: Technovation (32), S. 441–451.

Cooper, Robert G. (2014): What's Next? After Stage-Gate. In: Research-Technology Management (1), S. 20–31.

Dapp, Thomas F.; Veronika Heine, Deutsche Bank Research (2014): Big Data. Die ungezähmte Macht. Deutsche Bank Research.

Die Medienanstalten (2015): Digitalisierungsbericht. Berlin.

Dyer, Jeffrey H.; Hal B. Gregersen; Clayton Christensen (2009): The Innovator's DNA. In: Harvard Business Review (Dezember), S. 62–67.

Ekvall, GoÈran (2006): Organizational Conditions and Levels of Creativity. In: Henry, Jane (Hrsg.): Creative Management and Development, 3. Auflage, London, SAGE Publications Ltd., S. 135–146.

Hamburgisches WeltWirtschaftsInstitut (2015): Digitalökonomie – Strategie 2030.

Hargadon, Andrew (2003): How Breakthrough Happens – The Surprising Truth About How Companies Innovate. Boston, Harvard University Press.

IHK Wirtschaftsbarometer (2016): Wirtschaft 4.0. Große Chancen, viel zu tun.

Junarsin, Eddy (2009): Managing Discontinuous Innovation. In: International Management Review (5:1), S. 10–18.

Kirton, M. J. (2006): Adaptors and Innovators. Why New Ideas Get Killed. In: Henry, Jane (Hrsg.) 2006 – Creative Management and Development, London, S. 109–112.

Konsti-Laakso, Suvi; Timo Pihkala; Sascha Kraus (2012): Facilitating SME Innovation Capability Through Business Networking. In: Creativity and Innovation Management (1), S. 93–105.

Lünendonk Branchendossier (2015): Banken – Den digitalen Wandel gestalten.

Lünendonk Marktstichprobe (2015): Der Markt für Business Intelligence und Business Analytics in Deutschland.

Müller-Wienbergen, Felix; Oliver Müller; Stefan Seidel; Jörg Becker (2011): Leaving the Beaten Track in Creative Work: A Design Theory for Systems That Support Convergent and Divergent Thinking. In: Journal for the Association for Information Systems (11), S. 714–740.

Parker, Sharon K.; Nick Turner; Helen M. Williams (2006): Modeling the Antecedents of Proactive Behavior at Work. In: Journal of Applied Psychology (91:3), S. 636–652.

Preu, E. (2013): Das Bauen der Zukunft ist vernetzt. CS Projektmanagement.

Puccio, Gerard J.; John F. Cabra (2010): Organizational Creativity – A Systems Approach. In: Kaufman, James C.; Robert J. Sternberg (2010): The Cambridge Handbook of Creativity, New York, Cambridge University Press, S. 145–173.

Roland Berger Studie (2016): Of Robots and Men. In: logistics: Towards a confident vision of logistics in 2025.

The Economist Intelligence Unit (2016): The path to self-disruption.

Bildnachweise

S. 7, Disrupt. fotolia.com. © gustavofrazao.

S. 13, Henning Vöpel. © Jürco Börner Fotografie.

S. 16, Daniel Thomas. foto-woehner.de © Andrea Wöhner.

S. 18, Heiko Meyer. demaddalenafoto.com © Gudrun Theresia de Maddalena.

S. 21, Monitor. pixabay.com.

S. 27, Hartmut Jenner. © Kärcher/Martin Stollberg.

S. 28, What is Cohealo? © cohealo.com.

S. 29, Klaus Müller. © vzbz. Jan Zappner.

S. 32, Reinhard Clemens. Pressefoto Telekom. © Mareen Fischinger.

S. 38, Dr. Andreas Pinkwart. © HHL Leipzig – Graduate School of Management.

S. 41, Lothar Schröder. kayherschelmann.de. © Kay Herschelmann.

S. 48, Matching von Kunden. © Innolytics GmbH.

S. 50, Screenshot der Webseite camelcamelcamel.com, abgerufen am 22. August 2016.

S. 51, Siegfried Russwurm. siemens.com/press. © Peter Rigaud.

S. 62, Sabine Bendiek. Pressefoto Microsoft. https://www.microsoft.com/de-de/ueber-uns/management-team.aspx, abgerufen am 22. August 2016.

S. 65, Try the service. Screenshot der Webseite https://dialog-demo.mybluemix.net, abgerufen im Juni 2016.

S. 66, outthink old thinking. Screenshot. ibm.com.

S. 79, Dr. Werner Struth. © Ralf Grömminger Fotografie GmbH.

S. 80, Frank Riemensperger. Bildfolio. © Bert Bostelmann.

S. 91, Durcheinander. fotolia.com. © Marco2811.

S. 94, Ulrich Hamann. Bundesdruckerei.

S. 106, Günther Oettinger. EC – Audiovisual Service. ©Georges Boulougouris.

S. 114, Heimo Scheuch. ©Kurt Keinrath

S. 116, Dr.-Ing. Tobias Wiegand. ©Achim Zielke.

S. 117, ERO Roboter. Screenshot der Seite http://netzkonstrukteur.de/abriss-mal-anders-der-roboter-schluckt-das-haus, abgerufen am 22. August 2016.

S. 120, Spezialanalysen. ©Innolytics GmbH, Stefan Kilz.

S. 123, Kundenplattform. Screenshot Innolytics GmbH.

S. 132, Dr.Ed.com. Screenshot. www.dred.com.

S. 134, beddit. Screenshot. beddit.de.

S. 138, Frank Gotthardt. Offizielles Pressefoto. ©CompuGroup Medical AG.

S. 142, Dr. Eduard Sailer. ©Frauke Schumann.

S. 144, DishConnect. ©Innolytics GmbH.

S. 148, Luigi Pedrocchi. Offizielles Foto. ©Mibelle AG.

S. 151, Dr. Philipp Stradtmann. ©Karl Otto Braun GmbH.

S. 155, Drohne. ©BeyWa.

S. 160, DHL Paketkopter. ©Andreas Heddergott.

S. 164, Frank Rausch. ©Hermes Germany GmbH.

S. 175, Bernhard Mattes. Ford. ©Friedrich Stark, www.friedrich-stark.de.

S. 180, Marion Ebentheuer. ©ADAC.

S. 188, Timotheus Höttges. Deutsche Telekom AG. ©Thomas Ollendorf.

S. 191, Franz-Helmut Gerhards. ©DAK.

S. 199, Wahl zwischen falsch und richtig. fotolia.com. ©fotogestoeber.

S. 200, Sebastian Seitz. ©Cideon Systems.

S. 214, Rot AG und Blau AG. ©Innolytics GmbH.

S. 221, Innovationstypen. ©Innolytics GmbH.

S. 225, Dr. Reiner Fageth. www.Frankreinhold.com. ©Frank Reinhold.

S. 261, Puzzle. fotolia.com. ©vege.

S. 267, Dr. Sophie Karmasin. http://www.bmfj.gv.at/ministerin/Lebenslauf.html. ©Christian Jungwirth.

S. 273, Roland Koch. www.roland-koch.de. ©Gaby Gerster.

S. 279, logout. shutterstock.de. ©Imilian.

S. 280, Dr. Jens-Uwe Meyer. ©Andreas Koslowski.

Die Innovationsfähigkeit von Unternehmen

Jens-Uwe Meyer
Die Innovationsfähigkeit von Unternehmen
Messen, analysieren und steigern
1. Auflage 2015

408 Seiten; Broschur; 39,80 Euro
ISBN 978-3-86980-308-1; Art.-Nr.: 973

In Zeiten steigender Marktdynamik müssen sich Unternehmen neu erfinden! Um Wachstum und Wettbewerbsvorteile zu erzielen, wird die ständige Entwicklung von Innovationen zur Kernkompetenz. Zugleich müssen Unternehmen verschiedene Innovationsprojekte, die in Art, Geschwindigkeit und Innovationsgrad stark voneinander abweichen, parallel vorantreiben. Dabei stoßen klassische prozessfokussierte Ansätze des Innovationsmanagements an ihre Grenzen.

Dynamische Marktstrukturen erfordern kreative und proaktiv agierende Unternehmen, die in der Lage sind, zukünftige Chancen frühzeitig zu erkennen, neue Produkte und Services mit einem hohen Innovationsgrad zu entwickeln und ihre Geschäftsmodelle anzupassen. Gleichzeitig müssen diese Unternehmen ihr bestehendes Geschäft durch inkrementelle Innovationen und die Entwicklung effizienterer Prozesse vorantreiben. Gerade etablierten Unternehmen fällt es schwer, beiden Herausforderungen gleichermaßen zu begegnen.

Dr. Jens-Uwe Meyer stellt in diesem Buch das Ergebnis von sechs Jahren wissenschaftlicher Forschung vor: Ein Management Tool für Unternehmen, die die Zukunft ihrer Märkte gestalten wollen und deren Schlüsselkompetenz die eigene Innovationsfähigkeit ist. Ein wegweisendes Buch, das auf 300 internationalen wissenschaftlichen Studien beruht. Es ist gleichermaßen für Studierende und Lehrkräfte aus dem Bereich Innovation sowie für Manager und Führungskräfte geschrieben, die ein tieferes Verständnis von Innovation gewinnen möchten.

www.BusinessVillage.de

Radikale Innovation

Jens-Uwe Meyer
Radikale Innovation
Das Handbuch für Marktrevolutionäre
2. Auflage 2016

256 Seiten; Hardcover; 24,80 Euro
ISBN 978-3-86980-134-6; Art.-Nr.: 867

Fortschritt war gestern – Unternehmen, die im Wettbewerb bestehen wollen, müssen die Revolution ausrufen: Radikale Innovation. Sie brauchen Produkte, für die es noch keine Märkte gibt. Dienstleistungen, die niemand für möglich hält. Und Geschäftsmodelle, die die Regeln ganzer Branchen auf den Kopf stellen. Innovationen, die mutige Pioniere erfordern – und nicht Verwalter aufwendiger Prozesse.

Doch hier herrscht Mangel. Draußen verändert sich die Welt, drinnen verändert sich die Powerpoint-Präsentation. Draußen wird die digitale Revolution ausgerufen, drinnen der Abstimmungsprozess neu aufgesetzt. Draußen sind Rebellen dabei, neue Märkte zu erobern, drinnen überlegen Manager, wie sie sich absichern, bevor sie handeln. Quer durch alle Branchen ist die Mehrheit der Unternehmen und Institutionen heute nicht in der Lage, radikale neue Ideen zu entwickeln.

Radikale Innovation erfordert radikale neue Konzepte. Konzepte, mit denen Unternehmen beweglicher und mutiger werden. Konzepte für Macher, die sich nicht damit abfinden, dass große Ideen irgendwo im Bermuda-Dreieck der festgefahrenen Unternehmensstrukturen verschwinden. Und ein neues Denken – statt Konzepte wiederzukäuen, die in den Neunzigerjahren aktuell waren.

Das neue Buch von Jens-Uwe Meyer, einem der anerkanntesten Innovationsexperten in Deutschland, stellt bahnbrechende Denkansätze vor. Ein Handbuch aus der Praxis, das anhand internationaler Fallstudien und der Erkenntnisse aus Hunderten von Innovationsprojekten zeigt, wie Unternehmen durch radikal neue Wege zu Innovationsgewinnern werden.

www.BusinessVillage.de

Genial ist kein Zufall

Jens-Uwe Meyer, Henryk Mioskowski
Genial ist kein Zufall
Die Toolbox der erfolgreichsten Ideenentwickler
2. Auflage 2016

248 Seiten; Broschur; 21,80 Euro
ISBN 978-3-86980-193-3; Art.-Nr.: 898

Woher haben großartige Erfinder, Designer und Entwickler ihre Ideen? Wie entwickeln innovative Unternehmen neue Produkte, Geschäftsmodelle und Dienstleistungen? In diesem Buch erfahren Sie es: Erfolgreiche Ideenentwicklung hat System!

Erstmals öffnen die Ideeologen®, Deutschlands kreativste Innovationsexperten, ihre Toolbox zur Entwicklung genialer Ideen. Sie lernen systematisch aufeinander aufbauende Techniken kennen, die Sie Schritt für Schritt zu neuen Ideen bringen.

Sie erhalten eine einzigartige Sammlung von Methoden für den gesamten Kreativprozess: Von der Identifizierung neuer Chancenfelder über die Entwicklung von Fragestellungen und die Vertiefung bestehender Ideenansätze bis zur Generierung, Optimierung und Bewertung von Ideen.

Jeder in diesem Buch beschriebene Schritt der systematischen Ideenentwicklung wurde in Hunderten von Projekten erfolgreich erprobt und weiterentwickelt. Dieses Buch wird Sie in die Lage versetzen, geniale Ideen zu generieren und erfolgreich umzusetzen.

www.BusinessVillage.de

Kreativ trotz Krawatte

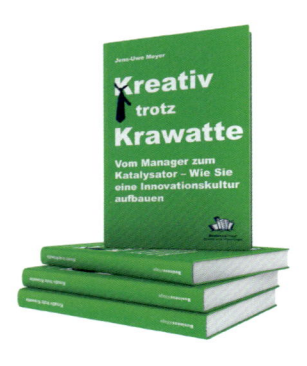

Jens-Uwe Meyer
Kreativ trotz Krawatte
Vom Manager zum Katalysator – Wie Sie eine Innovationskultur aufbauen
3. Auflage 2016

240 Seiten; Hardcover; 24,80 Euro
ISBN 978-3-86980-073-8; Art.-Nr.: 836

Unternehmen, die ihre Mitarbeiter zu neuen Ideen motivieren, können Berge versetzen, andere gehen die ausgetretenen Pfade immer und immer wieder. Unternehmen, die eine kreative Kultur aufbauen, können schnell und flexibel reagieren, andere bleiben in festgefahrenen Prozessen stecken. Vier von fünf Mitarbeitern könnten Ideen haben, die das Unternehmen voranbringen: Für bessere Abläufe, einzigartigen Kundenservice, originelles Marketing, neue Produkte, Dienstleistungen und Geschäftsmodelle.

Warum haben sie solche Mitarbeiter nicht? Weil sich neue Ideen nur durch neue Führungsmethoden hervorbringen lassen. Kreativität lässt sich nicht per Knopfdruck erzwingen, Ideen unterliegen ganz eigenen Spielregeln. Wer sie kennt, profitiert von den Geistesblitzen seiner Mitarbeiter. Wer sie missachtet, verpasst die Gelegenheit, neue Einsichten, neue Ansätze und neue Herangehensweisen zu erhalten.

Jens-Uwe Meyer illustriert in seinem neuen Buch, wie Sie mit ungewöhnlichen Denkwegen eine Innovationskultur aufbauen und Ungewöhnliches erreichen. Sie lernen die wichtigsten Ergebnisse der internationalen Kreativitätsforschung kennen und erfahren, wie Sie diese für Ihr Unternehmen nutzen können. Und Sie erfahren, warum es Zeit wird, mit den Klischees und den Mythen rund um das Thema Kreativität radikal zu brechen.

www.BusinessVillage.de